ギデンズとの対話

いまの時代を読み解く

而立書房

アンソニー・ギデンズ
クリストファー・ピアスン
松尾精文＝訳

目次

装幀　矢吹申彦

ギデンズとの対話

——いまの時代を読み解く——

Conversations with Anthony Giddens
: Making Sense of Modernity

Anthony Giddens and Christopher Pierson

First published in 1998 by Polity Press
in association with Blackwell Publishers

This Japanese edition is published in 2001
by Jiritsu Shobo, Publishers, Tokyo,
arranged with Polity Press, Cambridge, UK,
through Japan UNI Agency, Inc., Tokyo.

はしがき

アンソニー・ギデンズは、マーティン・オブライエンの巻頭論文が示すように、非凡な社会科学者である。ギデンズは、四半世紀に及ぶ旺盛な、数多くの論考を通じて世界中で最も権威があり、またその著述が最も幅広く引用される社会理論研究者のひとりとして、揺るぎない地位を確立してきた。ギデンズの関心は桁外れに多様である。その関心は、ヨーロッパ哲学の堅苦しい議論にはじまり、自助療法のマニュアルで使われる治療用語に至るまで、多岐に及んでいる。また、ギデンズの著述は、正真正銘の社会科学の文献はもとより、それをはるかに超えた並外れた量の文献にたいする綿密な批判にもとづいている。ギデンズは、近現代という急激な変化を遂げている世界に私たちが暮らすことの意味を理解するのに有用な、まったく新しい語彙体系を生みだす上でも一役かってきた。それは、構造化、実践的意識、時空間の拡大化、工場生産されたリスク、生きることの政治、等々の語彙である。また、ギデンズは、あたかもこうした著述活動だけでは十分でないかのように、時間を割いてみずからの出版社を共同で設立したり、ケンブリッジ大学に新設された社会科学・政治学部を率いてきた。さらに、贔屓のプロサッカーチーム、トテナム・ホットスパーがギデンズの北ロンドンでの青春時代に上げた好成績を再現できずにいるにもかかわらず、じっと我慢してこのチームの応援をつづけている。

ギデンズは、一九九七年に、ロンドン・スクール・オヴ・エコノミックス・アンド・ポリティカル・サイエンス（LSE）のディレクターの任に就き、ギデンズにとって最も重要な挑戦に取り組んでいった。ギデンズは、LSEが果たす特別な役割について非常に明快な見解をいだいている。LSEは、政治や政策立案の現実世界にたいして、独特なかたちで、つねに、とりわけ徹底した変革の時代には、関与してきた。近年、ギデンズは、現実政治の大きな流れにますます関心を示し、また関与している。LSEに着任して以来、政治的実践活動というもっと広い世界とのLSEの「特別な関係」が効果的に機能できるように、両者のきずなの創設に素早く着手してきた。LSEに、新たな、積極行動主義のディレクターが登場したことは、この三〇年ほどのあいだで初めての中道左派政権が選出されたことにつづいて、いまの時代をおおいに刺戟している。また、「左派右派を超えた」「ラディカルな中道派」や「第三の途」を重要視するギデンズの考え方は、ギデンズを、労働党の新生を主導する人びとの頂点に位置し、信望が厚く、影響力のある人物にしてきた。

この本の大部分を構成するインタヴューはすべて、ギデンズが一九九七年一月にLSEに着任した後の数カ月と、同年五月一日に総選挙で労働党が大勝利した直後の時期におこなわれた。これらのインタヴューは、一九七〇年代初めから今日に至るギデンズの思索のすべてを網羅しており、「古典」社会学の創始者とのやり取りにはじまり、「再帰的モダニティ」の概念にもとづく世界政治の実態についての見解にまで及んでいる。インタヴューはうち解けた雰囲気でおこなわれ、私たちは専門用語だらけの対話になることを極力控えた。私は、関心のある読者であれば誰もがおそらくたずねたい質問をおこなうように心がけたし、またギデンズにも、ギデンズみずからの比類のない明晰かつ簡潔な表現で、自由に答えてもらった。

ギデンズは、引きつづき物議を醸す人物である。ギデンズを批判する人たちは、ギデンズの研究が、たんに間口が広く、多彩であるだけでなく、浅薄で、折衷主義的な面があると主張している。しかし、ギデンズを最も激しく批判する人たちでさえ、ギデンズの研究が、挑戦的な発想や刺戟的な提言に満ちあふれていることを否定するのは、おそらくむずかしいであろう。まして、そうでない人であれば、ギデンズの知的《偉業》に敬意を払い、そこから多くのことがらを学びたいと思うに違いない。

クリストファー・ピアスン

一九九八年三月　ノッティンガムにて

アンソニー・ギデンズの社会学——序説

マーティン・オブライエン

アンソニー・ギデンズは、第二次世界大戦以後の英国社会学を主導してきた研究者のひとりである。ギデンズの著述は、三〇年以上に及ぶ社会的、政治的変化を俎上に載せ、一九八〇年代、九〇年代の社会学の理論と実践の最前線に身を置いてきた。古典社会学の伝統についてギデンズが下した解釈は、これまで非常に多くの学部や大学院で、社会学理論教育の中心柱となっている（おそらく今後も引きつづきそうであろう）。また、ギデンズが構想力に富むかたちでおこなった社会学の中心的関心事の再構築は、学界での論戦や知識人のあいだでの論争を一様に鼓舞してきた。ギデンズは、社会が取り組むべき課題を提示する社会理論研究者であり、実質的にひとりで切り盛りする出版業の経営者であり、影響力を次第に増している政治哲学者でもある。さらに、今日、ギデンズは、一九七〇年代以来はじめて労働党が政権の座に就いた不確実な時代に、ロンドン・スクール・オヴ・エコノミックス・アンド・ポリティカル・サイエンスを率いるという任務に、学者として果敢に挑戦している。

ギデンズの思索の桁外れな幅の広さを新たな読者に紹介するために、私は、ギデンズの研究課題全体の個々の側面を詳細に見るよりも、その概要にもっぱら焦点を当てていきたい。とりわけ、ギデンズの理論的、哲学的思索の概念地図を提示するために、ギデンズの多彩な研究成果を形づくるさまざまな要素のあいだに見いだす相互の結びつきを強調したい。このような取り組み方で、私は、たんにギデンズのおこなってきた研究の重要性にたいして理解を求めると同時に、ギデンズによる社会学の再構築が提起する重大な論点をいくつか明らかにしていく。ギデンズの研究の概要について述べるまえに、社会学という学問をギデンズがどのように理解しているのかを多少説明することから、この論稿をはじめたい。

社会学という企て

ギデンズによれば、社会学は、知性が勝った特別な部類の学問である。社会学者は、物理科学の研究者と異なり、世界を構成する人びとがすでに見聞きし、理解している、そうした世界について理解しようと努める。社会学の研究対象――人びとが、何を述べ、何をおこない、何を信じ、何を望み、どのようにして制度を構築し、どのようにして互いに影響を及ぼすのか――は、人びとの行為や相互行為、人びとの信念や願望が社会学者の研究対象となる世界の中心的特徴である限りにおいて、物理学や化学、生物学といった自然科学の研究対象とは似ても似つかない。さらに、社会学者の研究するこのような世界を、ひとまとまりの「正確な」意味体系なり説明体系に還元させることはできない。社会的世界は、互いに競合し、時には対立する意味の枠組みや理解、信念の様式によってこれ以上単純化できないかたちで特徴描写されていく。物理学者たちは、宇宙が拡大しているのか否か（また、なぜ拡大しているのか）をめぐって互いに議論する際に、エネルギーと物質のあいだの基本となる物理的関係が示す単一の、唯一の原因と特質について議論している。それにたいして、社会学者たちは、階級関係やジェンダー、エスニシティ、パーソナリティ特性によって社会が分断されているのか否か（また、なぜ分断されているのか）をめぐって互いに議論する際、社会的経験や行為のさまざまな層のあいだの複雑な交錯状態について議論している。社会学者は、こうした社会的勢力のそれぞれについて代替可能なかたちの説明を展開する必要がある。なぜなら、個人と社会のあいだの基本的関係には、単一の、唯一の原因や特質が存在しないからである。

もっと別の例を挙げれば、水の特性を解明しようとする化学の研究者は、水素原子が、酸素原子と結びついて池や湖、大洋を生みだすことを《意図》していたかどうかに思いをめぐらす必要はない。まして化学者は、個々の水素原子にとって水を作るために酸素原子と結合することがいったい何を《意味する》のかということに、思いをめぐらす必要はない。それにたいして、社会学者は、人びとがいましていることがらをおこなうのに動機や目的をいだいており、また人びとが（ほとんどの場合に）自分たちのおこなうことがらを自分たちがいまなぜしているのかを承知しており、人びとの行為や相互行為のもつ意味が少なくともある程度までその人たちに透けて見えるという問題に、まさしく直面している。水素原子と酸素原子は湖水や海洋を生みだす意図をもっていなかったが、人びとは、明らかに意図があって、結婚したり離婚したり、都会に住んだり田舎で暮らしたり、給料のために働いたり、給料のために働く人を雇っている。人によっては、その人自身が欲していないにもかかわらず、結婚したり働きに出るかもしれないし、意図しないのに結婚できなかったり仕事に就くことができない場合もある。したがって、社会学は、自然科学と異なり、人びとのいだく意図や目的と、人びとが居住する社会的世界の特質との関連性を理解しようと努めなければならない。

とはいえ、社会学のかかえる問題は、社会学者が調査研究する世界に社会学者みずからが帰属しているという事実によって、より一層複雑化している。つまり、社会学者は、自分たちの生活を切り盛りし、そして自分たちの研究対象である他の人びとや制度との有意味な行為や相互行為にたずさわるために、他の人びとと同じ種類の型にはまった手順を用いている。社会学者の社会的存在性は、社会学者が自分の研究対象について認識していることがらを含め、社会学者が居住する社会的世界によって不可避的に媒介されている。このような社会的世界を解明する過程で、社会学者は、その社会的世界を現にいま存在するかたちに作り上げている、そうした常識的理解と社会的に埋め込まれた信念や意味に頼らざるを得ない。さきに例示した化学の研究者は、水素原子の《物理的》存在性について水素原子がおこなう説明に頼ることはないし、もちろん頼ることもできないのにたいして、社会学者は、人びとがみずからの《社会的》存在性についておこなう在り来たりの解明に頼ら《ざるを得ない》。社会学者は、自分が調査する世界の、何よりもまず普通の構成員であり、社会学者によるその世界の説明は、その世界のなかで暮らす他のどの人がおこなう説明と同じように、その世界の基本的特質の最重要な構成要素である。

この点で、社会学者の——社会的世界はどのように作動するのか、あるいは、社会はなぜ他のかたちではなく、ある特定のかたちで運営されているのかを説明するという——任務は、一見したところ、私たちの誰もが私たちみずからにたいして世界をいつものように説明していく仕方の二義的な解明、ないしは二義的な注釈であるかのように思える。結局のところ、かりに人びとは自分たちが何を、なぜおこなっているのかを、少なくともほとんどの場合に知っているのであれば、つまり、かりに人びとが自分たちの毎日の型にはまった活動の、その理由と帰結を承知し、理解しているのであれば、社会学者による解明は、世界についておそらく提示されるあらゆる数の説明にたんに新たな説明を付け加えるだけにすぎないし、また、洞察力や厳密さ、正確さの点で、他のどの説明と比べても、優れてもいないし劣ってもいない。それでは、社会学者は、一体どのようにして、プロの社会学者による世界の解明が何らかの価値をもつことを誰もが想定するように仕向けられるのであろうか。

ギデンズは、社会学が「二重の解釈学」をおこなっているからである、つまり、社会学が日常生活の認識のなかに螺旋状に出入りしていくからである、と答えている。社会学が、人びとが自分たちの世界を説明する際に用いる常識的解明のなかにつねに巻き込まれていくのは、社会学の定めである。社会学で幅広く展開されてきた概念や考え方が——たとえば、「社会的地位」、宗教指導者や政治指導者のもつ「カリスマ性」、「モラル・パニック」のように——今日ではメディアや普段の日常の論議で盛んに用いられていることを、ギデンズは指摘する。離婚率や、保健状態と病気の分布、所得とライフスタイル、メディアの影響力、家族構成類型等々についての社会調査研究は、いまや国や地方自治体の政策立案の中心柱となっている。社会学的知識は、「誰もが承知していることがら」になるのを運命づけられている。なぜなら、社会学的知識は、近現代社会の成員が近現代社会の仕組みを理解し、説明できるための、まさしく重要な手段のひとつになっているからである。社会学的知識は、社会学が分析し、説明しようとする、まさにその世界のなかに入り込み、その世界の一部となって、その世界の変容を促進していく(Giddens 1996: pp. 4-5, p. 77 を参照されたい)。この点で、社会学という企ては、批判の試みである。社会学は、人びとが社会のなかで普通に共有する意味に頼るが、建設的な社会変動過程を支援するために、そうした意味を定式化し直し、敷衍していく。それは、ギデンズが社会的再帰性(この社会的再帰性については、後でもう少し詳しく説明したい)と名づけることがらのなかでおこなわれる、意識的な働きである。つまり、それは、社会的世界に《おける》新たな状況や条件の挑戦に立ち向かうために、社会的世界に《ついて》の知識を再帰的に応用することである。このように述べてしまうと、この考え方は、うっとりするほど単純明解に思えるが、この考え方がギデンズの研究活動のなかで浮上して、社会学の専門家のあいだで広く普及していくためには、古典社会学と現代社会学の思想のジャングルをくまなく歩くという、長期間に及ぶ難儀な探検旅行を必要とした。

古典との貸借勘定の清算

ギデンズは、一九六〇年代後半に、古典期の社会学理論について著述や見解の表明をはじめた。その当時、社会学では、米国の伝統が——とりわけ、タルコット・パーソンズの著述が——古典社会学の理論家たち（とくにマルクスとウェーバー、デュルケム）の研究成果の理解を牛耳っていた。この米国の伝統は、たんに古典の《解釈》で優位にたっていただけでなく、たとえば逸脱や、保健と病気、マスメディアの影響力、社会的統合といった実際の課題に、これらの古典的研究をどのように応用するべきか決める上でも優位にたつ傾向が強かった。一九六〇年代をつうじて、ギデンズは、こうした二つの趨勢にたいして同時に発言していった。古典の解釈では、ギデンズは、マルクスとウェーバー、デュルケム、ジンメルの社会学を再検討した。古典的研究の応用では、ギデンズは、自殺の社会学の再検討に多くの精力を注いだ。この自殺の問題を社会学理論の点検手段として選んだことは、多くの点で重要な意味をもった。この選択は、ギデンズによるエミール・デュルケムの研究成果の再評価につながったために、重要である——デュルケムが一八九七年に発表した『自殺論』（Durkheim 1897）は、社会学という新しい学問に、社会に関する実証的、客観的科学という役割を振り当てたからである。この選択はまた、デュルケムが認めていたように、自殺の研究が社会学的探究の担う主要な理論上の任務を明示しているゆえに、重要な意味をもった。この理論上の任務とは、社会的勢力や社会構造、社会的行為を問題にする社会科学が、常識的には一見極めて私的な、内密なことがらのように思える出来事をどのように理解できるのかを明示することである。自殺の研究が重要な意義をもった三つ目の理由は、この自殺の問題を論究する過程で、同じ問題の研究であるにもかかわらず、明らかに対立し、互いに相容れない二つの取り組み方――「実証主義的」アプローチと「現象学的」アプローチ――が見いだされるという社会学内部での根本的な意見の不一致にたいして、ギデンズが発言するのを余儀なくされたことである。この二つの取り組み方は、第二次世界大戦後の学問の世界に棲息する二つの別個の社会学を表象していた（Dawe 1970 を参照されたい）。

手短にいえば、実証主義的アプローチは、デュルケムの方法と指針をよりどころにして、自殺率と、たとえば都会生活の孤独といったさまざまな外在要因とのあいだの客観的な相関関係を明らかにしようとした（Sainsbury 1955）。現象学的アプローチは、エドムント・フッサールの哲学をよりどころに、死という出来事にどのような仕方で「自殺」という主観的意味が付与されるのか、またどのような状況のもとで、どのような帰結をともなってそうなるのかを研究していた。実証主義学派の見解は、自殺率の官庁データが自殺という社会的現実のほぼ正確な様相を示していることを容認するのにたいして、現象学派の見解は、文化的要素やサブカルチャー的要素が個々の死を——公にせよ、そうでないにせよ——自殺として分類するかどうかに影響を及ぼすことを証明して、実証主義学派の考え方を間接的に攻撃していった（Douglas 1967 を参照されたい）。自殺問題に関して社会学が「二つの社会学」に分裂したことは、つぎの二つの対照的な問いのかたちに要約できる。自殺の社会学的概念は、検死官等の役人が自殺として公に記録する出来事にだけ対応するのであろうか。あるいは、人びとが死を自滅的出来事として理解し、その死に個人的な意義を付与する、そうした文化やサブカルチャーを精査することが、社会学の任務なのであろうか。

この難問の解明にギデンズが多くの知的エネルギーを費やしたにもかかわらず、社会科学の世界は、社会学理論のなかで自殺という特定の問題にたいしてギデンズがとった取り組み方を幅広く受け容れることをしなかった。ひとつには、自殺の分析が、社会学の取り組むべき知的課題から欠落していたからである。しかし、自殺の分析がもたらす諸問題をギデンズがまともに受け止めたことは、その後、ギデンズの研究のすみずみにまで影響を及ぼしていった。一九七〇年代初めから、自殺問題はギデンズ自身が取り組む理論的検討項目から徐々に姿を消し、その代わりにギデンズは、自殺問題との出会いが提起したもっと広範な理論的争点を取り上げていくことになる。とりわけ、デュルケム思想の実証主義という縒り糸と、フッサール哲学の現象学という縒り糸とを織り交ぜる努力は、明確でない点もしばしばあったとはいえ、一九七〇年代から一九八〇年代初めまでのギデンズの著述を特徴づけている。

一九七一年に、ギデンズは『資本主義と近代社会理論』（Giddens 1971）を刊行した。この本は、ここ数十年間を通じてギデンズの最もよく知られた著述であり、また——驚くことに、その後に発表された同じ問題を論ずる数多くの文献を考慮に入れても——依然としてマルクスとウェーバー、デュルケムに関する最も有益な文献のひとつとなっている。この著作は、ギデンズが今日まで引きつづき没頭している、社会学理論の複雑な地層の徹底的な論定に着手したことを示している。一九七二年に、関連する二冊の著作が発表された。ひとつはギデンズが編集したデュルケムの著述の選集（Giddens 1972 a）であり、もう一つはマックス・ウェーバーのおこなった社会的、政治的著述に関する簡潔な考察（Giddens 1972 b）である。翌一九七三年には『先進社会の階級構造』（Giddens 1973）が刊行され、また一九七四年には、ともにギデンズの編集した、実証主義と社会学に関する論文集（Giddens 1974）と、英国社会のエリート層に関する論文集（Giddens & Stanworth 1974）の刊行がつづいた。この時期を通じて、ギデンズはまた、専門誌への論文執筆にも忙しく、一九七七年にはこれらの論文を集め、『社会理論・政治理論研究』（Giddens 1977）として発表している。これらの論文は、社会学の古典にたいするギデンズの論述の幅を押し拡げ、同時にまた社会科学で新たに台頭してきた——とりわけ、タルコット・パーソンズと構造機能主義、ユルゲン・ハーバーマスと批判理論、それにハロルド・ガーフィンケルとエスノメソドロジーに代表される——他の重要な伝統と対決していった。このような理論的、哲学的省察の時期に、ギデンズは、その後の著述で社会学の新たなパラダイムを提示する基盤を、つまり、その概要が『社会学の新しい方法規準』(Giddens 1976) のなかで試案としてほのめかされることになる《構造化理論》を提示する基盤を確立していった。

この『社会学の新しい方法規準』という著作の題名は、いくつかの理由から教示的である。ギデンズが初期の頃に社会学における自殺問題に焦点を当てたのと同じように、この題名は、今日の社会学にとってエミール・デュルケムのもつ意義を想起させている。デュルケムは、一八九五年に、社会学はどうある《べき》かの自説を『社会学的方法の規準』(Durkheim 1895) のなかで発表した。デュルケムにとって、社会学とは、世界を客観的データとして論ずる、体系的かつ規律正しい経験科学であり、自然科学に匹敵し、社会成員の主観的な信念や意図の影響を受けない科学であった。対照的に、ギデンズにとって、二〇世紀後半の社会学の見地を一新するためには、主観的なことがらを――デュルケムが予想もしなかった仕方であるとはいえ――社会学のなかに迎え入れることが必要であった。要するに、ギデンズにとって、社会学は、その成員にとって意味を保有し、個人的に重要性をもつ世界としての世界に目を向ける《べき》であり、また成員がいだく意図は、いずれにしても社会学的理解の中核を形づくっていく。そうでなければ、社会学という学問には、人がそれぞれ社会の集合的歴史を形成するために、いかに寄与したり、手助けしているのかを説明できる見込みがまったくなくなってしまう。『社会学の新しい方法規準』は、同時にまたギデンズの社会学にとってデュルケムのもつ重要性の容認であり、デュルケム学派の伝統との貸し借りの清算でもあった。この『社会学の新しい方法規準』の狙いは、理解社会学（あるいは、おおまかに言えば、現象学的社会学）の批判であるとはいえ、デュルケムを乗りこえる必要性の自認でもある。『社会学の新しい方法規準』の刊行後、ギデンズ社会学の新しい章がはじまり、その三年後に発表された『社会理論の中心問題』〔邦訳書名『社会理論の最前線』〕（Giddens 1979）のなかで、《構造化理論》というギデンズの新たなパラダイムの概略が、初めて体系的に示されることになる。

構造化理論

私は、とくにデュルケム社会学とギデンズのかかわりについて多少時間をかけて述べてきた。それは、デュルケム社会学との関係が、ギデンズの提起する社会学の再構築にとって――あるいは、どの人の提起する社会学の再構築にとっても――中心的な意味をもつからである。こう言ったからといって、古典期の他の社会学者――とくに、マルクスとウェーバー――がギデンズの研究において重要でないというのではない。なぜなら、これらの社会学者は、ギデンズの研究で重要な位置を占めてきたからである。しかし、デュルケムの研究遺産がギデンズに「社会構造」という極めて形式的かつ抽象的な観念をとり入れるよう仕向けたため、デュルケムは、ギデンズの構造化理論に最も重要な影響を及ぼした古典期の社会学者である。たとえば、マルクスが、資本主義システムの構造を――工場、スラム街や過密居住地区、生産装置、ブルジョア階級の裕福さ、プロレタリアートの被る不可避的な低い評価や地位剝奪状態、労働者運動、労働者政党の形成等々を――多くの場合に極めて写実的に、真に迫ったかたちで描写したのにたいして、デュルケムは、構造を、間接的に、つまり、生物体の細胞や器官との類推によって描写していた。社会構造は、社会学者にとって抽象的にしか知覚できない――多少とも安定した、秩序づけられた社会統合様式としての――「社会的きずな」という接合剤によって、ひとつに束ねられていた。ギデンズは総じて形式論的取り組みをするが、「構造」概念は、本質的に社会学にとって何の役にも立たず、したがって社会学者は、人びとがそれによって自分たちの意図や目的を達成していく媒体について言及する場合、社会的相互行為の「構造化特性」という用語を使うべきである、とギデンズは論じている。

かりに社会学が、成員たちにとって意味を保有するだけでなく、成員たちによって少なくとも部分的に再生産されたり、変容を遂げていく、そうした世界を理解したいのであれば、この世界についてのいかなる社会学的解明も、普通の人びとがみずからおこなうかたちの特有な世界の解明が、それ自体ある種の社会学であることを認識しなければならない、とギデンズは論じている。社会学的知識や社会学的理解は、社会学の専門家だけの特権ではない。人びとの型にはまった行いは、日常の生活行動における社会学的知識の重要性を、たんに暴露するだけでなく、同時に表出している。たとえば、会話の際の決まりや行動期待、親しい間柄での儀礼は、社会生活がどのように、またなぜ生起するのかに関する知識のなかに埋め込まれている。誰がいつ話すのか、黙っているのか、誰が立つのか、座っているのか、なぜそうするのか、誰がそこにいる資格をもつのか、もたないのか、どのような状況のもとでそうなるのか、誰が敬意を払われるのか、罵倒されるのか、なぜそうなるのか——これらのことがらは、日常生活の社会学を組成する俗事的な要素である。社会的世界がどのように作動するのかについての知識は（たとえその知識がいくら不完全であったり、断片的であるかのように見えても）、みずからの生を実践する人びとの日々の行為や相互行為のなかに埋め込まれている。こうした知識が「実践的社会学」を形成しており、人びとは、通常はこの「実践的社会学」について意識して考えることなどせずに、この「実践的社会学」を活用している。世界がどのように作動するのかに関するこうした知識は、言語使用規則と類似している。相応な能力の話者は、互いに意思の疎通を図るために文法規則を活用できるが、みずからの文法上の知識を自分たちの述べることがらの明確な特徴にする必要はない。事実、かりに話し手と聞き手が、互いに何かを伝えたいときに、その度ごとにつねに文法規則を定めなければならないのであれば、両者は、おそらく意思の疎通をほとんど図ることができないであろう。話し手は、自分が意図することがらを伝えるために文法規則を活用する過程で、何気ないかたちで文法規則を文法規則として再生産している。私が言葉を発する際に、私の意図は、意味を伝えることである。したがって、私は、自分の述べることがらに、たとえばもっと妥当性や説得力、詩的趣きをもたせるために、文法規則の一部をごまかすかもしれない。とはいえ、私の意図を実現するために、私は意識して文法規則に順応していくが、私の意図のなかにこうした文法規則の再生産が含まれているわけでは決してない。文法規則の再生産は、その文法規則を用いる私の視点から見れば、意味を伝えようとする私の努力の《意図しない帰結》である。

同じように、人びとはまた、社会生活を送ったり、社会制度にうまく対処していくために明確に表明する必要性がない、そうした社会的行為や相互行為の「規則」を承知している。人びとは、日常レヴェルで自分たちがものごとをなし遂げるのを可能にする資源として、行為や相互行為の規則に頼っていく。しかし、この「頼ること」は、自分たちの行為や相互行為の構造化特性としてこうした規則を再生産するという帰結をもたらす。社会的世界の外見上の客観性は、つまり、一人ひとりの観点から見れば、秩序だった、規則に支配されているように思える状態は、すべての人が毎日の用務をおこなうために利用しなければならない型にはまった習わしの、現実には意図しない帰結――どんな人でも、どんな集団でも、あらかじめ計画したり目論むことができない結果――である。

ギデンズは、言語使用規則と社会的規則とのあいだに相違があることを否定していない。ギデンズの主張は、社会的行為の構造化特性が、言語使用規則と同じように、達成できることがらと達成できないことがらをたんに《拘束》するだけのものではないという点にある。つまり、社会構造は、人びとによるその社会構造の利用に外在する、あるいは社会構造の利用を拘束する「事実」では決してない。むしろ、社会的行為の構造化特性は、社会的行為を《通じて》再生産される社会的行為《の》条件である。手短にいえば、ギデンズが次のように記した際に意味したのは、こうした主張である。

私が「構造」という言葉を用いる場合、「構造」とは「構造特性」である。もっと正確にいえば、社会システムのなかで時空間という「拘束力」を生みだしている「構造化特性」である。このような構造化特性を、社会システムの再生産に繰り返し的にかかわりあう規則や資源としてとらえることが可能である、と私は主張したい。構造は、パラダイムとしては一連の差異を欠いたかたちで存在し、時間的には、構造が具体的に示されるときにのみ、つまり、社会システムが組成される瞬間にのみ、「その姿を見せる」。(Giddens 1979)

一九七九年からはじまった構造化理論の練り上げは、非常に複雑な、独創的な道筋をたどることになる。それは、まず「史的唯物論の今日的批判」の第一巻『権力、財産、国家』(Giddens 1981)で、マルクス主義社会学の社会変動論にたいする反論として示された。この著述のなかで、ギデンズは、マルクスが提示した——ある生産様式は、その内部矛盾と、現状打破に躍起になっている革命階級との一体化した重圧のもとで、不可避的に別の生産様式にとって代わられるという——歴史の進歩の直線的見方を排除している。それよりも、ギデンズは、時空間関係の調整装置としての社会システムについて、新たな類型論——『社会の組成』(Giddens 1984)のなかでさらに詳論されるテーマ——を展開していった。この『社会の組成』は、ギデンズの構造化理論の正式な（また、少なくともいまのところ最終的な）表明となっている。要するに、歴史のなかに位置づけられた社会はいずれも、その社会の制度や習慣、実践のなかに時空間の関係をコード化している。どのような種類の社会的行為も、つねに時間と空間の《なかに》位置づけられているが、同時にまた、時間と空間に《たいして》実体を付与している。前近現代の社会では、時間と空間は、本来的に「場所」と結びついていた。特定の時間に生起する活動は——働くこと、財やサーヴィスをやり取りすること、さらに会話を交わすことでさえも——すべてが限定された、きちんと境界規定された空間的脈絡のなかで生起していた。活動が「生ずる時間」は、活動が「生ずる場所」と緊密に結びついていた。対照的に、近現代の世界では、時間と空間は、それぞれ別個に組織化されている。今日、経済取り引きは、コンピュータ端末の一押しで、大陸や時間帯を超えておこなわれている。遠距離通信媒体は、広大な隔たりを超えて会話を交わしたり、また、世界のどこで生じた出来事であっても、その映像を即座に世界のほぼすべての場所でスクリーン上に送信したり、その日の主なサッカーの試合結果を詳報するＢＢＣのテレビ番組「マッチ・オヴ・ザ・デイ」のように際限のないリプレーを可能にしている。グローバル化を遂げた近現代の世界では、時間と空間は、時間と空間が伝統的に一定の地域に限定されてきた、そうした行為の脈絡からの「脱埋め込み」を遂げている。すべての社会的行為は、時間と空間の《なかで》生起する。しかし、時間と空間が社会的行為を《通じて》組織化される様式は、近現代社会と伝統社会では異なっている。

構造化理論はまた、『国民国家と暴力』（Giddens 1985）（「史的唯物論の今日的批判」の第二巻にあたる）のなかで、国家と国家暴力の問題にも適用され、いまの時代の社会学の諸問題――イデオロギー、空間と時間、革命、社会階級、権力の問題を含む――に関するさまざまな論考を下支えしていった。とはいえ、ギデンズの研究活動では、この時期に「モダン」への問いかけが、次第に、また明確に研究課題の中心を占めるようになった。事実、とりわけこの「モダン」への問いかけに本腰を入れて取り組んでいってから発表された著述はすべて、一九七〇年代後半から一九八〇年代前半までのあいだに構造化理論として提示された概念や視座に、深く根ざしている。次節では、これらの著述について論及したい。

私たちはモダンを生きているのか?

今日の世界が「モダン」の世界であるという観念は、常識的な思考様式のなかに埋め込まれた重要な要素である。つまり、それは、明白な、議論の余地のない事実であるように思える。いずれの常識的な尺度や基準で見ても、今日の世界は、比べようがないくらいモダンであり、二〇世紀初期のモダニズムの芸術家や建築家が空想した以上に、徹底して、また広範囲にわたってモダンである。一九九〇年代の暮らしと一八九〇年代の暮らしを単純に比較しても、いずれの比較も、非常に多くの科学技術的、社会的発達を遂げてきたことを示唆している。ジェットエンジン、ヴィデオレコーダー、マイクロウェーヴ、コンピュータ、原子力、スペースシャトル、遺伝子操作、(当面の)福祉国家、テレヴィ、抗生物質等々はすべて、今日の世界が過去の世界に比べて、いかに複雑で、精巧で、高度に進歩したかを確証しているように思える。したがって、一八九〇年代と比較した場合、一九九〇年代の暮らしは、議論の余地がないほど「モダン」であるように思える。事実、極めて「モダン」であるために、一部の人びとは、今日の世界がモダンどころでなく、「ポスト・モダン」であるとみなしている。

しかし、「モダン」であるとは、どういうことなのであろうか。何が、いまの社会を、私たちの祖先の社会以上にモダンにしているのであろうか。私たちの曽祖父母は、自分たちのほうが祖先に比べてモダンであるとみずから確信していた。社会は、今日、どのような点で、過去の社会と《対比》してモダンであると主張できるほどに過去の社会と異なっているのであろうか。一部の人びとの見解によれば、こうした疑問は、社会学という学問が担う非常に大きな役割を根底から支えてきた。過去と《比較された》現在の比類のない特徴を析出することは、社会学による社会学自体の理解にとっても、極めて重要であった。とくにこの疑問に取り組んだ一連の著述(Giddens 1990 : 1991; Beck, Lash & Giddens 1994)、この疑問を解明するためにギデンズがおこなった寄与は、現在の類例の無さ——現在を過去と識別する差異——を、今日の社会学の中心に位置する未解明の問題のひとつにしてきた。ギデンズによれば、世界が示す近現代の時代特性は、つまり、モダンで《ある》とは何かは、まさしく今日の社会が、その社会の過去の状態にとって代わる世界として生みだした、いいかえれば、その社会の歴史を特徴づけた伝統や慣習、習慣、型にはまった行い、行動期待、信念によって束縛されない社会として生みだした、社会的布置連関である。近現代の時代特性とは、差異の歴史的条件であり、先行するすべてのことがらの何らかのかたちの置き換えである。この点で、ギデンズがもはやいかなる伝統も存在しないと述べているのではないことに留意したい。また、ギデンズは、人びとが祖先の信じてきたことがらを信じなくなったと主張しているのでもない。そうではなく、今日の世界は無数の伝統や信念、慣習が互いに入り交じった世界である、とギデンズは明示する。今日の世界では、デュルケムが一八九八年に主張したように、いかなる伝統も、影響力を保ちたいと望むことはできないし、いかなる慣習的な行動様式も、今日のように複雑な、絶えず変化を遂げる状況のなかでは、人が生活するための基盤として効力を保持することができない。今日、グローバル化が進み、さまざまな文化とライフスタイルが交差するコスモポリタン的世界では、伝統や慣習、信念や期待は、順応性や融通性、「可塑性」に富む資源となっている。したがって、近現代の世界は、伝統の消滅をもたらしはしない。それどころか、近現代の世界は、意思決定の代替可能な脈絡として、また知識と価値、道徳の代替可能な源泉として、伝統のあるべき場を定め、伝統を社会の脈絡のなかにはめ込んでいる。かりに私たちがかつては伝統的な世界のなかで暮らしていたとすれば、今日、私たちは、さまざまな伝統から構成される世界のなかで暮らしている。手短にいえば、「過去が、すでに影響力を失っていたり、あるいは人が何かをおこなうための数ある『理由』のひとつになっている場合、既存の習慣は、行為の限られた指針にすぎなくなる。一方、未来は、数多くの『シナリオ』が目の前に開かれているために、押えがたい関心事になっていく」(Giddens 1994: pp. 92－93) とギデンズが記述した際に主張したかったのは、このことである。

伝統のこのような変容は、近現代にのみ特有である。伝統の変容は、近現代と前近現代の社会形態を区別する上で最も重要であり、また、近現代の官僚制システムや商業システム、科学技術システムを通じて制度化されている。今日、伝統の変容は以前よりも間違いなく見た目に明らかであるとはいえ、それは、伝統の変容がもたらす長期に及ぶ帰結を、いまや人びとがもっと広範囲にわたって経験し、またこうした伝統の変容にもっと集中的に関与しているからである。私たちの曽祖父母は、確かにモダンであった。しかし、その人たちの生きた社会は、「単純な」かたちの「現代化」から成立していたのにたいして、今日の私たちは、「再帰的現代化」の時代に突入している。この再帰的現代化という言葉は、今日の時代がギデンズの名づけた高度な「社会的再帰性」によって特徴づけられていることを意味する。社会的再帰性とは、私たちの生活の諸条件がますます私たち自身の行為の所産となり、また逆に、私たちの行為が、私たち自身の創りだしたリスクと好機を管理したり、あるいはこうしたリスクと好機に挑戦する方向をますます目指す、そうした社会を指称している。歴史の初期段階では、人びとは、外在的な力におおいに左右される条件のもとで暮らしていた。季節のリズム、昼と夜のサイクル、極端な天候や(たとえば、海洋の深さや天空の高さといった) 計り知れない自然環境は、人びとの行為の外的限界点を形成していた。今日の私たちの社会では、昼と夜、季節のリズムは、一日二四時間、一年三六五日体制の地球規模の経済では、恣意的な時間区分になっている。海洋の深さや天空の高さは、水産食品を供給したり、海路移動や空路移動、海底通信や衛星通信を可能にする資源となっている。

さらに、社会的行為をかつて「制約」してきたもののなかに、今日、その社会的行為の帰結が数多く染み込んでいる。近現代の工業社会が環境面に及ぼす帰結は、海底や大気圏の境目に引きつづき蓄積している。地球温暖化という現実を信ずるにせよ信じないにせよ、私たちの吸う空気や、飲む水、口にする食べものが工業社会の生みだした化学物質を含有していることは、誰も否定できない。かりに気象庁が都会の大気汚染警報を出したとしても、かりに食品に貼られたラベルが私たちの食べものに含有されている（よく知られる）化学添加物を記載していたとしても、かりに蛇口からほとばし出る水がさまざまなかたちで濾過され、塩素殺菌され、フッ素添加されているとしても、近現代社会の環境条件がまさにその近現代社会の科学技術システムや専門家システムの影響を著しく受けて変化していることを、誰もが認めなければならない。今日、かつて「自然」であったものごとは、そのほとんどすべてが人間による科学技術的発明や社会的創造を免れていない。牛肉生産から人の生殖に至るまで、自然保護地域から「クローン」羊に至るまで、内分泌系攪乱化学物質を含んで流れる河川から核放射物の塵埃が舞う谷間に至るまで、人類は、私たちみずからが創りだした環境のなかで暮らしている。それは、たんに私たちにできることがらをもはや拘束する《限界》でなくなり、私たちがおこなうことがらをますます《注入されて》

いく環境である。前近現代の社会が自然に存在するリスクの脅威と向かい合っていたとすれば、近現代の社会は、工場生産されたリスク――私たちの今日の生活様式によって生みだされた、一人ひとりの生命と地球上の生きものにたいするリスク――の脅威と向かい合っている。

近現代世界の時代特性が、これらのことがらをすべて作りあげている――このような時代特性は、何か《特定の》テクノロジーや制度、信仰システムの特徴というよりも、今日の社会がもたらすように思える、表面的に際限のない好機とリスクの特徴である。近現代のテクノロジー先行の科学文化は、生命をクローン化して農業に大変革を起こしたり、世界を数時間の飛行時間に短縮したり、宇宙からの火山の写真撮影を可能にしたり、多数の人びとがおこなってきた毎日の型にはまった作業のなかにマイクロチップを導入してきた。さらには、仕切り壁の穴から金銭を取得することから（「お利口な《スマート》」と形容されているが、必ずしもそうではない）「誘導《スマート》」ミサイルによって敵国を「制圧」することに至るまで、あらゆることがらを自動化してきた。今日の科学的処置や官僚制的手順は、私たちに、セントラルヒーティングだけでなく地球温暖化をも、電子レンジで二分で出来上がる食事だけでなく潜伏期間一〇年のクロイツフェルト・ヤコブ病をも、もたらしてきた。潜在的に危険な食肉をたべることにはじまり、汚染された海洋の太陽光が燦々と注ぐ水面で泳ぐことに至るすべての生活領域で、世界の驚異は、一歩一歩着実に世界の恐怖に呼応していく。

このようなパラドックス――私たち人間の集団生活を維持する手段が、地球上の生きもの（それゆえ、地球上の集団生活）にとって多大な脅威になっているというパラドックス――の示す極めて近現代的特徴は、個人と近現代社会との関係性においても繰り返されている。前近現代における私と社会との関係性は、いいかえれば、私の社会的アイデンティティは、伝統や親族関係、所在場所によって束縛され、制約を受けていたのにたいして、今日では、私と社会との関係性は、もっと多義的である。私は、誰もが想像できるような類の伝統に取り囲まれているとはいえ、自分が生まれた場所にもはや居住していないし、さらに私の氏名は――さらに、私の氏名がはっきりと表示する特定の親族関係は――この文章の読者にとって何も意味していない。私とは、ここで言えば紙面に記された名前であり、あるところでは電子メールのアドレスであったり、さらにどこか別のところでは政府のコンピュータ上の国民保険番号である。私と近現代社会との関係性――私のアイデンティティ――は、かつて私がどのような人間であり、私がどのように生きるかについての私の（それに、あなたの）知識の範囲を定めてきた脈絡や共同体、役割期待から引き離されてしまった。今日、私は、自分自身のアイデンティティにたいして責任を負っているし、また責任を負う義務がある。私のアイデンティティは、もはや外部の評価基準に束縛されないため、グローバル化した文化システムという複雑な社会的、制度的状況を媒介にした、変化しやすい企てとなっている。この世界では、人は、自己という「再帰的プロジェクト」を請け合うことによって、その人自身にとっての近現代のパラドックスにうまく折り合いをつけるように努力しなければならない。つまり、人は、近現代社会がもたらす脅威と前途の望みとのあいだを、一人ひとりが自分で舵をとって進むことを求められている。

しかしながら、このリスクをともなうシナリオだけが、唯一の不安の源ではない。実をいえば、今日の社会生活のテンポと多様性、遺伝子工学のような最先端技術が及ぼす影響の不確実さ、それに汚染の進む社会がかかえる環境問題は、広範囲に及ぶ懸念や心理的混乱を生みだす恐れがある。同時にまた、今日の社会生活の著しい社会的可視性は、近現代の社会がどうあるべきなのか、具体的にいえば、生物をどのように扱うべきか、公害にたいしてどのように立ち向かうべきか、異文化どうしはどのように交流するべきかといった問題の定義のし直しに、人びとが時間と労力を捧げはじめたことを明示している。倫理の問題にかかわる問いかけ——たとえば、人間の権利と生物の権利、貧しい国々にたいする富める国々の責任、セクシュアリティなりエスニシティ、身体性、ジェンダーの社会的差異の現況とその差異の社会的組織化——にたいして公に示される反響は、近現代の社会が、伝統的な社会と同じように、道徳的行いの問題に引きつづき直面し、苦闘することを示している。ギデンズはこの苦闘を社会生活の「道徳再構築」過程と称しているが、このような苦闘は、今日においても政治が従来どおり際立って重要であるとはいえ、今日の政治的行為の基盤がかなり烈しい変化を被ってきたことを示唆している。再帰的モダニティの新たな政治は、政治を道徳性の上に基礎づける手段として社会主義やネオ・リベラリズムの伝統にもはや頼ることができない以上、ギデンズ政治哲学の重要な著述の題名にあるように、『左派右派を超えて』（Giddens 1994「史的唯物論の今日的批判」の第三巻に当たる）展開しはじめている。

個人的なことがらと政治的なことがら

近現代の世界を特徴づける急激な変容は、決して「他所で」生じていることがらではない。つまり、普通の人びとの経験や意向、願望を超えたことがらではない。モダニティという概念は、公的な、理性的なことがらだけでなく、同時にまた私的な、情熱的なことがらをも指称している。たとえば、新聞雑誌の個人広告欄に見いだす 'Wild child f. seeks sim. slim n/s m. 28－35 with GSOH for cosy nights in and fun nights out ― Box 12345' 〔抜群に元気な若い女性が、うちで心地よい夜を過ごしたり、そとで楽しい夜を過ごすために、二八歳から三五歳までのユーモアのセンスに富み、自分と同じようにスリムで、たばこを吸わない男性を探しています――応答番号一二三四五〕といった表現は、シェイクスピアやテニソン、ワーズワースのものとは根本的に異なる感情言語である。個人広告欄の人目にさらされたコードは、感情面の交渉を言葉で表わしている。つまり、このコードは、親密性の取り引きの場に自分の出店をだして、欲望を時空間を超えて示している。このコードは、最も遠慮のない気持ちをまったく見も知らずの他人にたいして雄弁に伝える一方で、同時にまた（たとえば、'Wild' 'slim' 'n/s' 'm' '28－35' 'GSOH' といった言葉に示されるように）見ず知らずの他人のなかでも限られた顧客層にのみ話しかけている。電話線の先には、ヴォイスメール・システムが用意されており、後からの閲覧やランクづけ、実行、無視を求める感情的訴えにたいして、どのような応答も収集していく。この個人広告欄は、かりにそれが親しい間柄を得たいという願望の表明であるとすれば、選択の権利の行使という脈絡のなかで、明らかに公然とその願望を表明している。この場合、親密性は、見事に交換関係になっている。つまり、一人ひとりが見知らぬ人たちという観衆にたいして自分の何らかの特質を提示し、それと引き換えにどのような特質が価値をもつのかを互いに明示していく。

個人広告欄は、一方で親密さを伝える言語に生じた顕著な変容を暴露しているとはいえ、感情的愛着心の構成に生じている、もっと広範囲に及ぶ変化の枝葉末節にすぎない。親密な関係性は、つまり、親密な関係性の形成とその管理は、共有された規範や、社会的に確立された役割期待なり責務と密接に結びついている。このような社会的組織化のレヴェルにおける変化は、そうした規範や役割期待、責務に生じている、もっと幅広い変化について知る糸口となる。これらの変化は、今日の社会でのもっと広範囲に及ぶ社会的趨勢と、その変化に付随して生ずる政治的に複雑な問題状況を暗示している。これらの趨勢のなかには、愛情関係の様式に生じている変化が含まれる。たとえば、ひとり親世帯の増加、離婚率の上昇、「契約」結婚の普及、生涯ひとりの伴侶だけに自己投入する代わりに（次々に伴侶を変えていく）連続的一夫一妻婚に向かう趨勢、さらに、同性の愛情関係の大幅な容認にくわえて、たんに一〇代でひとり親になる人が増加するだけでなく、既存の多くの夫婦が仕事をつづけるために出産を先延ばしにする傾向（ＤＩＮＫＳ——

子どものいない共働き夫婦――現象）にも示されるような、性の規範や習俗に生じている変化、である。くわえて、多くの社会政策や徴税政策は、関係性が明らかに長期に及ぶという想定にもとづいてきた。今日のこうした趨勢のなかには、政策面で心配性の反応を生みだしたものもある――英国では、養育費審査局は、非同居の父親が子どもたちに負う金銭的義務の確保を目的にしており、一九八八年改正の地方自治法第二八条は、地方自治体が、異性愛と同性愛が対等であるという観点から同性愛を奨励するのを防ぐ目的を担っていたし、さらに、一九八九年の国民健康保険・地域介護法でさえも、一面では、親密な関係性や対人行動に生じている変化がもたらす強い影響作用を抑えて、これらの変化そのものが否定した規範をもとの状態に回復させることを目標にしていた。

ギデンズにとって（Giddens 1992; 1994）、このような変化は、今日の社会での、親密な関係性をめぐる既存の規範と現実のあいだの離反を暗示していた。現在生じている最も重要な趨勢のひとつが感情の「民主化」であることを、ギデンズはとくに指摘している。この感情の民主化という言い方で、ギデンズは、婚姻生活や同棲生活において男女平等が達成されたとか、今日の親密な関係性が権力や暴力、ごまかしを免れていると指摘しているのではない。むしろギデンズは、さきに私が取り上げた個人広告欄の事例に示されるように、親密な関係性が、伝統的な期待や役割、規範よりも、むしろ交渉や率直な交流に依存する傾向が生じている、と主張する。かりにこうした婚姻生活や対人関係の伝統的特質が、かつてはその伝統的特質を支えてきた社会的、政治的枠組みとともに崩壊しはじめているとすれば、この過程は、たんに空虚感をあとに残すだけではない。ある場合には婚姻という文化が存在しなくなるし、次の場合にはもめごとしか見いだせなくなるかもしれない。しかし、親密性の変容は、人びとにとっても制度体にとっても一様に困難や問題を生みだすと同時に、対人関係において、前向きの、建設的な変化がはじまる兆候でもある。さらに、こうした崩壊は、人びとがとる選択や引き起こす行為に外在するかたちで生じているのではない。異なる種類の関係性に加わるという意思決定は、個人生活の社会的脈絡や社会的条件となる国家の政策や、人びとのいだく行動期待、共有するネットワークに跳ね返っていく。親密性の変容は、一人ひとりのいだく動機や願望がどれほどいまの時代の主要な社会変容の一因になっているかを理解することの重要性を、おそらく他のどの事例よりも明確に示している。

ギデンズにとって、これまで常識的に「私的」な領域と理解されてきたことがらのなかに浸透する動機や願望は、同時にまた、これまで常識的に「公的」な領域と理解されてきたことがらのなかに浸透している重要な社会変動の先端に位置するものでもある。ギデンズが今日の対人関係の特質のなかに探りだしたような感情面の交渉は、今日の世界における政治的行為の幅広い論理を定義づけし直す数多くの重要な原則を表出している。とりわけ、この種の感情面の交渉は、「私的」生活領域だけでなく、「公的」生活領域における信頼や対話、自立性の問題を表面化させている。いいかえれば、このような感情面の交渉は、民主制の追求が、社会の組織化における変化だけでなく、個人の行動や相互行為に生ずる変化を推進する力でもあることを明示している。

ギデンズは、民主化の過程が今日の公的生活と私的生活にとって不可欠となる理由をいくつか挙げている。しかし、ギデンズの論定の核心は、近現代社会の特徴が高度な社会的再帰性にあるという見解に由来している。伝統がその影響力を失い、もはや個人や制度体の信憑性なり信頼性を保証しない状況のもとでは、人はそれぞれ、自分の生活をどのように営むのかについて、一続きの自由な選択の機会に立ち向かうことになる。まさしく伝統や慣習はもはや私たちが誰であるかを保証しないため、自己実現は、つまり、自分自身のアイデンティティを個人的出会いや社会的出会いをとおして達成することは、近現代の社会生活の基本的条件となっている。それは、社会的に埋め込まれた行動期待からの個人の自立を促進し、世界を探究や個人的実験のために押しひらくための条件である。私たちは、自分が誰であり、自分がどこにいるかをますます選択できるようになる。このような状況のもとで、対話の過程は、個人生活の遂行にとっても、公的生活の遂行にとっても、同時にますます不可欠になっていく。対話の過程は、役割や行動規範の確固とした体系がもはや存在しないために、個人生活の遂行にとって不可欠である。かつて男性たちは、自分たちが仕事や政治、通商という誰の妨げも受けない男性だけの公的世界に絶えず棲息することを当然視し、女性たちには、公的役割から離れ、家事や育児という私的領域にとどまることを期待してきた。それにたいして、今日では、労働力のなかにほぼ同数の女性と男性を見いだすことができる。男性たちは、公職に就くために（依然として男性にとって有利な条件のもとであるとはいいえ）しばしば女性たちと競い合っているし、また、女性たちは大挙して結婚を断念しはじめているように思える。今日、多くの親密な関係性にとって、関係が首尾よく働くためには、相手の権利や願望、向上心を容認しあうパートナーのあいだで、より一層の対話が必要になる。対話は、公的領域ではますます重要になっていく。なぜなら、地球規模での大量の人口移動や世界中に普及した最新の通信媒体が、近現代の社会を、現実に、あるいは実質的にコスモポリタン的文化に変容させてきたからである。コスモポリタン的文化が際立たせてきた差異を解消できる方法は、二つに一つである。つまり、暴力によるか、対話によるか、である。

ギデンズにとって、暴力を制し、対話を拡大できる条件を育むためには、私たちが今日の社会変動のもつ肯定的、建設的な潜在能力をはっきりと理解することが、決定的に重要である。ある面で、このことは、現代の親密な関係性のなかに含まれる好機をなぜギデンズが指摘するかの理由となっている。なぜなら、まさしく私的な個人生活領域のなかでこそ、人は、自分の願望や感情を処理するための基本的枠組みを発達させていくからである。ギデンズが記すように、

感情の民主制は、かりにそれが出現すれば、フォーマルな、公的民主制の促進にとっておそらく重要な含意をもつであろう。自分自身の感情性向を十分に理解している人びとや、他の人と人格的基盤で効果的に意思疎通のできる人びとは、市民としての幅広い任務や責任を遂行する心構えが、おそらく十分できているはずである（Giddens 1994: p. 16)。

今日、人びとは、みずからの個別的な行為によって、ものごとを生起させようと努めている。近現代の社会では、私たちは、社会生活の倫理に関する決定を、他の人たちに任せることにもはや満足していない。私たちは、社会主義政治の時代にも自由主義政治の時代にも生きていない。私たちは、「生成力のある政治」の時代を、つまり、環境の変化や、生活の質、地球規模の制度体の果たす役割という重大な社会的争点の最前線で有効に作用できる政治の時代を生きている。たとえこのような政治が、新たな社会運動（ギデンズが「生きることの政治」運動——例として、とくに緑の党やフェミニズムを挙げている——と名づけるもの）をとおして表出されるにせよ、保健や住宅供給を求めての地域キャンペーンをとおして表出されるにせよ、さらには（たとえば、ローカルな為替政策や通商政策のように）代替可能な経済協定をとおして表出されるにせよ、政府の諸制度は、今日の社会変動の最先端に見いだす民主化の過程に追いついていく必要がある、とギデンズは指摘する。それを効果的に達成できる唯一の方法は、政府の諸制度を——福祉国家を含めて——転換させ、その結果、これまであまりにも長いあいだにわたって自己本位的で、人びとの日々の関心事から一見遊離してきた組織体にたいして、一人ひとりが自信をもって信頼を寄せられるようにすることである。要するに、私たちが今日どのように生きるべきかに関する政治的合意の獲得を少しでも期待するためには、政府は、近現代社会の社会的再帰性を阻害するのではなく、社会的再帰性と協調していく必要がある。

結　び

手短な解説であったが、それでもギデンズの桁外れな研究範囲と旺盛な研究活動について、ある程度は理解していただけたであろう。しかしながら、ギデンズの研究活動は、まだまだ未完のプロジェクトである。ギデンズの著述の量にしても知的探究心にしても、減じていく徴候は実際にまったくない。一方で、ロンドン・スクール・オヴ・エコノミックス・アンド・ポリティカル・サイエンスのような扱いにくい研究教育機関の指揮をとると同時に、アカデミックな社会学を今日の政府が直面する政治的争点に再び結びつけてとらえることは、ほとんどの生真面目な学者には引き受けがたい任務である。過去三〇年にわたって、ギデンズの学識は、社会学という学問の再定義と再構築にとって不可欠になっている。いまから見れば、このようなギデンズの社会学にたいする寄与は、近現代社会の日々の営みだけでなく制度運営をも全面的に覆う大きな政治上の争点と立ち向かうための、準備期間であったように思える。一市民としての知識人たちが政治綱領に影響を及ぼすありさまに関心を寄せる人は誰もが、また、社会学の概念がどのように日常生活のなかに螺旋状に出入りするかを知りたい人は誰でも、このようなギデンズの姿勢をひきつづき見守っていく必要があろう。

〈参照文献〉

Beck, U., Lash, S. & Giddens, A. (1994) : 'Preface' in U. Beck, S. Lash & A. Giddens : *Reflexive Modernization : Politics, Tradition and Aethetics in the Modern Social Order* (Polity Pr), pp. vi-viii. 〔「はじめに」、松尾精文・小幡正敏・叶堂隆三訳『再帰的近代化』而立書房、一九九七年、三〜七頁〕

Dawe, A. (1970) : 'The Two Sociologies', *British Journal of Sociology*, vol. 21, pp. 207-218.

Douglas, J. (1967) : *The Social Meanings of Suicide* (Princeton Univ Pr)

Durkheim, E. (初出 : 1895) (1982) : *The Rules of Sociological Method* (Macmillan) 〔宮島喬訳『社会学的方法の規準』岩波書店、一九七八年〕

Durkheim, E. (初出 : 1897) (1963) : *Suicide : A Sociological Study* (Routledge) 〔宮島喬訳『自殺論』中央公論社、一九八五年〕

Giddens, A. (1971) : *Capitalism and Modern Social Theory : An Analysis of the Writings of Marx, Weber and Durkheim* (Cambridge Univ Pr) 〔犬塚先訳『資本主義と近代社会理論』研究社出版、一九七四年〕

Giddens, A. (ed) (1972 a) : *Émile Durkheim : Selected Writings*, tran. by A. Giddens (Cambridge Univ Pr)

Giddens, A. (1972 b) : *Politics and Sociology in the Thought of Max Weber* (Macmillan) 〔岩野弘一・岩野春一訳『ウェーバーの思想における政治と社会学』未来社、一九八八年〕

Giddens, A. (1973) : *The Class Structure of the Advanced Societies* (Hutchinson) 〔市川統洋訳『先進社会の階級構造』みすず書房、一九七七年〕

Giddens, A.（ed）（1974）: *Positivism and Sociology*（Heinemann）

Giddens, A.（1976）: *New Rules of Sociological Method : A Positive Critique of Interpretative Sociologies*（Hutchinson）〔松尾精文・藤井達也・小幡正敏訳『社会学の新しい方法規準』而立書房、一九八七年〕

Giddens, A.（1977）: *Studies in Social and Political Theory*（Hutchinson）〔宮島喬ほか訳『社会理論の現代像』みすず書房、一九八六年〕

Giddens, A.（1979）: *Central Problems in Social Theory : Action, Structure and Contradiction in Social Analysis*（Macmillan）〔友枝敏雄・今田高俊・森重雄訳『社会理論の最前線』ハーベスト社、一九八九年〕

Giddens, A.（1981）: *A Contemporary Critique of Historical Materialism : Vol. 1*, second edition 1995（Macmillan）

Giddens, A.（1984）: *The Constitution of Society : Outline of the Theory of Structuration*（Polity Pr）

Giddens, A.（1985）: *The Nation State and Violence*（Polity Pr）〔松尾精文・小幡正敏訳『国民国家と暴力』而立書房、一九九九年〕

Giddens, A.（1990）: *The Consequences of Modernity*（Polity Pr）〔松尾精文・小幡正敏訳『近代とはいかなる時代か?』而立書房、一九九三年〕

Giddens, A.（1991）: *Modernity and Self-Identity : Self and Society in the Later Modern Ages*（Polity Pr）

Giddens, A.（1992）: *The Transformation of Intimacy*（Polity Pr）〔松尾精文・松川昭子訳『親密性の変容』而立書房、一九九五年〕

Giddens, A. (1994) : *Beyond Left and Right : The Future of Radical Politics* (Polity Pr)

Giddens, A. (1996) : *In Defence of Sociology : Essays, Interpretations and Rejoinders* (Polity Pr)

Giddens, A. & Stanworth, P. (eds) (1974) : *Élites and Power in British Society* (Cambridge Univ Pr)

Sainsbury, P. (1955) : *Suicide in London* (Chapman & Hall)

インタヴュー　1

生い立ち、研究者としての履歴

クリストファー・ピアスン　教授は、これまでの著述で、社会変動と個人のアイデンティティとの結びつきをしばしば強調されています。こうした取り組み方を教授ご自身の経験に当てはめることから、この対話をはじめてみてはどうでしょうか。幼い頃の生活や生い立ちについてお話しいただけますか。

アンソニー・ギデンズ　私は、社会流動性の高い戦後世代のひとりです。生まれたのは〔一九三八年〕、ロンドン北部のエドモントンです。エドモントンは、現在もそうですが、歴史的建造物や目印になる建物がほとんどない、貧しい、平凡な地区でした。両親は、その後、高所得者がやや多く居住する近隣地区のパーマーズグリーンに引っ越しました。大学進学のために親元を離れるまで、ロンドン北部のこうした地域が、私の生活の範囲を特徴づけてきました。私たちは、自分たちが「ロンドン」で暮らしているとは思ってもいませんでした。ロンドンとは、私たちが暮らしているところから何マイルも離れた、都会の真ん中を意味していたからです。祖父は私をロンドン見物に頻繁に連れていってくれましたが、一〇代後半になるまで本当の意味で「ロンドン」にいったことはほとんどなかった。ロンドンは、いわば外国の都会のような存在だったのです。それにもかかわらず、私は地元の周囲の状況につねに違和感を覚え、無性に逃げ出したい気分でいました。ロンドン市外の近郊地区は、どちらかといえば荒廃した不毛地域でした。その当時、この地域に暮らしていた人であれば誰もが、程度の差こそあれ、近郊地区がこのような状態であることを知っていました。しかしながら、こうした近郊地区は、同時にまた、ひとつにまとまった、囲い込まれた世界でした。私は、自分の育った近隣社会にたいして、いまでも相反する感情をいだいています。その地域に、私の親戚は誰も住んでいないので、もはや直接的なきずなは何もありません。けれども、その地域かその近くでずっと暮らしている子ども時代の友人が何人かいて、その人たちとはいまでも接触があります。私が帰れば、この地域はたちまち私にとって馴染み深いところになりますが、再び立ち去るときには、今日でさえ私はほっと安心した気持ちになります。私がそれでも実際にそこに帰る主な理由は、プロサッカーチームのトテナム・ホットスパーの試合を観戦にいくためで、スパーが地元で試合をするときは、私はいつも観戦に出かけています。スポーツは、私の生活の重要な一部となっています。私が生まれたエドモントンは、トテナムのグランドから一マイルほど離れただけのところです。スパーの試合には、最初七歳のときに父に正真正銘の《熱狂的》ファンの格好をして連れていってもらいましたが、その後ほどなくして友だちどうしで観戦するようになりました。

――ご両親について少し話していただけますか。ご両親はどのような生い立ちの方でしたか。

私の父は、ロンドン交通局に勤めていました。父は、地下鉄の車両改装部門の事務職員でした。たとえば、座席の布地を注文するといった仕事です。父は、地下鉄利用者の振る舞いに始終憤慨していました。シートがナイフで切り取られたり、ペンキを塗られたり、そっくりそのままはぎ取られた話をよくしていました。おそらく、父はその悪い結果だけを目にしていたのですが、父が常々よく口にしていたことによれば、地下鉄での公共物の破壊は、広くはびこり、絶え間がなかったのです。私は、父の話してくれたことを現実の姿として認識していました。なぜなら、ある意味でそれは私自身の体験と合致していたからです。今日、犯罪が増加して収拾がつかなくなりはじめていると主張したり、人や所有物に敬意が払われ、社会秩序が安定していた時代を追想する人びとにたいして、私は懐疑的です。私の最も幼い頃の記憶のひとつに、さもしい悪事をめぐる思い出があります。私たちがわずか七歳くらいのときに、友だちは、商店から小さな品物を盗みとる方法をよく算段していました。当時不足していたキャンディーや砂糖菓子といった類のものがほとんどでした。ですから、あなたは、かつて犯罪者の一味に加わっていた人物といま話していることになりますよ！　もう少し歳を重ねると、私たちの生活では、暴力が日常茶飯事になりました。私は、それ自体は暴力的でない男の子たちの遊び仲間のグループに属していました。

地域の他の多くの遊び仲間のグループは暴力に走り、そのメンバーたちは、自転車のチェーンやナイフで武装して、街中を歩き回っていました。私の身に起こった最もひどい出来事は、その連中からときどき暴行を受けたことですが、こうしたグループにたいするほぼ慢性的な怯えのなかで、私たちは暮らしていました。

――お母さまはどのような方でしたか。

母は、もっぱらうちにいて、いつでも働いていました。結婚後ほどなくして、当時はそれが普通でしたが、勤めを辞めました。母は、なぜか時が経つうちに暢気で幸せそうな女性から、気持ちの上で家庭に引き込んだ女性へと変わっていきました。母は、若いときは非常に社交的でした。でも、やがて母と父は、友だちと外出したり、誰かをうちに招くことが稀になりました。母は一卵性双生児で、そのことが母の人生に非常に大きな影響を及ぼしています。母にとって、身近にいて、時々会う必要があった最も大切な人は、双子の妹です。母の妹は、父の一番の親友と結婚しました。ほとんどの人は、母と叔母を見分けることができず、誰もが双子に出会ったときのお定まりの経験をしていました。たとえば、知り合いが母のところにやってきて、「昨日、あなたは街で私に気づかずに、私のすぐ側を通り過ぎたでしょう」と言ったとします。けれども、もちろんその人が出会ったのは母の双子の妹のほうで、母の妹は、おそらくその人のことをまったく知らなかったのだと思います。

私は、学究生活をはじめた当初、双子について書かれた文献をたくさん読みましたし、いままでも文献研究をつづけています。双子は、一方がもう一方の影法師のような存在なので、双子という研究テーマはさまざまなかたちで文献に現われています。双子の研究は主に心理学や社会科学でおこなわれており、遺伝が人の行動に及ぼす影響についての多くの主張は、双子の研究にもとづいてなされてきました。いまでは、こうした考え方はいずれも勢いを欠いています。私が母と母の双子の妹から得た経験は、遺伝子がパーソナリティに及ぼす影響に関して一般に言われている最新の教えと合致していません。母と母の妹は、見かけはほとんど同じですが、性格はまったく違っていました。叔母は、母と比べてつねに威勢がよく、自信に満ち、意志が強かったからです。私の目から見れば、二人は、生涯つづいた非常に緊密な交流のなかから、それぞれのパーソナリティを発達させたのだと思います。二人の性格は互いに補い合っており、そのことが、二人の相互依存をより強めたのです。

――ごキョウダイはいますか。

一〇歳ほど歳の離れた弟がいます。弟は、非常に成功したテレヴィ・コマーシャルのディレクターで、現在はロサンゼルスに住んでいて、ハリウッドで仕事をしています。弟は、ずっと遠くに引っ越すという選択をしたことを除けば、私の場合と同じように生まれ育ったところから脱出する強い必要性を感じていたのだと思います。弟は、米国に移る前に、香港でかなり長いあいだ暮らしていました。ですから、英国では二〇年たらずしか生活していません。弟は、第一線で仕事をしています。

短い時間ですが、妹もいました。母は女の子を産んだのですが、その子は生後二週間くらいで亡くなっています。私は、母が子どもの死から完全に立ち直ることができたとは思いません。母は抑鬱状態に繰り返し陥りました。このことは、間違いなく母が後半生をもっと広い世界から孤立したかたちで送るようになった主な要因のひとつです。

――教授ご自身はどのような教育を受けられたのですか。

私は、一一歳時の進学適性試験イレヴンプラスに合格して、地元のグラマースクールに進学しました。どうして合格したのか、自分でもわかりません。私たちは受験の準備をほとんどしなかったし、私自身、それがどのような試験なのかまったく知りませんでした。重要な試験だとは少しも思わなかったのです。しかし、この試験は、確かに私の人生を貫く帰結をもたらしました。大学進学を目的としたグラマースクールは、実業教育を中心にしたモダンスクールとは明らかに別個の存在でした。私の弟は、イレヴンプラスに合格しませんでした。ですから、今日においてさえ、このことのもたらした疎外感を弟が克服しているかどうか私にはわかりません。モダンスクールは、グラマースクールの世界とは完全にかけ離れた、まるで別の世界だったのです。私は、学校の勉強にとくに興味をおぼえず、どう見ても模範的な生徒でも、際立って成績優秀な生徒でもなかった。私は知的関心をおおいに拡げましたが、そうした関心は、学校の公認する価値基準に相反するものでした。学校のシラバスに載っていない哲学や心理学、人類学の本を読みはじめました――それは、紛れもなく不満の表明でした。なぜなら、これらがどういう科目か実際にはほとんど何も知らなかったからです。学校の雰囲気がまったく嫌いでした。極めて厳格な規律を課す教育機関であったからです。私は、学問的成果にたいする尊敬の念のようなものを学校で教わりましたが、学校で身につけたり学ぶように期待されたことがらから距離をおくことで、尊敬の気持ちを表わしたのです。このような学問にたいする尊敬の気持ちを、私は家庭環境からはまったく学びませんでした。両親とも幅広く読書する人たちではなかったですし、うちには本が少ししかなかったからです。

私の家族では、私よりも前に大学に進んだ人は誰もいないし、高等教育とは無縁でした。私がどうして大学に進学したのかは、もちろん一方で意志の強さも同じように大切であると思いますが、人の一生がいかに偶然性に左右されているかの格好の例です。大学を志願しようとしました。でも、学校からの手助けはほとんど得られなかった。私は、極めて凡庸な生徒とみなされていたからです。ですから、地元の図書館にいって、進学案内にある大学の一覧表を調べました。ロンドン大学やオックスフォード、ケンブリッジは、対象外でした——これらの大学を検討することさえしませんでした。自分にとって少なくとも何か興味を引くように思えるところを選び出しました。それで、ノッティンガム、リーズ、ハルに出願しました。ノッティンガムとリーズからは、即座に断られた。けれども、当時のハル大学は、実験的にさまざまな志願者にたいして面接をおこなっており、成績証明書の内容が格別良くない志願者にも面接をしていました。私は、面接を受け、その結果、入学を認められました。この場合もまた、振り返ってみれば、人生の何か小さな謎のひとつのように思えるのです。ハル大学には、哲学を勉強するために進学しました。私が実際に哲学の本を何冊か読んでいたことが、面接担当者におそらく強い印象を与えたのだと思います。

後でわかったのですが、私は、実際には哲学で学位を得ることができませんでした。ハル大学の哲学科は非常に規模が小さく、しかも中心となる教員がその年は不在でした。そこで、私は、別の教科をとるよう強く薦められました。心理学科に移ることになったのですが、心理学と一緒に社会学も学ぶ必要があると言われました。私は、社会学とは何かまったく知りませんでした。でも、非常に幸運でした。後にマンチェスターの社会学教授になったピーター・ワーズリーが、ハルで社会学を教えていたからです。ワーズリーは、かなり知的刺戟に富んだ人物で、すでに多くの論文を発表しており、快活で、現実の政治にも関与していました。私は、つむじ曲がりから、学生仲間では唯ひとりだけ社会主義者協会の会員にならなかった。誰もがみな、ピーター・ワーズリー自身がそうしたように、社会主義者協会のバッジのようなものをつけて見せびらかしていました。私は、社会主義者協会の政治的見解に共感していましたが、むしろワーズリーの知性や学識の幅の広さに強い印象を受けました。ワーズリーは、社会学者だけでなく、人類学者でもあり、つねにあらゆる種類の社会から具体例を引きながら、説得力のある比較分析によって教えていました。私は、ワーズリーの感化を受けて社会学がどのような学問であるのかが少しずつわかってきたので、心理学よりも社会学に関心を向けました。けれども、このような学問的コスモポリタニズムは、私にとって好都合でした。私は、いまでも心理学や人類学の文献をかなり幅広く読むように努めており、一部の人たちが縄張り意識でおこなう学問上の区分をまったく意に介していません。

ハルにやってきたとき、ハルは、私にとってまったく初めての土地でした。私はそれまでイングランド北部にいったことがなかったからです。ハルはそうではないのですが、ヨークシャーで私が見聞するようになった他の多くの町や村は、産業革命を育んだ土地です。背中合わせの小さな労働者住宅の密集する地域が丘陵のあちこちに拡がる光景を最初目にしたとき、それは私にとって新たな発見でした。私にとって、工業地区は、後に私が世界中で訪れた目にも彩などの地域にも負けないくらい、異国情緒にあふれているように見えました。この体験は私が後に社会学で展開する見方に間違いなく影響を及ぼしてきたと、私は確信しています。私は、私が産業革命の目に見える姿として理解したことがらのもつ不思議さや曖昧模糊とした特質に強い印象を受けたのです。

ハルそのものは、違っていました。ハルは、依然として漁業の町でした。工業はすでに急激に衰退しはじめていたのです。私は、ハルという町を本当に満喫しました。活気のある港は、独特な、陽気な雰囲気を醸していています。私たちは、漁師たちが気晴らしに通うパブに、よく出かけました。ヨークシャーの炭砿労働者のように、漁師は、職業上の共同体の格好の例でした。漁業は、採掘と同じく危険で骨の折れる肉体労働であり、同じような儀礼に富んでいました。事故が起こりやすい危険な業務で働く人たちは、その人たちの暮らしの重要な要素となりやすい、いろいろなお守りや迷信をもっています。漁師たちは、ピーター・ワーズリーが引き合いに出した人類学の文献からじかに抜け出たように思える信仰や習わしを、数多く身につけていました。漁業はまた、極めて共同性の強い生活様式でもあったのです。漁船どうしは互いに漁獲高を競い合いますが、それにもかかわらず、互いに強固な連帯感をいだいていました。

漁師たちは、かなり長期の航海に出る場合があります。漁師の妻たちは、たくましく、自立心が強くなりがちでした。実際に、ひとりで子どもたちを育てていたからです。父親は、子どもたちの世話に関してほとんど役割を演じていなかった。ほとんどの父親は、漁に出ていないときにも、仲間どうしで夜を過ごしていました。かつては父親としての役目が今日見受けられる以上にもっと強力なかたちで存在したという考えは、私にはおおむね神話であるように思えます。私の父も、他の父親と同じように「不在」でした。父は、通勤に一時間半も要したため、朝早く出かけ、夜遅く帰宅していたからです。

――ハル大学を卒業した後、どうされましたか。

さらに学位をとるために、ロンドン・スクール・オヴ・エコノミックス（LSE）に進学しました。それは、いかにも行き当たりばったりの決断でした。私は、LSEについてほとんど何も知りませんでした。その頃になって幾らか学問的向上心が生まれました。しかし、当初はマンチェスターかオックスフォードをねらっていました。ピーター・ワーズリーはLSEを勧めてくれたので、ワーズリーの助言にしたがったのです。LSEでは、博士課程ではなく、修士課程に登録しました。学者になろうという考えは、まったくありませんでした。行政職に就きたいと考えていました。ですから、LSEは、その下準備をするのに最適なところのように思えたのです。私が入った修士課程は、もっぱら論文の執筆にその主眼を置いていました。事実、私は、長さの点では博士論文に相当する学位請求論文を最終的に書き上げました。白状すれば、私は、修士論文をあまり真面目に考えていなかったため、遊び半分のテーマを選びました。論文の題目は、「現代英国におけるスポーツと社会」です。この題目を私は皮肉を込めて選んだのですが、実際には興味をそそる研究テーマであることがわかりました。一九世紀の英国におけるスポーツの発展についてもっぱら考察しました。英国は、産業革命の発祥地であったし、後に私がもっと広くモダニティと結びつけて考えていく変化の発祥地でした。英国はまた、世界のあちこちでそれ以降人気を博するようになるスポーツの多くが誕生したところでもあったのです。

これらの要素のあいだには偶然性以上の結びつきが存在すると、私は考えました。現代のほとんどのスポーツは、実際には一九世紀から二〇世紀初めの創作です。サッカーやラクビー、クリケット、テニス等々のスポーツの歴史はもっと時代を遡りますが、これらのスポーツは、一九世紀に入るまでそれらが今日とるようなかたちを呈していませんでした。ウェーバーから得た概念を用いれば、スポーツが合理化されていったことを、私は証明しようとしました。スポーツは、固定した競技場を獲得するだけでなく、ルールや規定も確立しました。総じてどのスポーツも、それ以前にはこうしたルールや規定を備えていなかったのです——かりにあったとしても、かなりおおまかで、即席のルールや規定でした。なかにはローン・テニスのように、何人かの人びとによって事実上創案されたスポーツもあります。コート・テニスは、何世紀にもわたって楽しまれていました。しかし、英国陸軍のウィングフィールド少佐は、一八七〇年代にローン・テニスという新しい競技のためのルールを作成した最初の人物ですが、このローン・テニスが、たちまちのうちに今日の「テニス」になったのです。

私はまた、スポーツやレジャーの発達を階級区分と関連づけて考えようとしました。労働者階級のスポーツは、競争心が極めて強く、プロ化する傾向があった。それに引き替え、中産階級のスポーツは、アマチュア精神が浸透しており、競争心を軽視していました。ですから、たとえばラクビー協会は、プロチームを認めていなかった。こうしたスポーツにたいする異なる志向性は、対照的なかたちの労働状況を反映してきた、と私は主張したのです。労働者階級の就く職業は、仕事の上で出世の機会をまったく提供していなかった。労働者階級の人びとが出世できる唯一の方法は、共同行動や労働組合による集団圧力をとおしてでした。労働者階級の人びとは、スポーツの場では、ある種の反動として荒々しい競争心に満ちた個人主義を追求していったのです。中産階級の職業上の履歴は、まさしく個人の利益を追求する競争にもとづいていました。だから、仕事以外の場では、中産階級のスポーツは、仲間どうしの協調や協力関係を重視していったのです。スポーツについて研究する過程で、私はふたたび研究テーマとして儀礼の問題に関心を向けていきました。スポーツは、多くの人びとにとって、長年に及ぶ宗教的な意味での情熱の最後の残滓であり、すべてのスポーツ・イベントは儀式なのです。

――LSEでは、若い頃にどのような体験をされたのでしょうか。LSEにディレクターとして戻ってこられて、何か勝手が違いますか。

LSEでは、私は社会学科に入りました。最初の一年間は、デイヴィッド・ロックウッドの指導を受けました。その当時、ロックウッドは、社会学でおおいに名を挙げはじめていました。ロックウッドは、ラルフ・ダーレンドルフと非常に親しく、一緒に仕事をしていた。事実、二人は、私がLSEに入学する少し前から、名高い「夜間セミナー」を運営していました。ダーレンドルフは、有名な著書『産業社会における階級と階級闘争』の献辞のなかで、このセミナーについて言及しています。ダーレンドルフは、LSEで「未熟練労働者」をテーマに博士論文を書いていました。その当時においてさえ、すでにダーレンドルフは伝説化した人物でした。ダーレンドルフがいかに手際よく修士論文を書き上げたのか、創意に富んだ気性に加え、どれほど並外れた能力の持ち主であったのかについて、多くの逸話が広まっていました。ロックウッドはロックウッドで、中産階級について『ホワイトカラーの労働者』という評判になった著作を書いたばかりでした。ロックウッドは、私が同じような問題を追究するように望んでいたため、私がスポーツ社会学に研究テーマを決めたときにはいろいろと危惧し、賛成してくれませんでした。LSEでは二年目に、アセル・トロップの指導を受けました。トロップは、主に職業社会学を、とくに教育職について研究していました。ロックウッドもトロップも、励ましてくれました。でも、二人とも、私のことをさほどまともに受け止めてくれませんでした――それは意外でもなかった。なぜなら、私がまったく自意識過剰に「ふざけた」主題を選んだからです。

私は修士論文を完成させました。でも、私は、LSEが私をとくに喜んで受け容れてくれる環境であったことに気がつかなかったのです。絶好の機会を随分と取り逃していました。LSEに勢揃いしていた世界的に著名な知識人たちをまったく利用しなかったからです。後にポパーやオークショット、マーシャル等々を読みはじめるようになって初めて、LSEの豊かな財産に気がついたのです。その当時は、ディレクターはもちろんのこと、教授でさえも驚くほどかけ離れた存在でした。ディレクターの姿は、一度も見かけたことさえなかったと思います。LSEは、私にとって宝の持ち腐れでした。ですから、このようなことが今日の学生たちに起こらないよう注意することに、私は最善をつくしたいと思っています。大都市の中心部にある大学は、必然的につねに人びとが行き来する広場です。学生たちを温かく迎えられる環境を作るために、特別な努力をおこなう必要があります。何といっても、学生たちは、他のどの大学以上に、もっと多様な経験や経歴をともなってLSEにやってくるからです。

——いうまでもないことですが、教授は公務員になられなかった。では、結果的にどのようにして学者としての人生がはじまったのですか。

人生における多くの重要な出来事と同じように、学者としての人生も、まったく偶然のかたちではじまりました。人は、取るに足らない板挟みで苦しむこともあれば、反対に重大な決断を何も考えずにおこなうこともあります。私は、当時まだ行政職に就くつもりでいました。ところが、トロップが、レスター大学で社会学の教員を公募していると教えてくれました。トロップは受かる可能性があるからと勧めてくれたので、私は、深く考えもせずに応募しました。かりに職を得たとしても実際に赴任するつもりはなかったのですが、面接というものを経験したかったからです。

面接そのものが、というよりも正式な面接に先立つ非公式の会合が、私の気持ちを変えました。その非公式の会合は、非常に興味深い二人の男性が同席しておこなわれました。どちらの男性についても以前に名前を聞いたことがなく、また、二人とも非常に強い中央ヨーロッパ系のアクセントが目立つ話し方をしていました。二人は、何のためらいもなくスポーツ社会学の議論をはじめました。LSEの誰とも異なる態度で、またある面で私自身とも異なる態度で、二人は実際にスポーツ社会学を真剣に受け止めてくれているように見えました。事実、二人は、スポーツ社会学について私がなし得る以上に非常に興味深い議論をおこなったため、この非公式の面接はそのほとんどが、興味をそそられた聴き手である私を相手に、二人のあいだでおこなわれた対話から成り立っていました。

ひとりはイリヤ・ニュースタットで、ニュースタットは、レスター大学の社会学科の主任を務め、英国でしばらくの間おそらく第一級の研究教育機関となった学科を作り上げていました。もう一人はノルベルト・エリアスです。二人とも、一時期LSEに在職していたのですが、LSEでは終身の職を得ることができませんでした。ノルベルト・エリアスは、レスターでも下位の職にしか就いていませんでした。私が最初にレスターに出かけたとき、エリアスは、英語圏ではまったく名前が知られていなかったのです。今日では有名になったエリアスの著書『文明化の過程』は、まだ英訳されていませんでした。この『文明化の過程』は、ドイツにおいてさえ容易に入手できなかったのです。この著作は、最初は文明化過程の研究にとって一番幸先のよくない年であった一九三九年に、確か出版されていると思います。

エリアスは、名前が知られていなかったとはいえ、あたかも世界的に著名な学者のように振舞っていました――事実、有名になってしかるべきでした。エリアスは、私に、ものごとへの専念と不屈さの価値を教えてくれました。かりに私のようにさほど生まれつき才能に恵まれていない場合でも、自分が選んだ努力目標にたいして他の人たち以上に多くの時間を注ぎ、憂き目を見ながらもこつこつ努力をつづければ、それだけでその差を埋めることができるのです。石油王のポール・ゲティは、「私の成功の秘訣は、朝早く起きて、夜遅くまで働き、油脈を掘り当てることだ」と言っています。いいかえれば、ピューリタンの倫理では不十分なのです――その過程では多少の運も必要です。見習うべき手本としてノルベルトに知り合えたことは、当時の私にとって幸運でした。私は、少なくとも比喩的にいえば、レスターで油脈を掘り当てたのです。

ノルベルトは、レスター大学で他の誰よりも熱心に研究をしていました。ノルベルトはまた、文化について百科事典のように博識でした。社会学者であり、歴史学者であり、人類学者であり、法理論の研究者でした。必ずしもマックス・ウェーバーの化身であるとは言えませんが、私の印象ではウェーバーにかなり近かったと思います。ノルベルトの思想は、もっともいまから振り返ってみてはじめて気がつくのですが、私に大きな影響を及ぼしました。私は、『文明化の過程』の中心テーマやその基礎にある擬似フロイト的な抑圧理論に、決して納得していません。その反面、ノルベルトは、社会生活の発達的過程がもつ意義と、また開かれた、偶然的特質を、私にたいして的確に強調してくれました。

――何がレスター大学の社会学科を特異な存在にしたのでしょうか。

ひとつには、それは、ニュースタットとエリアスの共有する比較論的、発達論的視座が執拗に強調されていたからです。レスターの社会学は、LSEでは優勢になりやすかった、そうしたもっぱら英国志向の、フェビアン主義思想の伝統とは明らかに違っていた。レスターは、数多くの若い社会学者たちの関心を引き、また同時に多くの若い社会学者も生みだしていました。こうした若手の社会学者のほとんどは――社会学がすでに長い伝統をもっていたほんの少数の大学以外の場で――この新しい学問がどのような学問であるのかを教えることに専念していったのです。ニュースタットもエリアスも、社会理論に重要な役割を振り当て、社会理論を、社会学そのものの範囲をはるかに超えて拡がるものとしてとらえていました――私も同じ見解をいだいています。当時のレスターは非常に有能な専門家を数多く擁していましたが、誰か一人が学科を完全に牛耳るようなことはまったくありませんでした。その結果、絶えず活発な討論がおこなわれていました。

私が学者の職に身を投じ、以後ずっと私を夢中にさせてきた関心事を追究しだしたのは、まさにこの時点からです。私は、社会科学を縦断して拡がる理論的問題の探究を開始し、哲学の読書も再度はじめました。私は、社会学が、方法論の面でことのほか興味深い、意欲をそそる学問であることに気づきました。ご存知のように、「社会学とは、研究者たちによって研究される必要のない人びとを研究する学問である」という古くからのジョークがあります。私は、このジョークに込められる批判を真剣に受け止めていました。いまでも引きつづき真剣に受け止めています。社会学や他の社会科学を不要な学問にするよりも、社会科学が、その研究対象にたいして、つまり、人びとの社会的行為にたいして、再帰的な関係にあることを、私たちは認識するべきなのです。

――なぜレスターを去られたのですか。

私は、北アメリカで二年間過ごす機会を得ました。最初にヴァンクーヴァーのサイモン・フレザー大学に、その後でカリフォルニアのカリフォルニア大学ロサンゼルス校（UCLA）にいきました。ヴァンクーヴァーでは、大学は、不平や不満の声で騒然としていた。最も親しい同僚のひとりに、バークレー校の学生運動のリーダーであった人物がいます。この男性と彼の周りにいた何人かとの出会いは、北アメリカで流行していたラディカルな思想を経験する初めての機会となりました。ヨーロッパでは、私たちはみずからを「急進派」と呼ぶ人たちに慣れていましたが、一般的にこの人たちは、政治活動以外では普通の暮らしをしていたのです。当時の北アメリカのラディカルな人たちは、はるかにもっと大胆でした。この人たちにとって、ラディカルな思想は、ライフスタイルのすべての側面を含まなければならなかったのです。このサイモン・フレザー大学では、著名な社会学者のトム・ボットモアが社会学科の主任教授を務めていました。トムは、ヨーロッパ風のラディカルでした。ボットモアは、明らかに左派的な信条をいだいていたのですが、まったく普通のブルジョア的なライフスタイルで暮らしていた。他の人たちはボットモアの態度を偽善的であるとみなしたため、ボットモアは、他の人たちと恐ろしいほど対立していました。

私は、ヴァンクーヴァーに九カ月、ロサンゼルスに約一八カ月滞在しました。一九六八年から一九六九年のほぼ一年間、UCLAで教えていました。UCLAで起きていたことは、英国での政治的対決をひどくつまらないものに思わせました。ロサンゼルスに着いた最初の日の午後、私は散歩に出て、浜辺に下りていきました。誰もいないだろうと思っていたのに、人びとで溢れており、まったく驚くべき光景でした。その当時、ヨーロッパでは誰もヒッピーについて知りませんでした。しかし、カリフォルニアでは、反体制的なライフスタイル運動がすでに急激な高まりを見せていました。浜辺は、あたかもローマ帝国の滅亡期か何かのようでした。けばけばしい色の迷路だったのです。人びとは、まるで聖書の場面から抜けでた登場人物のような身なりをしていました。ヒッピーに出会ったことがない人にはそう見えたのです。浜辺に沿って、国家権力の完全装備した防御ラインが敷かれていた。警察車両が長い隊列を作り、なかには開いた窓から散弾銃を突き出している車両も何台かありました。

大規模なヴェトナム反戦運動を含め、さまざまな種類の運動が展開していたのです。大いなる社会的実験の時代でした。ロサンゼルスに来てすぐに親しくなった、ある同僚がいます。この同僚は、もともと数学者です。彼はまた、誰もが容易に想像できるような極めて昔気質の人でしたし、確かにそういう人物でした。誰が見ても典型的なアメリカ人だったのです。いっとき、私は三カ月ほど彼を見かけなかった。ある日、私は、キャンパスを歩いていた際に、痩せこけ、髪も顎髭も長く伸ばし、まるでキリストのような格好をした男性が私の方に向かってくるのに気がつきました。私は、その男性が足を止めて私に呼びかけてくるまで、一体誰なのか見分けがつかなかった。それは、例の同僚であった数学者です。彼はすでに家族を捨て、大学も辞めており、既成社会の枠から飛び出し、コミューンで暮らすために、ニューメキシコの砂漠に移っていきました。この数学者は、決して例外ではなかったのです。何年か後に、彼から手紙をもらいました。彼は、学究生活に戻る努力をしていました。当然のことながら、好結果を得ることはできなかった。なぜなら、その時すでに彼が大学を去ってから、一五年も経っていたからです。

多くの研究者にとって、一九六〇年代の運動は、立ち上がるのも早かったけれど、消滅するのも同じくらい早かったし、また、長期的な影響を及ぼすことはなかったし、その衝撃も――今日、右派の多くの論者はそう述べていますが――破壊的ではなかった。しかし、私はこれらの論者の見解には同意できません。あちこちで数多くの狂気じみた出来事が生じましたが、一九六〇年代の運動が掲げた理念と主張は、奥深い影響を及ぼしています。当時の運動はライフスタイルの流動化を助長し、そうした傾向は、今日でも決して消え去っていません。倫理や政治の面で、当初はもっぱら常軌を逸しているとだけしかみなされなかったのに、やがて社会の大勢となる刺戟的な思想を、いくつか確立していったのです——そのなかに、個人の自立の強調、女性の解放、ェコロジー問題、普遍的な人権の追求が含まれています。一部の平和運動は、その当時はばかげた見解と一般にみなされましたが、戦争の終焉を予見していた。とはいえ、そうした運動は、先見性に満ちていました。今日、国民国家間での旧来の大規模戦争が消滅しはじめる可能性を少なくとも見いだすことができる世界に、私たちは生きているからです。これらの運動は、マルクス主義の修辞法を利用したが、共産主義体制には例外なく反対していました。『時代遅れの共産主義』という表現は、学生運動の活動家ダニエル・コーン＝ベンディットが書いた、いずれにしても当時最も有名になった文献のひとつの題名です。共産主義体制の消滅がコーン＝ベンディットの予測とはまったく違うかたちで生じたとはいえ、この「時代遅れの共産主義」は、いまや現実になってしまいました。比較的近い将来のある時点で、私たちがカウンター・カルチャー的な社会運動の新たな開花を再び目の当たりにする可能性は、十分にあります。私たちは、今日、一見したところ他に選択肢が何もない社会を生きているように思えます。しかし、こうした見方は、ソヴィエト型社会が当時存在していたとはいえ、一九五〇年代から六〇年代の欧米社会では常識であったのです。私には、私たちがいまや歴史の終焉に身を置いているとは思えないのです。

——北アメリカで過ごされた期間は、教授の著述活動にどのような影響を及ぼしていますか。

北アメリカに滞在していたあいだ、私は論文をほとんど書いていません。ヨーロッパの新聞や雑誌に、社会運動について、とくに反戦運動について論評をいくつか書いただけです。現在進行中の興味をそそる出来事であったにもかかわらず、あるいはその出来事にたいする反動からかもしれませんが、私は、社会理論がかかえるかなり抽象的な問題についての研究や、古典的社会思想の由来について研究をはじめていました。その研究のためにロサンゼルスでおこなった読書は、私が最初に発表した『資本主義と近代社会理論』を書く素地となっています。私はまた、その著作で取り上げた三人の主要な思想家について広範囲に論じた講義を、UCLAでおこないました。マルクスについて講義したため、私は保守的な人たちのかなり敵意に満ちた反発に遭遇しました。とはいえ、私のクラスは——キャンパスの他の教員の身に起こっていたような——妨害を誰からも受けませんでした。

——それから、英国に帰られたわけですね。

そうです、英国に帰りました。でも、翌年以降も何年間か、カリフォルニアにしばしば戻っていました。したがって、合計すれば、私は人生のかなりの時間をカリフォルニアで過ごしたことになります。今日でさえ、カリフォルニアは、非常に強い社会的保守主義の要素が見られることもありますが、日常生活のレヴェルでは、多くの点でヨーロッパ以上に実験的です。

英国に戻った後、私は、レスターからどこか他所に移りたいと思うようになりました。ケンブリッジ大学にいくことになったのは、この時です。私は、ジョン・ゴールドソープの後任でした。ゴールドソープは、デイヴィット・ロックウッドや他の同僚と一緒におこなった研究を共著の『裕福な労働者』として発表したことで、国際的な評価を得ていました。ゴールドソープは、オックスフォード大学のナフィールド・カレッジに移って、いまもナフィールド・カレッジにいます。私は、もっぱらゴールドソープの引き立てで、その後釜に座ったのです。なぜかといえば、私は、講師の職をゴールドソープから引き継いだだけでなく、キングズ・カレッジのフェローの職も引き継いだからです。私は、ゴールドソープと同じく最初は経済学部で教えましたが、経済学部にいたのは数年間だけです。その当時、ケンブリッジでは社会学はまだ十分に受け容れられていませんでした。政治学もそうでした。私がケンブリッジに着任した頃に、社会科学の授業は、初めて社会科学・政治学委員会という委員会の管理のもとで、ひとつのまとまりをもちました。しかし、この社会科学・政治学委員会には、学部としての地位が与えられていませんでした。

――ケンブリッジにたいして、どのような印象をもたれましたか。おそらくレスター大学と違う文化があったのではないかと思います――カリフォルニア大学ともおそらく非常に違っていたと思いますが。

確かに、ケンブリッジは、レスターともカリフォルニアとも違っていました。順応するのが難しいことに気づきました。とはいえ、ケンブリッジで得ることができた豊富な時間と、人間関係や情報といった資源には、当初から感謝していました。ケンブリッジで過ごした長い歳月を通じて、実りが多かったと感じています。たとえば、一九七〇年代前半に、私は『資本主義と近代社会理論』のほかに、『先進社会の階級構造』やマックス・ウェーバーの政治学関係の著作についての研究書を発表したり、デュルケムの著作を翻訳して選集をつくったり、さらにデュルケム学派風のタイトルの『社会学の新しい方法規準』という方法論の本も書きました。

この時までに、私は、長いあいだにわたって私を夢中にさせることになり、実際には今日でも引きつづき取り組んでいる大きな研究課題をすでに見いだしていました。三つの問題を研究したいと思ったのです。その三つの研究課題とは、社会思想の歴史、とくに一九世紀から二〇世紀前半の社会思想史の再解釈、社会科学の論理と方法の再構築、それに近現代の諸制度が出現していく過程の分析、です。

――ケンブリッジに順応するのに苦労されたということですが、もう少し詳しくお話しいただけますか。

ケンブリッジでは、ケンブリッジとオックスフォードの出身者がもっぱらとり仕切っていました。圧倒的多数の人たちは、学部にせよ大学院にせよ、この二つの大学の学位を少なくとも一つは取得していました。私のように、まったくの部外の出身者は多くなかったのです。ですから、私は、準備となる社会化をまったく欠いていたことになります。一九七〇年代の初め、私は、エリートと権力の問題について研究していました。パブリックスクールを出て、ケンブリッジかオックスフォードに進学し、卒業後は行政や、外交、司法といった旧来の専門的職業に就く人びとには、とくに親の世代との著しい連続性が見られることに、私は強い印象を受けました。最上位校のパブリックスクールの建物は、ケンブリッジやオックスフォードのカレッジの建物と非常に似ています。建物の細部さえも、部分的に類似していました。ケンブリッジのカレッジでは、それぞれのフェローの氏名は、カレッジの階段の入り口に掲げた表示板に手書きされています。同じことは、パブリックスクールや、弁護士任命権を専有する法曹学院のような場所にも当てはまります。あたかもたった一人の看板書きがこれらすべての建物を受け持っているかのように思えるのです。

その上、ケンブリッジとオックスフォード以外の大学には、カレッジのようなシステムは過去に存在しなかったし、現在でも存在しません。さらに私は、社会学を教えるという現実そのものとも闘う必要があった。なぜなら、社会学は、面白くもないし、同時にまた危険でもある、と学内では一般的に認識されていたからです。社会学は、大学機構の上で有力な拠りどころを欠いていました。社会学は、経済学部のなかで、制約はあるものの十分な役目を果たしていたのですが、講座の数はごく少数に抑えられていました。

——ケンブリッジに移ってからまもなく、教授は、ヨーロッパ大陸の社会思想についてかなり広範囲に論文発表をはじめられました。たんに古典的著述だけでなく、ヨーロッパ大陸の社会哲学や社会理論の最新の動向についても、見解表明をはじめられた。何か切っ掛けがあったのでしょうか。

その発端は、もっと前に遡ります。北アメリカでしばらく過ごすようになる前に、二回の夏休みを利用してパリに研究に出かけ、国立図書館で勉強していました。私はまた、マルクスとウェーバーの著作を原文で読みたいので、ドイツ語講読の学習にもかなり時間をかけました。マルクスやウェーバーの著作だけしか読まなかったのではなく、フランス語やドイツ語で書かれた、マルクスとウェーバーの注釈書も読んでいました。こうした注釈書の著者の何人かをとおして、たとえばフランスの社会学者レイモン・アロンをとおして、他のさまざまな現代の研究者にも読書を広げていきました。解釈学の伝統――ウェーバーと密接な関係があった伝統です――についても読みはじめました。マルクス主義の文献や、またフッサールやハイデッカーといった哲学者についても、幅広く読んでいきました。その後何年か経ってから、一九七〇年代の中頃から終わり近くですが、私はこれらの学者の著述にもう一度たち戻ることになります。これらのさまざまな思想の流れが、英語圏でその頃広く流布していた考え方とどのように結びつくのかを、私は解明しようと努めたのです。当時、社会学では、引きつづきアメリカの研究者がもっぱら主流を形成していました。ロバート・K・マートンやタルコット・パーソンズは、依然として最もよく引用される研究者でした。マートンやパーソンズを新たな社会運動の場から批判する人びとも含め、他の多くの人たちと同じように、私は、マートンとパーソンズを批判の引き立て役として利用することで、自分の考えを明確にしようと努めました。そのために、私はヨーロッパ大陸の思想を幅広く利用していったのです。

――教授は、一九八四年に出版社ポリティー・プレスの共同設立者のひとりになられた。どのような思いから、このようなヴェンチャー経営に乗りだす決心をされたのですか。その際に、学究生活から完全に離れようと思われたのでしょうか。

いいえ、そうした行動指針のようなものをまったく考えもしませんでした。たとえケンブリッジでどのような困難に私が出くわしたとしても、大学での生活には、とりわけ学生たちと常時接することに、私はつねに満足していました。フランスの著名な社会理論の研究者でしたミシェル・フーコーは、晩年、自分のことをどのように描写されるかと問われたときに、あっさり「教師」と答えていました。私も自分をそのように見ています。教えることは、とくに多くのいろいろ異なる学生相手に講義をすることは、私の生活の大切な、いつまでも変わらない喜びのひとつでした。

私たちは、いくつかの理由があってポリティー・プレスを設立しました。私と一緒に設立に加わったのは、いまはオープン・ユニヴァーシティで政治学の教授を務めているデイヴィッド・ヘルドと、ケンブリッジの社会学の助教授で、ジーザス・カレッジのフェローでもあるジョン・トンプソンです。デイヴィットと私は、すでに他の出版社で叢書の編者をしていました。しかし、編者であっても、出版リストを十分に把握できない。私たちは、他の出版社のために仕事をするよりも、かりにみずからが発行人としての地位を確立して、自分たちのために仕事ができるのであれば、むしろその可能性に賭けてみたいと思ったのです。私たちはまた、政治と文化のあいだに介在していきたいと考えました。ポリティーが発足当初から掲げてきた目的のひとつは、英米の思想とヨーロッパ大陸の思想を取り結ぶことです。それは、私が自分の著作のなかで個人的に達成しようとしてきたのと同じことです。少し生意気だったかもしれませんが、私たちは、既存の学術出版社よりももっとよい仕事を自分たちでできると考えたのです。既存の出版社は、原稿について判断を下す前に、評定してもらうために学者のところに原稿を送る必要があったからです。私たちが原稿を直接読んで評定できれば、もっと早く出版の是非を決断できるわけですし、また、私は、既存の出版社ができる以上に、もっと事情に通じた決断ができることを期待したのです。

――その後、ポリティーは、社会科学と人文科学の分野で世界中で最も名前が知られた出版社のひとつになりました。しかし、当初はどのようにして計画を実行に移されたのですか。

出版社が金銭資本を投入し、私たちが知的資本を注入するかたちの合弁事業を私たちと一緒に組むことに関心があるかどうか、いくつかの出版社と接触しました。私たちが最も関心をもち、また私たちに最も関心を示してくれた会社は、ブラックウェルです。ブラックウェルは、合弁事業のために資金を提供してくれました。ポリティー・プレスは、独立した会社であって、共同持株会社によってブラックウェルと結びついています。ポリティーでは、私たちの目指したかった多くのことがらをこれまでに達成できた気がします。私たちは、年間七〇点から八〇点くらいを出版しています。ヨーロッパの主要言語からの翻訳を数多く出版してきました。ポリティーは、社会理論や政治理論、文化理論をとくに得意分野にしています。

――ポリティーは、教授がケンブリッジで社会学の教授に任命されたのとほぼ同じ時期に設立されたと思いますが。

私は、一九八七年に教授に任命されました。このことは、私にとって重要な転換点でした。なぜなら、教授への任命は、大学内部でより大きな影響力を私にもたらしたからです。教授になれて嬉しかったし、ひと安心しました。それに先立つ約一〇年ものあいだに、私は助教授への昇進を九回も却下されていました。このことは、ごく最近誰かが破るまで、最長記録だったと思います。私は、教授に任命された結果、ケンブリッジの社会科学のためによりよい制度的枠組みを創りだす支援活動をはじめることが可能になりました。社会科学・政治学部は、一九八八年に設置されました。この学部は、私の知る限り、ケンブリッジにとってほぼ半世紀ぶりに設立された新学部ですし、実現するために非常に多くの外交的策略を必要としました。

――一九九七年に入ってすぐに、教授は、LSEのディレクターに就任するために移動されました。ケンブリッジでこのように長く過ごされた後で、どうしてケンブリッジを去る決心をなさったのですか。

現実に私がケンブリッジで大学のためにやり残した仕事は、もう他にないと考えたからです。

たとえ自分がLSEの学生であった頃に、LSEにたいし完全に満足していなかったとしても、さっきお話したように、私は、LSEの並外れた特質と、LSEが、たんに知的活動だけでなく、政治活動や経済活動において占める場の重要性を、ずっと前から認識していました。ケンブリッジを去ることに、何の迷いももちませんでした。

——LSEでは何を実現したいとお考えですか。

LSEの新たな黄金時代を目指して努力したいと考えています。LSEが、世界にたいして具体的な影響力を確実にもつことができるようにしたいのです。LSEは、一世紀以上にわたって存続してきました。また、一八九五年のLSEの創立に尽力したシドニー・ウェッブとビアトリス・ウェッブは、LSEを、世界の改善に実践的に寄与する研究機関とみなしていました。LSEにはそのような寄与をおこなってきた長い歴史がありますし、またLSEは、多くの人びとの見解とは裏腹に決して党派性の強い研究機関ではなかったのです。発足当初から、左派から右派までの思想家の寄り集まりでした。第二次世界大戦以降、LSEは、二つの連続した社会的、政治的変化の局面に大きな影響を及ぼしています。LSEは、戦後の福祉国家の基本的な理念や政策のいくつかを練り上げる場となってきました。労働党党首で首相となったクレメント・アトリーは、かつてLSEで教えたことがありますし、一方、もちろん経済学者のウイリアム・ベヴァリッジも、LSEのディレクターをしばらく務めていました。さらに知的探究の面でいえば、たとえば経済史のトーニーや社会政策学のティトマス、経済学のマーシャルといった人物が先頭にたって活躍していました。

LSEは、一九六〇年代後半から一九七〇年代前半の新たな社会運動をめぐる対論や闘争の舞台となりました。あまり一般に認識されていませんが、LSEはまた、サッチャー主義の高まりにともなって政治的「反革命」を起こした、いくつか重要な判断や政策決定の出所でもあったのです。マーガレット・サッチャーお気に入りの経済哲学者であるフリードリッヒ・フォン・ハイエクは、LSEで教えていました。私の考えでは、私たちは第三の変化の局面に立っており、LSEは、私たちが身を置く新たな世界への対応の仕方を練り上げる過程で、基本的な役割を演ずるべきです。たんに政治的意味合いだけで、私はこう言っているのではありません。あとで論ずることになるでしょうが、私たちは、激しい社会的、政治的、経済的変動の時代をいま生き抜いています。それは、政治にはじまり、ビジネスや日常生活に至るさまざまなことがらにたいして、新たな対応が要求される時代なのです。私は、LSEを、研究センターとしてだけでなく、いまの時代の時代診断と密接に関連する、対話と論争のセンターとしてもとらえたいのです。

――大学全般の将来についてどうお考えですか。とくに新たな情報テクノロジーの出現を考えあわせた場合、未来は、大学にたいして何をもたらすのでしょうか。

大学の位置づけは、ちょうど知識人の役割と同じように、変化してきました。私が教えはじめた当時、大学で教えるのは、最も威信の高いことのひとつと広くみなされていました。こういう見方は、今日ではほとんど当てはまりません。それにはいくつか理由があります。ひとつは高等教育の量的拡大で、それは、大学教授の地位がかつてそうであったほど際立ったものでなくなったことを意味しています。もう一つの理由は、ビジネスや金融、メディアでの仕事に付与される威信が高まったことです。大学は、以前と同じ見方を世間からなされていません。さらにもう一つの要因は、今日、大学が、以前よりももっと範囲の拡がった知識生産者と競争しなければならないことです。そうした競争相手のなかには、シンクタンク、学術研究機関、調査機関、経営コンサルタント業、メディア企業が含まれます。

情報テクノロジーが長期にわたって及ぼす影響も、想像がつかず、計り知れないものがあります——同じことは、出版の分野にも当てはまります。もちろん、情報テクノロジーはまた、すでに学生たちの勉学の様式を実質的に変えてきました。新世代は、コンピュータなしには勉強できません。他方、情報テクノロジーについて今日一般におこなわれている推測の多くは見当違いであるように、私には思えます。電子コミュニケーションは、範囲が限定された場所で相手方と落ち合う必要性にとって代わるわけではありません。ロンドンの金融中心街のシティが、その一例です。シティは、新たに生まれた地球規模の電子決済経済でネットワークの中心のひとつになっています。同時に、シティとは、一平方マイル内にすべてのものが集中した、物理的な場所でもあるのです。新しいテクノロジーの出現にもかかわらず、学者も企業経営者も、会議への出席が少なくなるどころか、むしろ増加しています。私たちは、依然として相手の顔をまともに見る必要があるのです。同じことが、大学にも当てはまります。既成の大学がこれまで備えてきた様相のなかには、間違いなく変わるものもあります。その反面、大学のもつ魅力は、新たなテクノロジーによって侵食されるよりも、むしろおそらく高められるでしょう。これが、社会学者のデドリー・ボーデンとハーヴェイ・モロッチの名づける「接近衝動強迫」です。

―― 終わりに、ひとつだけおたずねします。教授の研究者としての履歴の背後にある推進力についてもう少しお話いただけませんか。教授は、ご自分の人生を、むしろ偶然の、計画性のない人生であったと説明されているようですが、私にとっては、教授の知的活動は、関心が一点に集中した、つねに決意の堅いものであったように思えます。

私の人生をひとつに束ねてきたのは、私の研究者としての履歴の継続性です。私は、学者になることを目指してきたわけではありません。しかし、いったん教育職に就くと、学究活動が自分を夢中にさせることに気づきました。また、初めから同じ研究課題を頑固にも追究してきました。古典的社会思想の過去の展開について新たな視点から検討し、社会科学の新たな方法論の枠組みを生みだし、そして近現代の示差的特質を分析したいと思ってきたのです。しなければならないことがらは、まだまだ嫌というほどあります。

インタヴュー　2
社会学の古典、古典の乗り越え

——教授の研究生活の始まりからではなく、一九七一年に出版された『資本主義と近代社会理論』を話題にすることから、インタヴューをはじめてはどうでしょうか。このマルクスとデュルケム、ウェーバーの研究業績にたいする批判的解釈は、いまや歴代の学部学生にとって救いの綱となってきました。教授は、この『資本主義と近代社会理論』の序文で、この三人を、現代社会学の主要な準拠枠が確立される上で傑出した役割を演じた人物と評されています。この三人を論ずることになった背景について少し話していただけますか。

私が『資本主義と近代社会理論』を書いた当時、タルコット・パーソンズは、社会思想の歴史を解釈する上で最も無視できない人物でした。よく知られているように、パーソンズの主著『社会的行為の研究』（一九三七年）では、マルクスについてほとんど言及していませんし、実際にマルクスの原文もまったく引用されていません。パーソンズは、個別的には社会学の出現について、またもっと広くは社会理論の発達について、独特な見解をいだいていました。それは、社会理論には一九世紀から二〇世紀初期にかけて二つの発達局面が存在したという見解です。一八八〇年代までの時期には、たとえばコントやマルクスといった社会学の先駆者たちが君臨してきた。その後に、新たな、また厳密な社会学的綜合を生みだす世代が登場した。このような考え方は、当時、非常に影響力をもっていました。マルクスにのみ目を向ける傾向が強かったマルクス主義者と、他方もっぱらデュルケムとウェーバーに目を向ける社会学者のあいだに、しばしば見解の隔たりが見られたのです。

私は、この三人を互いに結びつけ、一冊の本のなかで対等に論じようとした。それ以後、マルクスとデュルケム、ウェーバーを「古典社会学の三人の創始者」と呼ぶことが、普通になりました。しかし、私がこの『資本主義と近代社会理論』を書いた当時は、そうではなかったのです。私は、一方では、マルクスがすべてであり、マルクス主義がある意味でものごとの真理を暴いてきたのであり、それゆえ「ブルジョア社会学者」を無視できると主張した論者に対抗するために、また他方では、マルクスが社会理論の初期発達段階に属しており、その後は基本的にデュルケムやウェーバーがマルクスにとって代わっていくとみなしたパーソンズ流の見解に対抗するために、この『資本主義と近代社会理論』を執筆したのです。私は同時にまた、これらの思想家の考え方がそれぞれ出現する歴史的脈絡についても明らかにしたかったのです。

——この三人の社会学の創始者たちが引きつづき重要な意義をもたらしているとする教授の

見解をもう少し詳しくうかがいたいと思います。まず、デュルケムからはじめましょう。一部の評者は、デュルケムを、たとえば実証主義という考え方、つまり、社会科学は自然科学の方法や予見能力を見習うことができるとする確信と、また機能主義という考え方、つまり、社会の諸制度をそれらが社会の再生産の過程で演ずる機能によって説明できるとする確信と、とりわけ結びつけてとらえています。今日、このような考え方は、多少の例外はありますが、目の肥えた社会学者であれば誰もが避けたいと思う素朴な主張とみなされています。この見方は、デュルケムの遺産にたいする正当な評価でしょうか。

そうですね、おそらくこの問題はもう少し史実にもとづいて解釈される必要があると、私は考えています。この点についてもまた、パーソンズの解釈は極めて重要です。なぜなら、パーソンズの解釈は、デュルケムの著述が何を問題にし、デュルケムの主たる目的が何であったのかに関して、いわば主旋律を確立したからです。銘記しなければならないのは、当時は、つまり、二五年前には、デュルケムの研究業績が英米の社会学者のあいだでさほど知られていなかったことです。デュルケムの主要な著作のほとんどは英語訳されていました。しかし、もっと興味深く、実際に極めて重要な著作がいくつかまだ翻訳されていなかった。たとえば、フランス語の書名が『社会学講義』となっている本にしても、道徳教育の研究や「社会学年報」に載った論文にしても、パーソンズの解釈が示された時期よりももっと後に英訳されました（『社会学講義』は、一九五七年に『職業倫理と市民道徳』の題名で英語訳されています)。したがって、デュルケムについての認識のレヴェルは、パーソンズのデュルケム解釈につづいて、英国の社会理論の研究者スティーヴン・ルークスが私の考えでは最も信頼の置けるデュルケム論を書くまで、それほど高くはなかったのです。

パーソンズは、デュルケムがはじめは実証主義の見方をとり、その後次第に実証主義的見解から抜け出て、ウェーバーやパレートのほうに近づいていったと考えていました。パレートは、パーソンズが『社会的行為の研究』で論及しているもう一人の学者です。私は、このような見解に納得できなかったのです。他のどの主要な思想家と同じように、デュルケムもその著作のなかに数多くの要素をもっていたと私は主張しましたが、私はいまでもそう考えています。デュルケムは、これらの要素をうまく効果的にひとつにまとめる努力を決してしていなかった。デュルケムの著述活動では、初期の段階に「社会的事実をものとみなす」という主張が現われますし、もちろん『社会学的方法の規準』のなかに機能主義の提示を見いだすことができます。しかし、かりにデュルケムの最初期の評論に、つまり、ごく初期の著述にまで遡れば、デュルケムは、すでにそうした著述のなかで道徳意識について分析しています。デュルケムは、何か精神性のようなものについて言及し、道徳的価値体系についても論及しています。こうしたことがらは、もともとデュルケムの関心のなかに存在していたように思えます。デュルケムは、デュルケムを「機能主義者」や「実証主義者」とみなす人びとが認める以上に、その当初からかなり複雑な、難解な論者だったのです。デュルケムは、これら互いに異なる見方を融合し、両立させることに終始努力していました。デュルケムは、一方で、人間の社会生活を、体系的に、また厳密なかたちで論じようとしました。そして、その限りにおいて、デュルケムの取り組み方は、むしろコントの実証哲学に似ており、社会についての何か実証科学のようなものを生みだそうとしたのです。その反面、デュルケムは、最初期の著述から判断すれば、人間の意識や道徳性、精神性が自然界の出来事のようなものでは決してないし、また、一方で人間の行動にたいして実証科学と類似した論理や方法を私たちは適用できるかもしれないが、実際の研究対象は実証科学と明らかに異なる、と確信していたように思えます。かりに実証主義という言葉は、自然科学と社会科学がある意味で同じものであり、また両者の相違を認める必要がないことを表わすのであれば、デュルケムはどんなに大雑把な理解においても決して「実証主義者」ではなかった、と私は考えています。デュルケムは、宗教論から著述活動をはじめて、晩年には宗教の問題にもう一度戻りました。宗教の関心事が倫理的な、精神的なことがらであることを考えあわせば、デュルケムは、どうみても宗教を「自然界の及ぼす力」とはみなしていなかったと思われます。

私が『資本主義と近代社会理論』でおこなおうと努力したのは、近現代社会の発達という背景幕のなかにデュルケムの著述を位置づけることでした。デュルケムについて論じた他のほとんどの人びとは、そういうことをまったくしてこなかったからです。私は、近現代の個人主義の隆盛、個人主義と不平等との関係、連帯性の問題、それに連帯性の二つの形態のあいだの変遷についてデュルケムが下す分析に、とくに関心がありました。これらの疑問はすべて、今日においても引きつづき意義を失っていません。かりに、たとえばコミュニタリアニズムについて考えたり、コミュニタリアニズムの有力な唱道者であるアミタイ・エツィオーニの著述について検討すれば、これらは、デュルケム学派の主張を、つまり、自由や個人の自己発達の条件とはこうした自由や自己発達の条件が生みだされることを可能にする共同体なり社会の獲得であるという主張を、再現したものです。これらの特質は、人間の存在条件のなかに付与されていません。デュルケムは、個人主義の台頭によって社会的凝集性が問題をはらみ、不確実になっていると論じています――これは、今日、コミュニタリアニズムの旗印のもとで、再び論議されている争点です。なかには、デュルケムの著述が依然として極めて斬新な議論であるように思える争点もあります。

――デュルケムは、こうした今日の論争においても影響力を保っていますか。あるいは、デュルケムと今日の論争とのあいだに何らかの対応関係があるのでしょうか。

そうですね、デュルケムは、当然そうあるべきなのですが、さほど影響力をもっていません。コミュニタリアニズムをめぐる論争は、二つの典拠に導かれてきました。ひとつは、チャールズ・テーラーやその他の人びとの手による自由主義についての哲学的議論です。もう一つは、エツィオーニが打ちだしたもっと政策志向の強い協議課題です。いずれのグループも、デュルケムをそれほど参考にしていません。これらの争点といわば非常に強いつながりをもつ人のひとりに、『秩序の問題』を書いたデニス・ロングがいます。

——デュルケムの研究業績では、他にどれが引きつづき重要でしょうか。

デュルケムは、前近現代から近現代の社会への移行に関する挑発的な理論を、モダニティそのものの解釈と結びつくかたちで主張しました。デュルケムによる機械的連帯と有機的連帯の対比は、決して十分に検討しつくされていません——それは、本来、社会的複雑さの増大についての理論です。デュルケムはまた、この理論と結びついた不平等論を展開しています。伝統的社会は、確かに不平等を創りだしていた。しかし、そうした不平等は、かりにそれが抑制されていれば(デュルケムは相続税の撤廃に賛成していましたが)、またかりに高い水準の社会移動があれば、必ずしも社会的凝集性を危うくするわけではない。マルクス主義の破綻を考えあわせば、こうした考え方は、ふたたび流行しています。

——デュルケムが他の人たち以上に強い影響を残したと思われる分野は、他にもありますか。

デュルケムの非常に重要な研究テーマのひとつは、道徳的個人主義です。この道徳的個人主義は、コミュニタリアニズムや、家族に関する近年の議論ともかかわりがあります。デュルケムは、近現代の道徳体系の本質について独自の概念構成をしています。いやしくも社会が存立するためには、道徳的秩序が存在しなければならない。しかし、伝統的な道徳体系は、現実には近現代社会をひとつに結びつける社会的接合剤になることができない――共同体という旧来の理念は、時代遅れになったからです。今日、人びとが、伝統的家族や、共同体の復活についてふたたび議論しあっているとすれば、その限りにおいて、この人たちはカテゴリーの誤謬を犯していると言えるかもしれません。私たちは、高度の個人主義を特徴とした極めて複雑な分業体制をともなう社会のなかで、共同体や伝統的家族を取り戻すことなどはできません。私たちは、何かもっと別な道徳的枠組みを必要としているのです。こうした道徳的枠組みを、デュルケムは、フランス革命の精神《エートス》のなかに見いだすことができると主張しています。私たちは、たんに社会的な、ある意味では集合的な性質をもつだけでなく、同時にまた一人ひとりの自由が最も重要であることをも認める、そうした道徳体系を手にすることができる、と言うのです。

――けれども、今日、これらの論争の多くが、あらゆる種類の道徳的権威にたいする懐疑心をともなってなされているという指摘はできないでしょうか。また、こうした懐疑心は、実際にデュルケム学派の説明のなかにも同じようなかたちで存在しなかったのでしょうか。

存在しません。目下のところ見いだす最も強い風潮は、社会が道徳的に堕落してきたという議論です。それは、ガートルード・ヒルメルファーブの主張ですし、右派の人たちの見解です。それはまた、ある意味でエッツィオーニの見解でもあります。私たちは、「自由の無秩序状態」に、つまり、あまりにも多くの権利が存在するものの、それに見合う十分な義務が存在しない状態に、苦しんでいるというのです。この議論をどのようにとらえるにせよ、この議論は、世紀の変わり目にデュルケムを中心におこなわれた論争と極めて類似しています。

―― デュルケムの場合、何らかの種類の道徳的秩序をきちんと確立できる可能性にたいして、本当にさほど懐疑的でなかったのかどうかを、私は知りたいのです。近現代の個人主義の引き起こした問題がたとえどのようなものであるにせよ、デュルケムは、何らかの種類の道徳的秩序を生みだすことができるという確信を、ある程度までいだいていたように明らかに思えるからです。今日、大多数の論者は、その実現の可能性にたいしてかなり懐疑的なように思えます。

デュルケムは、たんに人権と個人の自由の意義を認めるだけでなく、同時にまたかなり強い連帯性ももつ、そうした非宗教的な共和制国家を想い描いていました。デュルケムは、人権と個人の自由、連帯性が互いに補い合うものであると考えていた。確かに、今日、こうした考え方に疑問をいだく人もいます。コミュニタリアニズムの立場をとる人たちは、疑問をいだいていると思います。つまり、この人たちは、民主制といういわば議事手続きモデルに疑問をいだき、家族等々をめぐる道徳上の争点にたいして法規制をもっと直接加えることができる国家を望んでいるのです。この人たちは、たとえデュルケムの主張とコミュニタリアニズムの見解のあいだに――自由市場哲学にたいするコミュニタリアニズムの批判に見られるように――明確な結びつきがあるにもかかわらず、デュルケムの立論を認めていません。市場はどのようなことがらでもおこなうことができるという考え方に、デュルケムは異議を唱えています。マルクスも、もちろん別なかたちですが、こうした考え方に異議を唱えていました。この争点がこのようなかたちで返り咲くとは、つまり、二〇世紀の終わりにこれほど重要になるとは、ほとんど誰も考えませんでした。事実、一部の人たちは、（もっともそれは私の見解ではありませんが）市場型社会の再来にともなって、私たちが一九世紀末の世界と同じ世界に事実上たち戻ったと考えています。

――次にマックス・ウェーバーに話題を移しましょう。『資本主義と近代社会理論』で教授が論及された三人のうち、おそらくマックス・ウェーバーは、その名声が最も不動な人物であるように見えます。ウェーバーの方法論は、自然科学と社会科学の説明形式の違いを認識していたように思えます。ウェーバーは、モダニティにとって決定的に重要な合理化の過程と官僚制に焦点を当ててきました。ウェーバーは、権力の占める中心性と暴力に向かう潜在的可能性を認識していたように思えます。ウェーバーは、少なくとも社会主義の成功の可能性にたいして悲観的でした。そこで、質問したいことが二、三あります。まず、ウェーバーが二〇世紀の社会学におこなった最も不朽な貢献として、教授は何をお考えですか。

ウェーバーについても、ウェーバーの研究業績の歴史的脈絡を理解することから議論をはじめる必要があります。ウェーバーは、全般的な研究戦略の面で、また政治との関係で、デュルケムと何かかなり類似したことがらを成し遂げようとしたのですが、それを、デュルケムとは非常に異なる国民社会の脈絡のなかでおこなおうとしました。デュルケムは、自由主義を社会学的に擁護しようと努めた。ウェーバーも、同じようなことをしようとしたが、自由主義が脆弱な国で、また小規模な中産階級しか存在しない状況のなかで、そうした努力をおこなったのです。ウェーバーが追究した自由主義の社会学的擁護は、デュルケムがおこなった追究とは明らかに異なることが判明しています。しかしながら、二人は、自由主義民主制国家がまだ形成過程にある国のなかで、自由主義民主制国家の成功の条件が何であるのかを明らかにしようとしたのです。ウェーバーも、デュルケムがそうであったように、個人主義と集合的権力の関係に同じように専心没頭したとはいえ、ウェーバーは、これらの問題にたいしてデュルケムと違う見方をとりました。ウェーバーは、国家について対照的な定義づけをおこなっています。ウェーバーにとって、国家は、権力と領土に依拠しています。このウェーバーの見解には、デュルケムの主張に見られる以上のニーチェ的要素を見いだすことができます。デュルケムは民主制をもっぱら道徳的観点から見ていたのにたいして、ウェーバーは、民主制を、権力の結集と抑制にかかわるとみなしていました。ウェーバーの最も不朽な貢献について言えば、それは、文明の比較研究と密接に結びついています。マルクスは、やはりもっぱらヨーロッパ中心的世界観をいだいていましたが、ウェーバーは、そうした世界観から脱却した最初の主要な思想家です。ウェーバーは、西欧文明を数ある文明のひとつとみなし、文明の衝突が、世界全体の歴史にとって根本的に重要であることを把握しようと努めた最初の思想家なのです。今日、ご承知のように、サミュエル・ハンチントンも同じような主張をおこなっています。私はハンチントンの見解を是認していませんが、異なる文化や文明に見いだす異なる発達の道筋にたいしてこのような地球規模の視座をもつことは、当時そうであったように、今日でも同じように重要です。

――政治学では、ウェーバーが、国家だけでなく、権力や暴力のもつ特質についても発言していたため、ウェーバーを、多くの場合、政治学の形成に貢献した人物のひとりとして認識しています。社会学者は特徴的にこうした点を無視する傾向があったと、教授は幾度となく指摘されています。

ウェーバーは、政治思想家であり、経済史学者であり、法理学の研究者でした。社会学者だけではなかったのです。ウェーバーは、結局のところかなり気が進まないかたちで社会学に取り組み、社会学という言葉も晩年になってはじめて使うようになりました。もともとウェーバーは、社会学を、シェッフレやコントのような自分が嫌っていた人たちと、つまり、(デュルケムは賞賛していたとはいえ)自分が軽視した思想家と、同一視していたのです。ウェーバーの研究成果が最初に英語訳された際に、当初、ウェーバーは、経済学か経済史の学者とみなされていました。確かに、それは、トーニーや、あるいはウェーバーの『一般経済史』を翻訳したフランク・ナイトが示した見方です。

――私が取り上げたいもう一つの質問は、教授が、「私たちは誰もがウェーバー学派である」と確信されているかどうかという点です。社会学は、たとえばデュルケムやマルクスの影響力よりも、むしろウェーバーに由来する観念に今日では原理的基盤を置いている学問なのでしょうか。

そうは言えないと思います。私はウェーバーの研究成果のすべてが引きつづき説得力をもっているとは思いませんが、ウェーバーは、独特なものの見方をしていました。私の考えでは、ウェーバーは、もともと社会学者ではなかったし、多くの社会学者が社会学の基本とみなした理論的思考の類を拒否していました。ウェーバーは、社会科学を、一方で歴史研究をおこないながら、他方でそうした歴史解釈の感度を高めるために概念を配列していく、と認識していたのです。

『経済と社会』は、一連の社会学的一般化というよりも、むしろ概念の列挙です。ウェーバーの示す方法論的個人主義の見解が現実に時の試練に耐えるとは、私は思いません。ウェーバーの方法論の考え方は、見事な理解の仕方であるにもかかわらず、かなり混乱しています。また、ウェーバーの官僚制論は、時代に束縛されていることが判明してきました。世界は、ウェーバーが予想したかたちでますます官僚制化が進行しているわけではありません。ウェーバーは、近現代文明の最重要な問題として「鉄の檻」に焦点を当てましたが、それは妥当ではなかった。さらに、プロテスタンティズムなりピューリタニズムに近現代資本主義の起源があるとするウェーバーの主張は、もちろん証明されていません。この主張には、ウェーバーの活躍していた当時においてそうであったように、引きつづき議論の余地があります。イタリアの古くからの都市が、例の世界観を含めて、その後に資本主義として一般化できるようになる特徴のほとんどを備えていたという見解に、私は傾いています。かりにそうではないとしても、ウェーバーの研究成果が時の試練に耐え、他の人たちの研究成果がそうではないと主張できるとは、私は思いません。

ウェーバーは、相反する感情に引き裂かれた――また強迫観念に苛まれた――性格の人でした。ウェーバーは、生涯を通じて、沈思黙考と精力的な行動、情熱と理性、知的活動と政治活動を両立させるために奮闘しました。ですから、このような分裂傾向がウェーバーの学問的著述のなかにも現われていることに、気がつくはずです。情熱と理性の緊張関係は、一連の個人的な悩みや抑鬱のなかに反映されており、ウェーバーの人生のおそらく最も重要な主旋律になっています。

ウェーバーは、デュルケムやマルクス以上に複雑な人物でした。デュルケムとマルクスには、二人とも生活上の苦境をものともせずに成し遂げた研究課題があります。

――でも、マルクスの研究成果のなかにも、同じように情熱と理性のあいだの自在な動きが見られたのではないでしょうか。

いいえ、私はそうは思いません。マルクスは、確かに情熱と理性を融和させることが可能だと考えていました。それにたいして、ウェーバーは、情熱と理性を、互いに依存しあうが、それにもかかわらず矛盾するものと、つねにみなしていました。

――しかし、マルクスにおいても、情熱と理性が、少なくともある程度まで葛藤していたのは間違いないのではないでしょうか。マルクスは、ある種の歴史決定論を、情熱や行為能力、革命意欲の不可避性と融合させる努力をおこなったのではなかったのですか。

マルクスの研究活動もまた、複雑に込み入っています。しかし、マルクスは、複雑な人物というよりも、むしろ錯綜した著述家でした――マルクスの著述が絡み合っているのは、マルクスが住む国を幾度か変えたことも含めて、他の原因に由来しています。よく知られているように、マルクスは、はじめにヘーゲルやドイツ古典哲学の影響を受け、その基礎の上にラディカルな思想を確立しようとした。やがてドイツを去らなければならなくなり、パリで亡命生活を送っていたときに、初期の社会主義や共産主義の文献と、偶然に出会った。その後、フランスを去って英国に移り、政治経済学を読みはじめた。マルクスの著述はこうしたさまざまな要素から成り立っており、またマルクスは、こうした異なる源泉から継承したさまざまなものをひとつにまとめることができなかったのです。

――教授が『資本主義と近代社会理論』を書かれ、初期の社会学に関してマルクスを無視しておこなわれてきた説明の欠陥を埋め合わす努力をなさった前後の状況について話していただきました。一九八〇年代に話題を移しますと、教授の関心の焦点は、「史的唯物論の今日的批判」に転じて、ある意味で史的唯物論の脱構築に取り組まれることになります。けれども、一九九〇年代に入って、多くの人たちがマルクスを広範囲にわたって厄介払いしようとしたときに、教授は、マルクスを拒絶するのは現実には間違いであると主張されました。このような経緯に照らして見た場合、マルクスがおこなった寄与について、今日、教授はどのようにお考えですか。

私が『資本主義と近代社会理論』を書いた当時、マルクス主義者でない人たちは、マルクスを無視し、マルクスの著述をもはや時代遅れとみなしていました。たとえば、まさにパーソンズの考えたことがそうです。今日、多くの人びとは、共産主義体制の崩壊がもっと説得力のある理由をもたらしたために、またしても同じ考え方をしています。しかし、私のマルクスにたいする見解は、以前とほとんど変わっていません。つまり、マルクスは、近現代の資本主義の発達について、資本主義企業や、その資本主義企業のまわりを縁どるもっと広い社会の起源や本質という視点から、引きつづき妥当性のある主張を数多くおこなっています。マルクスの場合、つねに問題をはらんでいるのは、マルクスがみずからの最大の業績とみなしたことがらです――つまり、未来の社会主義社会がどのような姿を示すのか、また社会主義社会はどのようにして出現するのかについて下した説明です。社会主義社会モデルの崩壊は、未来の社会に関するマルクスの見解の限界を明示しています。しかし、資本主義のもつ破壊的性質についてマルクスがおこなった指摘は、正しかった。資本主義は、じっと静止することができず、つねに変化を求めるシステムです。資本主義のもとでは、何の制約も受けない市場勢力が、富める人たちと貧しい人たちの二極分化を導きやすく、資本主義はまた寡占状態も導く傾向があります。私たちは、今日、マルクスが予見した社会主義という代替策を失った、地球規模の資本主義文明のなかで暮らしています。ひとつの目論見としてのマルクス主義は死滅しましたが、マルクスの著わしたものには、依然として私たちにとって共鳴する点があり、また妥当性をもっています。

――マルクスの著述はまた、社会主義への移行が生ずることになっているか否かの問題とは幾分独立したかたちで、資本主義が本質的に階級に基盤を置いた社会運営を生みだすという主張をともなっています。こうした階級の見地からの考え方を捨て去るべきであると、教授はお考えですか。

階級闘争を歴史の原動力とみなす主張は、確かに放棄される必要があります。歴史変動の推力として階級闘争をとらえる考え方は、有効ではありません。しかしながら、資本主義は、確かに階級区分を生みだし、階級区分は依然として存在しています。今日、資本主義のグローバル化にともない、マルクスが認定した階級区分とたとえまったく似通っていないにしても、階級区分はもっと強固になっていると言えるかもしれません。先進経済国では、肉体労働者階級は劇的に減少しています。とはいえ、一方で階級構造の最上層では地球規模のコスモポリタン的階級がすでに出現していますが、最下層では新たな排除の過程が徐々に展開しています。

――事態をこのようなかたちで見ることに何か問題点はないのでしょうか。現に、今日の資本主義について私たちが言及できることといえば、確かに依然として、資本主義のもつグローバルな性質ゆえの不平等の発生、ないしは不平等の増大と、さらにまた、こうした不平等によって別々に位置づけられた人びとのあいだに見いだすライフスタイルや出世の機会の差異です。しかし、たんにマルクスの階級観だけでなく、間違いなく他の人びとの階級観にも見られる要素のひとつは、これらの階級が潜在的な政治行動の裂け目を現実に形づくってきた点です。このことは、普遍的階級である労働者階級をその定めにそって突き動かす歴史の原動力が存在するといった、目的論的観念を必ずしも意味していません。政治的帰結としての階級区分に関しては、もっとありふれた、概括的説明もおこなわれてきました。今日、一部の人びとは、そうした説明さえももはや当てはまらないと言いたがっています。ですから、この人たちは、労働者階級は存在しない、労働者階級に特有な政治的利害関心は存在しない、この種のグローバルな資本主義が生みだすとされる政治的積極性をうちに秘めた階級は存在しない、と主張しています。

私は、その主張のほとんどに同意します。グローバル化や電子コミュニケーション・システムの発達、それに世界経済のコンピュータ化が激しくなる時代まで——つまり、おおよそ一九七〇年代初めまで——欧米は、政治的色合いの強い階級システム社会であり、そこでは、福祉国家が、基本的に労働者階級と資本家階級のあいだで階級的権力のバランスをとっていきました。その後、グローバル化が強まったために、資本の移動は、労働者をはるかに追い抜いていきました。したがって、こうしたバランスはもはや機能していません。このバランスがいったん変化してしまうと、政治的提携はますます階級対立から絶縁し、福祉国家は重圧を受けます。労働運動は、地球規模の取り引き市場にたいして守勢に立たされている。つまり、労働運動のもつ力は、これらの変化によって明らかに制約されています。

——グローバル化については、後でたち戻ってさらに幅広く議論したいと思います。しかし、教授は、「支配される側の」集団なり階級を基盤にした国際的な政治行動の可能性が少しでも存在するとお考えですか。これらの変化にたいする見解のひとつに、（たとえどのような形態をとるにせよ）国際的な資本家階級は、みずからが必要とする限りにおいて一致協力した行動を起こすことが可能であるものの、この種の変化によって事実上影響力を奪われてきたのは、現実には国民国家を基盤とする労働運動である、という主張もおこなわれています。

このような地球規模の対抗勢力が、かりにそれが階級に基盤を置き、権利を剥奪された国際的な運動を意味しないとしても、将来何らかのかたちで出現するとは、いまのところ私は思いません。資本のグローバル化は、経済の基本的推進力が、指図する立場の資本家階級の活動の結果ではないことを意味しています。資本家階級は、マルクスが想像した以上に、つねに国民社会的現象であったのです。

——そうした描写は、誇張されすぎていませんか。国内の資本家は、決定を下す人びとというよりは、むしろ主として市場の勢いの受益者の立場に、つねに置かれてきました。資本家階級が、ある意味でみずからのしたいことを選択できたと断言できるような、そうした統制のとれた、あるいは協調組合主義的な経済運営を見いだしたのは、比較的短期間でしかなかった。おそらく戦後二五年くらいのあいだでしかなかったかもしれません。

確かにそうです。私が主張したいのは、たとえマルクスの診断したような不平等の力学が引きつづき存在しているとしても、当時においては、マルクスが階級について描いたものに近いシナリオがいま以上に見られたということです。しかし、グローバル化の高まりとともに、グローバル経済の流れをじかに統制できる「上層」階級なり「資本家」階級として認識できるものは、何も存在しないのです。

――マルクス主義がとるもっと別の見解を、大雑把にいえばローザ・ルクセンブルクとまったく同じ見解をもちだしてもよろしいでしょうか。それは、グローバル化が資本主義の矛盾のさらなる高まりにすぎないという見解です。グローバル化は、もっと純粋な、もっと真に普遍的なかたちの資本主義であるという見解です。全世界が（したがって、全世界のすべての市民が）単一の、真にグローバルな資本主義市場経済の活動領域のなかに組み込まれたときに、資本は、その限界に達することになる。西ヨーロッパが前の時代に経験したことがらは、今日、どこか他所で再現されるかもしれませんね。

いいえ、そのようなことは生じません。なぜなら、グローバル化された資本主義の条件が異なるからです。それは、「もっと純粋なかたちの」資本主義です。しかし、何らかのかたちの世界社会主義への地球規模の転換を引き起こすはずの、そうした歴史の弁証法は存在しません。それに、たとえ資本主義の限界と密接に結びついた地球規模の進化過程が存在したとしても、社会主義は、資本主義の限界を克服するのに役立つ経済運営モデルとしては死滅したのです。

――デュルケムとウェーバー、マルクスについてはかなり詳しく検討してきたので、もっと一般的な問題を提起したいと思います。教授は、学問について、学問自体の過去を再構築する「想像の共同体」というかたちで論じています。ところで、教授がとくに取り上げたこの三人は、互いに相違点があるにもかかわらず、ある時代や場所、ジェンダーに属しています。一部の人びとは、社会学とはデュルケム、ウェーバー、マルクスのことであり、またこの三人からすべてのことがらがはじまると考えてきた可能性があります。それは仕方のないことなのでしょうか。社会学の基礎が、この三人を軸に展開したり、この三人に由来するという言い方は、現実に可能でしょうか。

私は、誰もこの三人だけが社会学の主要な創始者であると主張できるとは考えていません。『資本主義と近代社会理論』を書いたときもそうは思っていなかったし、いまでもその考えに変わりはありません。かりにあなたがフェミニズムやフェミニズムの影響を念頭に置いているのでしたら、この三人と肩を並べられる重要な研究者を特定するのは難しいと思います。もちろん、フェミニズムの主旨と今日おそらくみなされている論点――それに、そうした主旨に反する論点――を、この人たちの著述のなかに読み取ることは可能です。この点についても、再構築されねばならない過去が存在します。こうした再構築が生ずるときに、学問は突然変異します。こうした創造された伝統は、私たち誰もが知っているように、過去が実際にどうであったのかということと必ずしも合致しないのです。

――「社会の研究」は非常に古くからおこなわれており、教授が社会学をモダニティの研究と形容するほうがよいと考えている理由は、教授が社会学の起源を二〇世紀の変わり目の前後二〇年くらいのあいだに見いだしているからにすぎない、と人によっては批判するかもしれません。教授がとくに取り上げた思想家たちは、歴史上の特定の空間と時間のなかで著述活動をおこなっていました。それは、一九世紀後半という、資本主義だけでなく、ある種のモダニティをも経験していった時代です。

この点は、ある意味で社会学をどのように定義づけるかに、間違いなく左右されます。私は、社会学と社会理論を区別しており、社会理論の取り扱う問題は、時間をおおいに遡っていきます。かりに社会学が何か首尾一貫したことがらを意味するとしても、社会学を、現実には社会全般の研究であると称することはおそらくできません。あまりにも漠然としているからです。ですから、私は、社会学を、つねにモダニティの出現にたいする省察とみなしてきたのです。

――教授は、社会学の起源を、いまでも二五年前におこなったのとほぼ同じようにとらえていると言われました。もっと長期にわたる考察にもとづいてですが、社会学の歴史でもっと大きな場を占め、古典と呼ぶに値する人物は、他に誰かいますか。

ジンメルがそうです。私は、『資本主義と近代社会理論』を書いていたときに、ジンメルについても多少研究しました。しかし、当時の私は、歴史や文化について、ジンメルが重要さの点で他の三人に匹敵する見解をもっと別なかたちで提示していたことが正しく認識できず、十分な評価をしていませんでした。私は、ジンメルの歴史や文化にたいする見解が、そうした見落としから完全に救出されているとはいまだに思いません。人びとは、ジンメルをローカルなことがらや規模の小さなことがらの理論家とみなす傾向があります。しかし、ジンメルは、文化の哲学を構想し、哲学や歴史学、文化理論におけるさまざまな問題について、数多くの著述を残しています。

ジンメルは、ウェーバーに負けず劣らず百科事典のように博識の思想家でした。それに、社会学の詳細な目録を編みだすことは、明らかに簡単です。なぜなら、たとえばハーバート・スペンサーのように、他にも多くの研究者がいるからです。社会学のもっと包括的な歴史を書く際には、スペンサーにたいして最も高い地位を与えることができるかもしれません。しかし、私にはその種の本を書くつもりがなかったのです。

―― 教授は、フェミニズムの問題を、あるいは社会学の草創期にフェミニズムの立場の論者がいなかったという問題を、さきほど提起されました。教授を批判する人たちは、教授が、社会理論だけでなく社会学の発達について論ずる際にも、フェミニズムの思想家たちをほとんど重要視していないと、時として論じているように思えます。こうした批判が理にかなっていると、教授はお考えですか。

そうですね、それは、あなたがフェミニズムの思想家として誰を念頭に置いているのか、またフェミニズムとは実際に何を意味するのかによると思います……

―― ええ、私の推測では、二組の応答があります。ひとつは、学問的言説の生成ではなぜ女性が男性ほど影響力をもたなかったのかについて、フェミニストたちの特定する――たとえば、女性たちは高等教育機関を男性と同じように利用する機会が得られていなかったといった――多くの理由が存在するという応答です。しかし、同時にまた、ある見方によれば、こうした応答は、同じような理由から女性の存在が明らかに認められなかった時代に、社会学を論じたり、社会について記述してきた女性たちの「隠れた」歴史が存在する事実を認めたがらない男性たちの用いる言い訳である、という議論もなされています。

そうですね、こうした「隠れた」歴史が、もしかしたら存在するかもしれません。しかし、私は、それがどのような歴史であるのかをぜひ知りたいです。さきに述べたように、主要な思想家たちが何を無視し、またその人たちがフェミニズムと有意関連するいくつかの争点にどのような見解を示していたのかという観点から、その人たちの著述を検討することは可能です。しかし、私には、それ以上のことができるとは思えません。

―― 資本主義の特質にせよ、あるいはモダニティにせよ他の何にせよ、教授がそれらを論じてきた方法のなかに、フェミニズムの思想なり理念、感覚が十分に反映されていないとする、もっと全般的な批判にたいして、ご自分ではどうお考えですか。

そうですね、こうした批判はある程度当てはまるかもしれません。しかし、その人の考え方が社会学の形成にともかく決定的に重要であって、考慮に入れなければならない、そうした見過ごされてきた人たちの歴史を跡づけることができるとは、私は思いません。

―― 私がさきに示した疑問にたち戻ってもかまいませんか。社会学は、多くの場合、社会の研究とみなされています。けれども、教授は、社会学を、モダニティの研究に当てることを選択されています。それはどのような理由からですか。

それはですね、かりにそうしなければ、社会学は社会科学の別称にすぎなくなるからです。社会科学においても、分業が必要です。社会学をモダニティの再帰的分析として理解することは、社会学を、たとえば人類学と区別するのに有用な方法となります。

―― 教授は、「社会科学全体」があまりにも広範囲であると主張されたいのかもしれません。しかし、ある意味で、教授がこの定義づけでなされているのは、教授が観察しようとしていることがらを《歴史的に》限定するだけで、教授は、社会学的取り組みの《間口の広さ》を決して狭めていないと指摘できるかもしれません。モダニティを研究する最も信頼の置ける社会科学は経済学である、なぜなら、資本主義が隆盛し、市場過程が中心的役割を演ずるようになってからの社会について、私たちは現実に問題にしているからである、と一部の人たちは主張しています。

でも、経済学の観点からだけでモダニティを定義づけることは、おそらく誰にもできません。

―― 確かに誰もできません。しかし、社会学をあまりにも狭くとらえてしまうことになりませんか。

確かに、それは、社会学を社会の研究とみなすよりも、もっと狭いとらえ方です。とは言っても、社会学は、明らかにほとんどすべてのことがらを網羅しているように思えます。社会学は、その研究対象を、時間という見地から規定しています。つまり、非常に一般化されたかたちの「社会」よりも、むしろ特定の社会類型と、その社会類型が世界に及ぼす影響の研究として、社会学を定義づけることができます。それは、私が社会学と社会理論を区別しようとする理由です。社会理論の任務のなかには、たとえば社会や文化等々の概念の用い方にたいして省察を加える場合のように、一般化の追求という側面があると主張することは、極めて理にかなっていると思います。しかし、私は、社会学の研究分野を、社会理論よりももっと狭く考えています。

―― 関連する質問をしてもかまいませんか。社会学と経済学についての質問です。人びとがこれまで社会学の境界を定める際に試みてきた方法のひとつに、社会学者は社会を研究し、経済学者は経済を研究するという言い方があります。私はこうした言い方に納得していません。しかし、一部の人たちがそう述べているように、グローバル化のひとつの側面とは、経済学ないし経済学的特徴が人びとの日々の生活で一見ますます重要になっていくこと、あるいは、少なくとも経済学ないし経済学的特徴が人びとの日々の生活にとって一見ますます明白に認識できる存在になっていくことであると、私は思います。同時に、社会科学では、この二五年間に、経済学が、いわば株式の公開買い付けのようなかたちで、つまり、合理的選択論の全面的適用をとおして、あるいは合理的な、自己本位的な行為者モデルを用いることで、社会の説明や解釈を支配しようとする傾向が見られるのです。経済学が日々の生活でますます重要な位置を占めることと、経済学が学問としてこのような社会の説明や解釈を支配しようとする努力とのあいだに関連性がある、と教授はお考えかどうかを知りたいのです。また、一般的に見て、合理的選択という説明を、教授はどのように評価されますか。

確かに、関連性があります。しかし、それは、近年の社会変動を反映した関連性ではありません。なぜなら、経済学者たちは、すでに一九世紀にそうしようと試みていたからです。また、経済学と他の社会科学とのあいだでは、説明や解釈、さらに個人主義、合理性の問題をめぐって、いわば継続的対話がなされてきました。デュルケムとマルクスは、二人とも古典派経済学を、社会発達の包括的説明としては限界があるという観点から批判しようと努力してきました。今日においても、状況はあまり変わっていないと思います。経済学は、たんに経済学が生みだす観念や理論ゆえに重要であるだけでなく、現実に経済学が経済実態の生成とかなり結びついているという理由からも重要になっています。かりにあなたが企業経営者であれば、経済学のカテゴリーやコスト分析等々の観点からものごとを考えなければなりません。しかし、経済学思想は、近現代の諸制度を理解するための枠組みを提供することはできません。

——このことは、社会学においてどの程度まで当てはまるのか私にはわかりませんが、政治学では確かに当てはまります。政治学では、この二〇年くらいのあいだに、伝統的な、国の政体に準拠する説明からの明らかな転換が、それどころか、たとえば投票行動や政党活動についての政治社会学的説明からの明らかな転換がはじまり、こうした投票行動や政党活動を合理的選択論のもとで説明する試みが生じてきたように思えます。確かに合理的選択論は、結婚相手の選択や、嘘をついたりごまかしをするといった社会学の問題領域に応用されてきました。経済学思想がかつて経済学以外の場で発揮してきた影響力と、かりに質的に違わないとしても、少なくとも量的に違う、経済学によるコロニー化のようなものが生じています。こうしたコロニー化は、最も極端な場合、社会的行為のすべての形態を、合理的で、自己本位的な人びとによる打算的行動という観点から説明しようとする企てを助長しています。

私たちは、合理的選択論と経済学理論を区別するべきです。なぜなら、この二つは同じものではないからです。それに、新古典派経済学の理論は、優勢であるとはいえ、経済学理論の一類型にすぎないからです。ですから、たとえばゲーリー・ベッカーのように、あらゆる種類の活動を新古典派の経済学理論によって分析できると断言する人たちと、ジョン・エルスターのように、経済学の概念を用いても、新古典派の経済学理論に蓄積されたすべての武器を駆使せずに、もっと広い合理性モデルを使って研究しようとする人たちとのあいだには、かなりの差異を見いだすことができます。しかしながら、いずれの解釈においても、経済学の考え方は、限定された価値しかもっていません。今日、エルスターは、一〇〇年前におこなわれた論争でとくにデュルケムが確認したものに類似した限界を、認めているように思えます。たとえば、エルスターは、『社会の接合剤』のなかで、文化的価値や文化的枠組みの理論を、個別の交換行為からは生成できないことを認めています。こうした視座は、確かに政治学で有力になっていますし、社会学や人類学で見られる以上に有力ですが、支配的ではなく、ひとつの立場にすぎないのです。

――おそらく、それは、社会学よりも、むしろ政治学に当てはまり、合理的選択論は、たとえば官僚制がどのように作動するかを説明するのにも幅広く応用されています。官僚制がどのように作動するかは、伝統的な組織社会学における研究テーマとなっています。これは、新たなかたちの公共的管理やさまざまな種類の改革の背後にある言説なのです。

私は、合理的選択論に多少共感しています。なぜなら、合理的選択論は、人びとが何をおこない、何を選択するのかについて、たとえその選択がしばしばその人たちの身の上に跳ね返ってくるとしても、その人たちがほとんどの場合に理解力を有していることを認めているからです。ですから、私は、合理的選択論という考え方が及ぼす強い影響力を、意外でも、また気懸かりであるとも思いません。しかし、新古典派の経済学理論を社会科学の《真の》理論とみなす一般化は、有効に機能しません。ポール・オルメロッドほかが論じているように、こうした考え方が、いずれにしても経済学そのものを牛耳ることにたいするかなり強い反発は、おそらく生じていくでしょう。

――終わりに、今日の社会学を取り巻く状況についてもう一つ質問があります。社会学には、これまでつねに強力な批判者がいました。社会学にたいして基本的に共感しているけれども批判的な一部の人たちは、社会学はむしろ途に迷ってしまったと主張しているように思えます。社会学は、社会的世界について何を述べることができるのかをめぐる難解な方法論上の論争に、これまでほとんどの時間を取られてきたように思えます。また、他方で、社会学が経験的に適用される分野は、ますます境界領域に、あるいは境界領域化したことがらに、おそらく関係しています。これらの境界領域は、非常に重要な問題です。しかし、かりに英国の社会学が伝統的に得意にしてきた分野を思い浮かべれば、これらの境界領域は、労働社会学や経済社会学、社会的不平等の社会学による解明のなかに、これまでも見いだされてきました。社会学が脇道に逸れて、こうした境界領域なり認識論的なことがらに向かう風潮が見られ、社会についてのほとんどの説明が本来そうあるべき様式でなされていないという主張は、正しいでしょうか。

私は、そうは思いません。まず、社会的現実の本質をめぐって論争が生ずるのは避けられない。こうした論争は、社会学をおこなうことの重要な要素なのです。この点に関して、私は、社会学の状況を経済学の状況よりも好ましいと思っています。経済学では、ほとんど方法論的精査がなされていないからです。人びとは、社会学は途に迷ってしまった、社会学は危機に陥っているなどと述べていますが、それは、ひとつには、正確に言えば社会学が私たちの生活にとって非常に不可欠となってきたからです。人びとは、社会学とは何かを、もはや自分で確かめようとしません。なぜなら、人びとの注意を引く論争のほとんどは、今日、社会学上の論争に《なっている》からです。こうした論争は、犯罪や都市、家族、セクシュアリティ、個人主義、社会的連帯、工業主義の限界、労働の変質についておこなわれています。これらはすべて、社会学の核心となる話題です。メディアがこれらの問題について論ずるときに、メディアは、社会調査に依存しています。こうした話題は非常に幅広く論じられてきたため、メディアは、社会学が独立した知的企てであるという認識を多少とも失っています。今日では、かってそうであった以上に、むしろ互いに提携したかたちで社会生活にたいする省察がおこなわれており、そのこと自体が社会学の興味深い題材となっています。

――起こり得る反応がいくつか考えられるのではないでしょうか。ひとつは、社会学がどのような企てであり、人が社会的世界をどのように認識しているのかについて省察することは確かに重要ですが、こうした省察の過程は社会学者のおこなうことのあまりにも大きな要素にすでになっているという主張です。もう一つは、たとえレッテルはさほど重要でないにしても、教授は、ある意味で経済学者の主張と類似した主張を、つまり、いまでは社会学が《すべて》であるという主張をおこなっているという反応です。しかし、今日、現実には、さまざまなかたちの社会的、経済的不平等を暴露する多くの研究は、おそらく社会学者よりも、むしろ経済学者によってなされています。

私は、その意見に同意できません。私がさきに述べたように、今日、社会科学を専門にする人びとは、多種多様な知識生産者から構成される世界を生きています。この点で、経済学は、社会学とともに異なる状況に置かれているわけではありません。経済学は、おそらくより多くの専門装置を備えていますが、その専門装置は部外者にとって容易に理解できるものではないのです。

――だから、社会学者は、あるいはどのようなレッテルのもとにせよ社会学をおこなう人びとは、家族の変質や、セクシュアリティの問題、労働形態や労働生活の変質の問題など、これらすべてのことがらに引きつづき関心を寄せている、と教授はお考えなのですか。

そうです。私は、社会学を、これらの問題を介して定義づけられるものとして、また、社会学研究を、これらの問題との関係で啓発された世界観をもつために絶対的に不可欠なものとして、引きつづきとらえています。私たちは、途方もなく大きな変化の時代を生き抜いており、誰も、この変化をどのように理解するべきかについてまったく何も知らないのです。社会学者は、この変化全体を分析する上で中心的な役割を演ずるべきなのです。

インタヴュー　3
構造化理論

――行為能力と構造の関係は、またそれと対応する〈人びとの自由意思を強調した〉主意主義と〈社会的要因が人びとの意思や行為を決定することを強調した〉決定論の関係は、あらゆる社会理論のなかにつねに顔を出す、最も解決が難しい争点のひとつです。教授は、結果的に一九八四年の『社会の組成』の刊行に至る一九七〇年代後半から八〇代前半までに発表された数多くの著述で、構造化理論という標題のもとで、この争点にたいする独自の解決策を展開されました。そこで、社会理論における構造と行為能力という伝統的な問題を教授がどのように理解されているのか、まずはじめにおたずねします。

この問題は、決して「伝統的な問題」ではありません。少なくとも「伝統的」という言葉で表現されるような問題ではないのです。過去において、この問題は、通常、個人と社会、あるいは行為者と社会システムの二元論としてとらえられていました。構造化概念の着想の発端は、この個人と社会の関係という伝統的な問いについて考えることにあります。個人と社会はいずれも十分な掘り下げがなされていない観念であるように、私は感じていました。人は、「個人」とは何かをあたかも明白なことがらであるかのように「個人」について言及していますし、また、ほとんどの場合に同じことが「社会」についても当てはまります。私は、両者をもっと明確にして、両者に実体をともなわせる必要があるように思いました。私は「構造化」という言葉を、もともとフランス語から取り入れました——この言葉は、私が充当利用するまで、英語では使用されていなかったはずです。私は、社会生活の能動的な流れを強調したかったのです。私たちは、社会生活を、たんにあちら側にある「社会」として、あるいはこちら側にある「個人」の所産としてとらえるだけでなく、人びとが遂行する一連の継続した活動や実践としてもとらえていくべきです。こうした人びとの一連の継続した活動や実践が、同時にまたもっと大きな制度体を再生産することになります。これは、私の独自な思索でした。このような思索から、私は、まさに「行為能力」と「構造」という言い方によって、この考え方の鍵になるそれぞれの用語を精緻なものにしようと試みたのです。私は、議論を「個人」からはじめたり、あるいは「社会」からはじめるかわりに、むしろ反復的に生ずる社会的実践という考え方を、社会科学がおこなおうとすることがらの中心にすえていったのです。

——『社会の組成』は、必ずしも教授の最初期の著作ではありません。構造化理論が構造と行為能力のあいだの二元論をどのようにして解消できるのか、手短に説明していただけますか。

構造化理論は、実際には二つのことがらに依拠しています。ひとつは、構造概念の再検討です。私は、英米に特徴的に見いだす構造の概念化の仕方を免れたかった。英米では、構造とは、どちらかといえば所与の形式であり、ある種の可視的な形式でもあります。しかし、私は同時にまた、行為能力が個人のなかに内包されているにすぎないという考え方からも免れたかった。行為能力を、むしろ人びとの行為の流れとして理解し、行為能力を自己意識の属性と結びつけてとらえようとしました。多少限定された範囲のなかで言えるのですが、言葉を話すことは、構造と行為能力の関係について、何か重要な点を私たちに示しています。いいかえれば、言語は構造を有しており、言語は形式を有しているとはいえ、目に見えないものであり、さらに言語は、人びとが言語を日々使用するなかでおこなうことがらの重要な要素を実際に形づくる限りにおいて、はじめて「存在」できる。それは、私が、言語の繰り返し特性と名づけるものです。私は、構造主義者がつねにしてきたような、社会が「言語に似ている」と主張したかったのではありません。言語は、繰り返しがどのように生ずるのかについて、重要な手がかりを私たちに与えている、と私は主張したのです。私たちは「社会」を、制度体を形成する反復的実践の複合体として、理解することができます。このような反復的実践は、一人ひとりが身につける習慣や生活形式に依拠します。一人ひとりは、自分たちの活動のなかでこれらの習慣や生活形式をたんに「利用」するだけではなく、こうした生活上の実践が、その活動内容を組成していくのです。

――教授は、他のところで、構造効果について言及されており、この構造効果という言い方のほうが構造のもつ強い影響力を記述するためのよりよい方法である、と述べられています。「構造効果」とは、観察が可能であったり、あるいはこうした知覚できる効果以外の手段によって何らかのかたちで実在する、そうしたある種の構造のたんなる婉曲的表現ではないのでしょうか。

社会や社会システムの構造特性は、現実の特性です。しかし、同時にまた、構造特性は、物理的存在性を有していません。構造特性は、それらが、人びとの行為のもつ定型的特質に依拠しており、また極めて固定化されたり「堅固な」ものになる可能性があるという意味で、現実の特性です。私は、社会が構造化された現象であり、集団なり社会の構造特性が人びとの行為の仕方や感じ方、考え方に影響を及ぼすとしたデュルケム学派の主張を排除しようとは思いません。しかし、これらの構造が何であるのかを検討すれば、構造は、明らかに外的世界の物理特性のようなものではありません。構造は、社会的再生産の規則正しさに依拠しています。言語は、このような信じがたいほど固定化された形式を有しています。たとえ明らかに最もとるに足らない英語の言語規則であっても、他の話し手から非常に強烈な反発を受けずにその言語規則に逆らうことは誰にもできません。しかし、同時に、言語はどこにも存在しない。つまり、言語は、言葉を書いたり話したりする際の言葉の具体的例示のなかにのみ存在するのです。ほぼ同じことが、社会生活全般についても当てはまります。つまり、人びとのおこなうことがらのなかに構造が生産され、その構造が再生産されていく限りにおいて、社会ははじめて形式をもち、形式ははじめて人びとに影響を及ぼしていく。このことは、あなたが誰かにちらっと視線を向けるといった些細な行いにはじまり、最もグローバル化されたシステムに至るまで当てはまる、と私は考えています。

―― 教授は、社会的実践と言語の類似性を引きだされているように思えます。言語の場合、人が理解できるものはすべて個々の言語運用ですが、こうした言語運用は、その背後にあったり、あるいはその土台となる構造を表出させているからです。

私は、必ずしもそのことを類似性とみなしているわけではありません。なぜなら、言語は、人びとが実際におこなうことがらの明らかに根幹的な要素であるからです。言語は、社会生活がどのようなものであるのかを幅広く例示しています。なぜなら、言語は、社会生活とは何かの中枢的要素となっているからです。

―― しかし、教授は、すべての社会構造が言語形式のなかに表出される、あるいは言語のかたちをとると主張したいと考えているのではない。そうですね。

そうです。言語のもつ諸々の特性が社会生活の他のすべての側面を表出していると言っているのではありません。構造は、人びとが規則正しく調整され、制度化されたかたちでおこなうことがらのなかに、本来的に表出されます。私たちが日常生活でおこなうことがらのほとんどは、私が実践的意識と名づけるものによって左右されます――社会生活の規則や慣習によって「生ずる」のです。

――教授による構造の認識の仕方では、構造はつねに行為の表現でなければならないのでしょうか。構造の再組成なり再生産に密接に関係する行為体は、つねに存在するのでしょうか。

そうですね、私はつねに存在すると思います。かりに行為能力を基本的に別の仕方でもなし得る潜在能力と理解するのであれば、社会生活の全体は、行為能力に依拠しています。たとえ拳銃から発射される弾丸によって脅迫されている人でさえ、哲学的な意味では、依然として行為体なのです。多くの社会科学者は、一般のどの人にとっても自明なことがらを――つまり、私たちは意識を有し、意図や意思をいだいた存在であり、なかんずく社会学について勉強し、社会学の知見にたいして省察する存在であるという点を――認めるのを怠ってきました。

――教授の言われるような行為体は現実には存在しないし、行為体が選択をおこなっているように一見思える場合でも、実際には行為体の背後に何かが存在し、その何かが、行為体にたいして特定の仕方で選択をおこなうように仕向けている、と主張する人たちもいます。このような頭の切り替えができていない構造主義者にたいして、教授はどうお考えですか。こうした構造主義者は、教授が、選択を外見でしかとらえていないため、行為を外見でしか理解していない、しかし、自分の言いたいことを人形に言わせている腹話術師のように、ある意味で背後から意図を操る何かがつねに存在する、と主張しています。

でも、こうした構造主義者は、その「何か」が何であるのかを私にははっきり説明するべきだと思います。かりにその何かが無意識の情動であると想定した場合、もっとも構造主義者はこうした脈絡で無意識の情動に言及しているわけではありませんが、そうした力とは一体どのような力なのでしょうか。

――具体的な例を挙げてみましょう。かりに労働者階級に属し、グラスゴーの市民でカトリック教徒の一八歳の男性に、君はサッカーチームのケルティックを応援しているのか、レインジャーズを応援しているのかとたずねた場合、その男性はどちらかのチームを任意に選ぶことができると、教授はおそらく言われるでしょう。しかし、この男性がおそらくレインジャーズを熱烈に応援することはないという教授ご自身の確信には何らかの根拠があって、そう言われているはずです。

論理的概念としての行為体と、社会学的概念としての社会化を混同してはいけないと思います。行為体という論理的概念は、人間であることがまずはじめにどういうことなのかを説明する上で、重要な要素です。一方、社会化という概念は、特定の状況のもとで、特定の人たちにたいして、その人たちを取り巻く社会的影響力の結果として現実に生ずることがらを、むしろ解明しようとします。「社会的影響力」は、自然界における因果関係とは似て非なるものなのです。ケルティックを応援しないカトリック教徒のグラスゴー市民も多少はいますし、おそらくサッカーにまったく関心をもたない市民さえいるはずです。

——おそらくそうでしょうね。行為体が特定の選択をおこなう理由について行為体みずからおこなう解明を、教授はとくに評価されないのですか。かりにそうであれば、いまの例に即して言えば、その若者は、ケルティックが世界一のチームだからケルティックを応援していると述べても、教授は、この若者の説明を必ずしも額面どおりには受けとられないのですね。

さあ、それはどうでしょうか。なぜなら、私は、人びとが自分の行いについてどのように述べるのかを、ほとんどの社会学者よりも重要視しているからです。概して、人びとは、自分たちがなぜ自分たちがいま振る舞うように振る舞うのかについて、社会学者が推測する以上によく知っている傾向が強いのです。誰かが、自分が特定のサッカーチームを応援する理由について何か述べた際に、たとえば「お父さんがいつもケルティックを応援していました」「私はグラスゴーの同じ地区の出身です」「カトリック教徒とケルティックのあいだには、こうしたつながりがつねに見られるのです」といった返答を引きだすような質問を、私たちはさらに発することもできます。人びとの行動に働きかける社会的影響作用の存在を、私は決して否定しません。しかし、こうした社会的影響作用は、人びとのとる態度や、いだく見解を介してはじめて人びとの行動に働きかけるのです。

――構造に関して、もう少し違った観点から引きつづき質問をさせてください。失業状態や、失業のもたらす強い影響は、構造効果なのでしょうか。社会的世界の構造的特徴が一人ひとりにたいして姿を現わす態様について考えてみましょう。失業した人にとって、失業という現象は、それ自体が日常生活のなかに書き込まれた表現ですが、強力な外在的力として、あるいは外在的現実としておそらく生じています。失業した人は、こうした外在的事実の制約を感じているはずです。

その問題については、あえて反論しません——労働力市場と向かい合っている人びとには、確かにそのとおりです。しかし、この問題が、行為能力と構造の関係の論理を何らかのかたちで危うくするとは、私は思いません。行為能力は、社会的世界が一人ひとりの意思にたいして柔軟に対応することを意味しているわけではありません。さらに、失業とは何かには、強力な再帰的、発達的、言語的側面を見いだすことができます。失業は、たんに実在するだけではないのです。失業が何らかの意味をもつためには、一定の生活形式を——端的に言えば、近現代の市場経済に基盤を置く社会を——もたなければならないのです。

——人は、必ずしもその人自身が失業者であることを知らずに、たとえば他の行為者や政府関係者、統計学者がその人の地位をどのように定義づけるかによって、その人が失業者になることはないのですか。

ありません。その人は、何らかの記述を受けて、自分が失業者であることに気づかざるを得ません。もちろん、いかなる活動も定義づけし直すことが可能です。引退した人は、たとえ「外見上」で何の違いもないとはいえ、「失業」者ではないのです。違いが生ずるのは、それは、たんに経済秩序がそのシステムの内容を組成する諸々の概念によって現在のところ運営されているからにすぎません。

――もう少し違う経済関係の事例を挙げてみたいと思います。一部の批判者たちが主張してきた論点を、もう少し追究しましょう。つまり、構造という概念は、構造効果を組成する社会的世界のさまざまなことがらを十分に包摂できていない、という主張です。したがって、かりに人口密度のような現象を、つまり、経済活動に強い影響を及ぼし、したがって社会構造に強い影響を及ぼす現象について考えた場合、この人口密度という現象は、教授の使われる意味での構造の一側面を組成するのでしょうか。現実には、行為能力の一側面ではないのでしょうか。

私は、何が問題点であるのかわかりません。構造は、人びとがものごとを知識や理解力をもったかたちでおこない、また、一定の帰結をもたらす特定の脈絡のなかでおこなう限りにおいてのみ、存在します。これらの帰結は、多くの場合、人びとがみずから予見していなかったり、承知さえしていない帰結です。しかし、それは、構造のいつもどおりの偶然的発生であり、構造の再生産なのです――こうした再生産は、帰結を構造的なものにし、私たちが構造効果について論ずることを可能にするのです。構造効果は、因果関係を示しますが、私が記述するような種類の特性によって媒介される限りにおいて因果関係を示すのです。たとえば、人口密度が構造効果をもつのは、人口密度が人びとの実際におこなうことがらをとおして構成される場合だけであり、それ以外にはありません。他にどのような因果特性がはたして存在するのでしょうか。

――この種の例を終わりにもう一つ挙げれば、私の推測では教授は問題があるとお考えにならないかもしれませんが、その社会の内部でのテクノロジーをめぐる知識のレヴェルも、構造の一側面でしょうか。

そうですね、テクノロジーをめぐる知識のレヴェルも、確かに社会の構造特性の具体例のひとつです。テクノロジーは、かりに人びとの行為と密接な結びつきをもたなければ、何もできません。

――しかし、テクノロジーは、社会的行為者にたいして選択の範囲を明らかに限定します。社会的行為者は、ある意味で、社会的環境なり物理的環境のこうした側面によって、行為能力に制約を加えられています。

そのことは、物理的なことがらにすべて当てはまります。あなたが机の上にパソコンを置いていようと置いていまいと、そうなのです。

――構造と、その構造が一人ひとりにたいして拘束性をもつ枠組みとして、あるいは能力を与える枠組みとして作用する仕方についての教授の概念構成は、かりにそうした概念構成がこれらの物理的環境等々の諸側面を考慮に入れていないとしても、あまりにも偏狭であると、ある人は指摘しています。

でも、私は考慮に入れています。私を批判する一部の人たちの犯す過ちは、人びとのおこなうことがらが構造を繰り返して生産すると私が主張しているために、構造を人びとの頭のなかに何となく存在するかのように私が考えていると、暗に指摘してきたことです。社会システムは、人びとが日々その人たちのおこなうことがらをおこなっているからこそ、もっぱら存在するのです。人びとは、物理的環境も含め、数多くの異なる脈絡のなかで、その人たちのおこなうことがらをおこなっています。そして、これらの脈絡は、どんな人でもどんな集団でも直面することになる可能性や拘束性と、強く有意関連しているのです。しかしながら、社会構造は、物理的構造と同じ種類の存在性を明らかに備えていないし、原因効果ももちあわせていない。社会構造は原因効果をもつことはできないのです。私たちは、建物の壁をまっすぐ歩いて通り抜けることができないという意味で、原因効果をもつ物理的世界のなかで暮らしています。それにたいして、人間社会の制度体が有する構造特性の原因効果は、たんにその構造特性のもつ原因効果が毎日の行為のなかで生産され、再生産されるがゆえに、存在するのです。結局のところ、構造特性のもつ原因効果は慣習に依拠しており、慣習は、こうした毎日の行為の手段でもあるし、結果でもあるのです。

慣習――人びとがおこなうことがら、つまり、人びとが日々の生活のなかでおこなうことがら――は、どの人にとっても可能性があるものごとにたいして、非常に厳しい拘束的効果をもつ場合があります。言語も同じです。しかしながら、言語は、言語を欠いては人びとが達成できないあらゆる種類のことがらをおこなうための手段です。テクノロジーは、物理的存在性を備えているとはいえ、少しも違いません。テクノロジーは、拘束力をもつと同時に、能力を授けるからです。テクノロジーは、理性をもつ行為体どうしの関係性に依拠しており、また行為体は、さまざまな習慣や慣習を身につけて、ものごとをおこなっています。要するに、行為体が機械類と結びついてこれらのことがらをおこなうように、慣習や習慣は、構造特性が構築されるための材料になるのです。同時に、構造特性は人びとの行為を可能にもします。人びとは、慣習にたいして相互理解をもっているゆえに、慣習にしたがうかたちでもっぱら行為することが可能です。人は、自分自身のために慣習を創案することはできません。慣習の使用は、あるいはもっと一般的にいって、言語における慣習の使用は、通常、「実践的意識」――ウィットゲンシュタインが、社会生活の多様な脈絡のなかで「暮らしていく」ことができる私たちの能力と名づけたもの――に依拠しています。非常に多くの社会調査研究が、実践的意識の領域について詳しく書き記しています。人びとは実際に知識や理解力を備えた存在であるのに、そうした存在であるとはさほどみなされていません。なぜなら、人びとの知っていることがらの範囲は、当然その人たちが自分たちのおこなうことについて言明できることがらであると想定されているからです。しかし、行為者が、自分が何をおこない、なぜそうするのかについて言明できることがらは、毎日の生活の行いのなかに含まれる膨大な知識や理解力の、ほんの一部分にすぎないのです。コンピュータの話にもう一度たち戻れば、コンピュータは、膨大な情報能力を備えています。しかし、最も強力なコンピュータでさえ、人間という行為体が一日の瞬間瞬間にごく普通におこなうことがらを遂行することはできません。コンピュータは、たとえば座談風のお喋りの示す最も何げない諸様相を習い覚えることができないのです。将来、コンピュータは、おそらくそうしたことができるようになるかもしれませんが、目下のところはできません。人は、行為体になるために、膨大な量のことがらを知らなければならないし、この点は、行為体であるために不可欠です。こうした知識や理解力を欠いては、おそらく構造は存在しないし、制度体もおそらく存在しません。なぜなら、このような知識は、社会的再生産の最重要な要素であるからですし、構造特性がそもそも存在する唯一の理由なのです。

——しかし、教授は、行為者がみずからのおこなっていることがらやどのように振る舞っているのかについて下す説明を、特別扱いしたいとはまったく考えていないのですね。

まったく考えていません。選択の範囲は、一方で、人びとがなぜいま振る舞っているように振る舞うのかについて言明することがらと、他方で、人びとがいま振る舞っているように人びとを振る舞わせる何らかの類の原因力とのあいだに存在するのではないのです。両者のあいだに介在するのは、実践的意識のなかでの知識や理解力を備えたかたちでおこなわれる慣習の利用です——それに、権力が介在します。私は、権力を、社会科学の論理の不可欠な構成要素のひとつとみなそうとつねに努めてきました。実際に、行為能力と構造、権力は、社会科学の論理の不可欠な構成要素です。行為能力は、権力の不可欠な基盤です。行為能力は、別のかたちでおこなうことができる潜在能力であり、その権力構造がたとえどれほど大規模であるにせよ、権力の基盤なのです。

——でも、そのことは、ある程度まで、一部の行為体がみずからの行為能力を実行する潜在的可能性を弱めることになります。極めて限られた選択肢しかもたない行為体であっても、その行為体は依然として選択する自由をもっているから行為体である、と教授は述べられています。しかし、もちろん、こうした選択肢の範囲は、おそらくさほど大きくなかったり、あるいはまったく魅力的でないかもしれません。

そのことは、一部の状況においては(たとえば、ある人があなたの頭に銃を向けている場合のように)、誰それには「選択の余地がない」という言い方を私たちができる理由です。しかし、そうした記述の仕方は、つねに動機づけの存在を想定しています。かりにあなたが自分の生命に何の価値も置いていないのであれば、誰かがあなたに銃を向けても、それは、あなたにとって何の意味ももたないかもしれない。この場合、たとえ「誰それが、銃口を突きつけられてこのようなかたちで振る舞うように強要された」という言い方が当然可能であるとしても、それは、決して物理的力の行使と同じではありません。いかなる社会的拘束性も、行為者の動機なり利害関心というかたちではじめて拘束性をもつのです。同じことは、集合体についても当てはまります。たとえば、企業は、商業取り引き上の意思決定をおこないます。通常、経営者たちは、もっと広い経済活動の論理を受け容れています――そして、このことは、そのもっと広い経済活動とは何であるかの重要な要素であり、組成的現象です。かりに人びとがこうしたかたちで振る舞わないとすれば、経済活動はおそらく存在し得ないでしょう。

もちろん、経済活動は――基本的な社会秩序にも当てはまるように――完全に崩壊する可能性があります。日常生活が無秩序状態に近接しているという一部の言語学者の考え方に、私は強い影響を受けています。かりに人びとが会話をおこなう上での最も単純な型どおりの手順にさえしたがわなかった場合、たちどころに混乱や怒りの感情が生じます。人は、他の人びとに自分を行為体として受け容れてもらうために、つねにみずからが行為体であることを確かに明示していく必要があるのです。行為能力は、拘束性を想定しています――しかし、理解がさらに難しいのは、拘束性もまた、行為能力を想定している点です。

――他方、市場のように、ある意味では無秩序状態のように見えるものの、別の意味では高度に構造化され、同時にまたそれ自体が乱暴に秩序を乱すことになりやすい、そうした非常に規模が大きく、行為体によって駆動されていて、中央統制されていない構造が、いくつか存在します。

ここに非常に興味深い論点を見いだすことができます。人間であることは、他の人びとの行動との関係で自分自身の行動をつねにモニターすることであるという意味で、すべての社会生活は、行為体によって統制されています――この過程には小休止は存在せず、それは文字どおり絶え間なくつづく過程です。その反面、かりに行為体による統制とは誰かが意識的に指揮監督していることを意味するのであれば、社会生活の広大な領域は、行為体による統制を受けていません。市場は、この二つ目の意味での指揮監督的統制の限界を、私たちに示しています。市場は、買ったり、売ったり、貯蓄したりといった個別の意思決定をおこなう多数の個人による、たんなる「結果」ではありません。市場は――構造化理論が強調するように――一人ひとりがとりつづける行為の帰結であると同時に、手段でもある、そうした高度に構造化された特性を備えています。さらに、今日的な意味での市場は、一定の言説の様式を想定しており、行為体は、たとえ市場とは何かについて自分の考えをあまり述べることができないとしても、その言説の様式を、自分たちがおこなうことがらのなかに取り込んでいます。

——しかし、ある時点で市場経済のなかにいる行為者が市場経済の活動の仕方について身につけなければならない知識の種類は、実際には非常に限られています。子どもたちは、お菓子屋にいっても、自分のお金を渡さなければチョコレートバーを入手できないことを知っています。しかし、子どもたちは、そうしたやりとりの背後に、国際経済が活動し、生産と交換の過程が生じている仕組みについては、何も知らないのです。

実際に、子どもでさえも、貨幣の本質について言及できる以上に、貨幣とはどういうものなのかについて多くのことがらを知っています。子どもは、たぶんお菓子を盗みたい気持ちに簡単に陥りやすいので、おそらく商品取り引きについてさえ多くのことがらを承知しています。このようにたとえどのような単純なやりとりのなかでさえ、そこでは実際に膨大な数の複雑なことがらが進行しているのです。これらの複雑なことがらは、やりとりのなかで実際に口にされることがらのなかに現われてはきません。市場社会が存続するために、人びとは、歴史的に多くのものごとを学ばなければならなかったし、同時にまた、自分たちの価値観等々も変えていかなければならなかった。子どもはお菓子屋で買い物をしますが、そのことは、もっと大きな全体の仕組みのなかの、明らかにほんの小さな要素にすぎないのです。子どもは、地球規模の市場経済を欠いても、地元の経済取り引きのなかだけで、お菓子屋から何か食べるものを買いつづけることがおそらく可能です。お菓子が、通り沿いの一〇〇メートル先からではなく、中国からやってくる場合には、それは重大な出来事になります。

――構造の外在性について質問があります。教授が抵抗される点のひとつは、構造にたいして過度に建築学的説明ないし建築学的イメージを付与することです。構造に関する古典的な観念のひとつは、構造が、触れることはできないにしても、少なくとも知覚できる現実に違いないという考え方です。ところで、社会的事実をものとみなすデュルケムの基本的な立場がこの脈絡のなかでどのような意味をもつのかどうか、私には確信がありません。しかし、ひとりの行為者として、この種の社会構造や社会的拘束性が極めて強大になる恐れがあることを、私たちは承知しています。社会構造や社会的拘束性は、おそらく物理的束縛とほぼ同じくらい強大になる可能性があります。社会的な力は、実際の物理的強制と同じくらい強大になるかもしれません。そう考えてきますと、こうした構造は、ある意味で、一人ひとりの行為者にとって外在しているのではないでしょうか。

もちろん、そうです。構造は、状況規定された個人にとって外在しています。一人ひとりは、自分自身のなかに、ありとあらゆる社会生活を内包しているわけではありません。私は、この点について何の問題も見いだしていません。

――ところで、私は、構造ないし構造特性のもつ特徴に関心を寄せてきました。なぜなら、外部世界における客体は触知できる有形のものであるという意味でいえば、構造ないし構造特性は、触知できる有形のものではないけれども、外部世界の客体と同じ力を備えて一人ひとりに作用するからです。両者のあいだには本質的にどのような相違があるのでしょうか。

両者の相違は、かなり根本的です。繰り返していえば、人びとがしたがう既成の慣習が存在する限りにおいて、構造的な力は存在します。人びとがみずからおこなうことがらのなかでこうした慣習を絶えず再生産し、また制度体にたいして構造化された形式を与えていく限りにおいて、構造は存在します。同時にまた、制度体は権力の諸々の形式と一体化しますが、制度体は、物質的構造とはまったく類似していません。

――行為能力と構造の関係についてのこのような概念構成では、行為体とはつねに人間という個々の行為体なのでしょうか。

時として、集合体についても、あたかもそれが行為体であるかのように言及することはできます。しかし、それは比喩的な言い方にすぎません。こうした比喩は、集合体が全体として共有する――たとえば、利潤を志向する企業や、人びとの医療を任務とする病院のように――一定の特質を想定しています。しかし、歴史上唯一の正真正銘の行為体は、人間という個人なのです。

――それでは、社会階級は、たとえば生産手段の所有にたいして同じ関係をもち、またその共同性ゆえにとりわけ集合的に行動する人びとの集合体であると言えます。けれども、教授は、社会階級が行為能力をもつという考え方に違和感をお持ちですか。

一部の社会思想家たちはこうした主張をしてきました。しかし、私は、多くの社会思想家が社会階級を行為者とみなしているとは思いません。その人たちは、むしろ営利企業や営利組織を行為者とみなす傾向があります。なぜなら、営利企業や営利組織は、制度化された特定の価値や野心をいだいているからです。たとえば、法律は、営利企業を行為体とみなしていますし、また、法律がそうみなす限りにおいて、このことは、ある程度まで営利企業とは何かを組成する要素になります。かりに法律が営利企業を行為体と定義づければ、法律は、営利企業にたいして営利企業が活動するのに格好な条件を付与しますが、同時にまた営利企業にたいして一定の拘束を加えていきます。

――集団に帰属する行為形態が存在し、集団という脈絡のなかでしか、こうした行為形態を考察したり、理解、説明することはできないと指摘する傾向が――ここでは、私は、階級よりも、むしろ群衆行動等々の社会学について考えているのですが――かつての社会学にはあったように私は思います……

しかし、そうした群衆行動等々の行為形態は、実際にはほとんどつねに無意識と、つまり、フロイトの集団心理学やル・ボンの群衆論と結びつけて考えられてきました。この人たちは、こうした集団を、行為の面で集合的に無意識な存在とみなしており、私が指称する意味での行為体とはみなしていません。

――構造化や構造化理論のなかで社会変動を把握する問題については、どのようにお考えですか。教授は、別のところで、説明図式としての史的唯物論と、もっと一般的には進化論にたいして明らかに異論を唱えられています。教授の説明図式のなかには、大規模な、おそらく社会全体に及ぶような、系統的なかたちの社会変動を解明する余地があるのでしょうか。

私は、社会変動だけを選びだして理解しようとしてはいません。なぜなら、私たちは、安定状態《と》変動状態を、あるいは不変状態《と》変動状態を説明しなければならないからです。変化は、それだけが単独のかたちで存在するわけではありません。社会生活のあらゆる契機のなかに変動の可能性が存在する、と私は構造化理論のなかで主張しています。しかし、社会生活の最重要な構成要素は、社会的再生産です。ですから、変動状態と不変状態は、何らかのかたちで互いに密接に関連しているのです。かりに、たとえば、封建制はなぜ崩壊したのかといったもっと広範な疑問を発するとしたら、誰もがこれらの疑問にひとつの論理水準だけで答えることはできません――何が起こったのかについて、むしろ直接的には社会学的、経済学的、政治学的解明を求めていかなければならないのです。私は、構造化理論そのものがこうした解釈の仕方に由来すると主張しているのではありません。私がつねに反論してきたのは、たとえば、経済的要因が「最後の瞬間に」歴史的変容の重要な局面を決定するといった、どのような類のものにせよ、変動の「単一要因」理論なのです。

――　教授はこの質問にはすでに他のところで答えられているとお考えかもしれませんが、じかに質問させてください。構造化理論は、洗練された原理を、また構造と行為能力の二重性についてのニュアンスに富む解明をもたらしているが、構造と行為能力をめぐる最も原初的な、奥深い問題を、つまり、個々の行為体が振る舞う際の仕方を規定したり、影響を及ぼしたり、条件づけるような、そうした個々の行為体以外の原因ははたして存在するのか否かという問題を、克服していないとする見解が示されています。

私は、克服していると思います。現実に、構造効果には二つの源泉しか存在しません。ひとつの源泉は、人びとが慣習にしたがうことの整然さのなかにあり、もう一つの源泉は、人びとのおこなうことがらがもたらす、意図しない帰結と関係しています。とはいえ、この意図しない帰結は、人びとのその後の行為にはね返っていきます。

私たちは、私がとる見解にほぼ類似した見解を欠いては、社会生活について何の理解も得ることができません。私は、代替できる見解に何があるか知りません。デュルケムと社会的事実のように、あるいは新古典派経済学の方法論のように、いわば失敗した代替案のようなものなら見いだすことができます。人によっては、私が用いる概念を好まず、たとえばブルデューや他の誰かの見解のほうを、むしろ選好するかもしれません。しかし、それこそ、まさに社会生活がどのようなものであるかを示しています。社会生活は、知識や理解力を備えた人間という行為体によって、絶えず偶然性に満ちたかたちで再生産されています――そのことが、社会生活に安定性や不変性をもたらすのであり、また変動を生みだしているのです。

――構造化とほんの少し関係するだけですが、おそらくこの時点で取り上げることのできる問題がもう一つあります。それは、時間と空間の論じ方、それに時空間の拡大化の問題です。教授が判断される限りにおいてですが、どのような理由から古典社会学ではこれらの論点が軽視されてきたと、教授はお考えですか。また、なぜこれらの論点を構造化理論で導入することが重要なのでしょうか。

それには、二つの側面があります。すべての行為能力は時間のなかで開花し、それゆえ、行為能力は、たんに個々の行為の集成だけではなく、個々の行為の流れでもある点を理解することが重要です。したがって、時間性は人びとの行為能力と密接に結びつき、また空間性も同じように人びとの行為能力と密接に結びついています。なぜなら、あなたは、身体を備えていなければ人間という行為体になることはできないわけですし、身体は、物理的空間を占有し、さらに身体は物理的脈絡のなかで他者にたいして適応していくからです。その意味で、時間と空間は、構造化理論の重要な要素として理論づけされています。しかし、二つ目の側面は、社会システムの諸属性をもっと具体的に理解する方法として、時間と空間を研究しています。この二つ目の側面は、異なる種類の社会システムがどのような特徴を示すのかを——つまり、異なる種類の社会システムは、時空間を超えてどのようにみずからを組織化するのか、また、人びとは時間と空間をどのように概念化するのかを——具体的に解明しようとしています。

ほとんどの社会思想家は時間と空間を同等視する傾向があるが、それは、概念的誤謬だけでなく、経験的誤謬でもある、とレヴィ＝ストロースは正しく指摘しています。人間の歴史のほとんどを通じて、最も顕著なのは、変動よりも、むしろ不変性です。ある時代に入って初めて、歴史上では比較的近年に入って、歴史にたいしてダイナミズムの注入が見られるようになりました。このダイナミズムの注入は、レヴィ＝ストロースが導きだした時間と空間、権力の新たな関係に依拠しているように、明らかに思えます。レヴィ＝ストロースのこうした考え方について思索を深めていくなかから、私は「時空間の拡大化」――つまり、社会システムが、時空間を超えて「伸張」する潜在的可能性――という観念を得たのです。同時にまた、私は、地理学者の著作からも影響を受けており、人文地理学から摂取した考え方を、社会理論のなかに組み入れる努力をかなりおこなってきました。

――古典社会学の伝統は、時間と空間について論ずることになぜ不得手だったのでしょうか、何か理由があるのでしょうか。

時間と空間の同等視が、ひとつの理由です。したがって、時間は、変動と切り離せないものと想定されることになりました――「歴史」は、どこかからどこかへ向かうものと考えられてきました。時間の問題とは対照的に、空間的隠喩や、空間構成のもつ意味合いは、古典期の社会理論においては非常に重要でした。たとえば、デュルケムは、社会地理学者の研究に精通しており、『社会学年報』で社会地理学者の著作を書評しています。デュルケムの研究の多くは、たとえば儀礼的、儀式的空間をめぐるデュルケムの議論に示されるように、空間にたいする言及が暗に含まれています。

——機能主義は、実際には時間を超越した変動や変化を欠いた時間という概念構成によって理論を展開している、と教授はお考えですか。

機能主義の方法論は、確かに時間の抽象化に依拠しています。ある社会的事項を機能主義によって説明することは、その事項が、互いに機能連関するひとつの統一体を形成するために、どのようにシステムの他の側面と関係するかを明示することを、意味しています。その結果、機能主義は、時間の問題にたいする感覚をほとんど備えていません。同じことが、行為能力についてもおそらく当てはまります。たとえば、ロバート・K・マートンが機能主義についておこなった有名な議論を取り上げてみましょう。マートンは、北米の先住民、ニューメキシコのホピ族がおこなう雨乞いの踊りを、機能主義的説明について解明する際に具体例として用いています。ホピ族は、雨乞いの踊りが降雨をもたらすと信じている。私たちは、雨乞いの踊りが降雨をもたらさないことを知っています。したがって、なぜホピ族がそのような振る舞いを現実におこなうのかについて、何か別の説明や解釈を探し求めます——そして、それが、機能主義による説明です。雨乞いの踊りは、ホピ族の社会的結束を確保するという機能をもっている。しかし、こうした説明では、ホピ族を、自分たちがおこなっていることがらについてまったく無知な存在とみなすことになります。結局のところ、ほとんどの儀式の参加者は、自分たちがかなえようとするさまざまな目的について、多少とも認識しています。さらに、雨乞いの踊りが社会的結束を強める点を明示することは、少なくともホピ族の一部の人びとが雨乞いの踊りは社会的結束を強めることに気づき、それに応じた振る舞い方をしていない限り、おそらくホピ族の行為の説明にはなり得ないのです。

――構造化理論が提起した論点で、私たちがまだ議論していないものが他に何かあるでしょうか。おそらく実践的意識かもしれませんね。

実践的意識は、私にとって最も重要な観念です。なぜなら、実践的意識は、さきにも論じたように、人びとのもつ日常の知識や理解力を、社会システムの構造的特質に結びつけていくからです。ほとんどの社会生活は、慣習という脈絡のなかで「暮らしていく」ことに依拠しています。

――知識や理解力を備えた行為者について、「世の中で暮らしていく」ことについて、さらに実践的意識についてのこのような解明は、イデオロギーという観念が入り込む余地を残しているのでしょうか。

もちろん残しています。イデオロギーという考え方は、言うまでもなく議論の多い観念です。私にとって、イデオロギーは、権力の格差を支えるために理念をどのように引き込むかということと関係します——そして、こうした理念は、おそらく、実践的意識の重要な構成要素を形づくる当然視された概念になっていきます。イデオロギーは、権力との関係を離れては何の内容ももちません。イデオロギーについては、私たちがここで話してきた社会科学の方法にたいする取り組み方全体という脈絡のなかで考えていくべきです。イデオロギーは、たとえばナショナリズムや宗教上の教義といった壮大な理念体系だけを含むわけではありません。最も堅固に確立されたイデオロギー形態のなかには、毎日の慣習に——つまり、実践的意識に、また日々のお喋りに——その基礎を置くイデオロギーもあります。

インタヴュー 4
モダニティ

——次にモダニティについて、教授の見解をしばらくおたずねします。お書きになった教科書『社会学』のなかで、教授は、社会学を「モダニティの研究」であると説明され、そして一九九〇年以降、モダニティのいろいろな側面を俎上に載せた著作を何冊か発表されてきました。そこでまずはじめに、教授がモダニティをどのように理解されているのか、そしてモダニティがそれ以前の社会形態となぜ質的に異なるのか、説明していただけますか。

最も簡単にいえば、モダニティとは、近現代社会ないし工業文明を表わす簡略化された用語です。もっと細かく描写すれば、モダニティは、(1)世界にたいする一連の態度、つまり、世界が人間の介在による変容に晒されているという認識、(2)経済制度の複合体、とりわけ工業生産と市場経済、それに(3)国民国家と大衆民主制を含む、一続きの政治制度、と密接に結びついています。主にこれらの特徴の結果として、近現代の時代特性は、かつてのどの社会秩序類型と比べても、はるかにダイナミズムに富んでいます。モダニティは、先行するどの文化とも異なり、過去よりも未来に生きる社会――もっと専門的にいえば、制度の複合体――です。

――さきに論じた古典社会学の研究者たちは、教授がモダニティとみなす歴史的変動を、誰もが異なるかたちで問題にしています。これらの人びとはすべてモダニティという物語の重要な構成要素を取り違えていた、と教授は指摘されています。『資本主義と近代社会理論』のなかで教授が論及された著名な研究者のうち、ウェーバーは、世界にたいする幻滅感ないし幻想の打破や、伝統的な権威形態や理解様式の終焉の認識をとおして、モダニティとは何かをほぼ理解しかけていた、と指摘することは妥当でしょうか。

これらの要素を近現代世界の主たる側面とみなすのは、まったく正しいと思います。しかし、私は、ウェーバーが他の古典期の社会学者に比べてとりわけ重要であるとは考えていません。資本主義がモダニティのもっと広い枠組みにとって中心的位置を占めるために、私は、時代遅れかも知れませんが、引きつづきマルクスに注目したいのです。近現代の社会は、経済的影響力がかつての社会類型においてそうであった以上に顕著な、奥深い影響力をもち、また経済的影響力が資本主義制度を中心に構造化されている社会です。いうまでもなく、ウェーバーもまた資本主義について発言しています。しかし、もっと別の観点から発言しているのです。

――確かに、資本主義の非常に強いダイナミズムを認識せずに、マルクスを読むことは難しいですね。

そうですね、他の経済システムがこのような恒常的拡大という特質を備えていなかったというマルクスの指摘は、的を射ていました。それは、たんに空間を超えた拡大だけでなく、明らかに絶え間ない技術革新や生産性の向上欲求の面での拡大でもあったのです。

――教授は、この過程についておそらく最も多く言及してきたのがマルクスである、と指摘されています。マルクスは、資本主義を動的なものとみなしたのは正しかったが、この資本主義の動的側面が資本主義を疲弊に導いていくと考えたのは間違っていた、と教授は主張されているように思えます。

私がさきに論じたように、マルクスは、資本主義経済について洞察力に満ちた分析をおこなっています。マルクスは、資本主義の特性描写や、その景気循環、商品形態の意義、交換関係の本質についてみずからがおこなった寄与を過小評価していました。資本主義が社会主義に変異すると推測したのは、マルクスの誤りです。

――教授は、『近代とはいかなる時代か?――モダニティの帰結』のなかで、モダニティの基本となる四つの制度的次元について言及されました。その制度的次元には、資本主義に加えて、監視、工業主義、軍事力が含まれています。資本主義を除くこれらのモダニティの諸側面について手短に説明していただけますか。

モダニティの出現は、何よりもまず、近現代の経済秩序、つまり、資本主義的経済秩序の創造です。しかし、近現代社会はまた、特有な種類の国家の形成と、もっと一般的には特有なかたちの組織体の形成を、必然的にともなっています。これらは、情報の構造化に本質的に依拠しています。それは、管理的権力の新たなシステムを形成するために情報システムが構築されていくあり方として――フーコーから借りた――「監視」という概念を私が用いる理由です。近現代の国家は、この過程の最も重要な実例です。

私は、軍事力を、これら他のモダニティの次元から少なくとも分析的に区別できると考えています。およそ一八世紀末くらいから、大規模な戦争行為の進展にともない、戦争と軍事力の本質に重大な変化が見られるようになりました――それは、かつての権力システム類型とは異なるかたちの軍事力です。私は、工業を、資本主義と、またモダニティの他の次元とも区別してとらえています。なぜなら、工業とは、近現代社会のテクノロジー的基盤を指称しているからです。工業は、科学とテクノロジーの進捗と連動した、機械類に基盤を置く文明の発達と関係しています。

私は、この四つの制度的次元をおおいに活用しています。私は、これらの次元が、すべて互いに完全に独立しているとか、等価であると主張するつもりはありません。資本主義の拡大が変動の最も重要な推進力であると、私はむしろ考えています。しかし、国民国家もまた、独自の働きをするので、ある程度まで独立した権力の中枢を形成しています。国民国家はみずからの軍事的冒険心をいだいており、また、科学やテクノロジーのなかに、たんに市場が駆り立てたのではない膨大な変化を見いだすことができます。

―― 教授は、モダニティは「非連続的」であると述べられています。前近代社会から近現代社会に至る軍事力の形態や論理のなかにも、実際に非連続性が見いだせるのでしょうか。

見いだせると考えています。さきに私が言及したようにたんに――戦闘員だけでなく、通常、一般市民をも巻き込む――大規模戦争が出現しただけでなく、軍人の性質も変化しました。軍事技術もまた、モダニティの他の特徴の影響を受けて改変されました。軍事技術は、むしろ機械形式のものになってきた――機関銃自体がその典型的な例です。制服は、かつては誇示する――つまり、敵方に自分の存在を見せる――ための様式でした。その後、制服は、カモフラージュとして、身を隠す手段になりました。軍事規律にも広範囲に及ぶ変化が生じ、軍隊はますます機械そのものに類似しはじめています。

――モダニティの時代区分について質問があります。これらの変化のなかには、教授がモダニティとみなしている時代の《内部》で実際に生じたものもあるのではないでしょうか。たとえば、制服の変化、戦場での用兵法、戦争の機械化がそうです。

これらを非常に正確に時代区分することは――モダニティの他の次元に関しても同じですが――誰にもできません。近現代の諸制度は、おおよそ一八世紀末くらいから基盤強化されてきました。しかし、そこにはさらにもっと大規模な変動過程が、前後に拡がるかたちで同じように関係しています。そうしたとらえ方が、モダニティをそれ以前の社会類型から断絶しているとみなす見方に矛盾するとは、私は思いません。これらの転換は、一夜のうちに生じたわけではないからです。

――教授はまた、モダニティについて論ずる過程で、時間と空間、それに時間と空間の組織化という考え方を提起されています。教授は、社会的取り決めや社会的関係性の脱埋め込みと再埋め込みという考え方も提起されています。

モダニティの特色は、遠く隔たったところで生ずる出来事や行為が私たちの生活に絶えず影響を及ぼし、しかもまた絶えずその影響力が増大していることです。これが、脱埋め込みや、生活形式の「持ち上げ」、生活形式の時空間を超えた組み換え、さらに生活形式の由来する脈絡の再組成といった概念によって私が意味していることがらです。地元で仕事をおこない、地元の市場のために生産する職人は、その地元区域のなかに、地域共同体のなかに埋め込まれています。国際的分業体制の発達にともなって、このような状況は変化しています――経済取り引きは、ますます地域共同体から切り離され、時空間を超えて組み換えられるようになる。「ローカルなことがら」は、さらにもっと規模の大きな過程を反映し、またそのもっと規模の大きな過程は「ローカルなことがら」を、相当程度、ことによると劇的なかたちで作り直していきます。経済活動で生起することがらは、他の多くの生活領域においても同じように生起します。それは、「脱埋め込み」と「再埋め込み」、あるいは「持ち上げ」と「押し戻し」の過程です。今日、グローバル化が強まっている時代では、これらの影響作用は、以前よりももっと明確になっています。

――もう一度うかがいますが、この過程は、モダニティのもとではつねに存在しており、いまはそれがたんに強まっているだけなのでしょうか。それとも、後期モダニティのもとでいわば「新たに」生じた過程なのでしょうか。工業の国際移転や、その結果として生じた地域工業の衰退と熟練技能の衰弱は、二〇世紀後半だけでなく、一九世紀においても見いだすことができる、と論ずることも可能ではないのでしょうか。

脱埋め込みと再埋め込みの概念は、時空間を超えた関係性の再構築や改革という考え方――それゆえ、さまざまなかたちの社会システムがどのように組成されるのかという考え方――をもたらしています。交易等々から、数限りない実例を示すことができます。しかし、「前への急な飛び出し」が見いだされる重大な歴史的転換期は、二つ存在します。ひとつは――ギリシア、ローマ、古代中国という――最初の文明の出現です。これらの文明は、口承文化と、つまり、書字をもたない文化とは異なるかたちで、時間と空間を組織化してきました。文明と書字とのほぼ普遍的な結びつきは、偶然ではなかったのです。書字の出現によって、情報を、時間を超えて蓄積できるようになりました。財もまた、同じように蓄積できるようになった。こうした情報や財の蓄積によって、新たな権力システムが生成されたのです。近現代の場合、これらの特徴は、かつてのどの文明よりももっと包括的に、またもっと広範囲に及んでいます。多くの論者が、今日、情報社会の到来を話題にしますが、広い意味でいえば、「情報社会」はこの数世紀のあいだにすでに存在していました。なぜなら、印刷技術や、印刷物の大量生産、それに比較的初期の電子コミュニケーション手段の発達によって、「情報化社会」はすでに存在していたからです。これらは、人びとが互いに意思疎通する方法をたんに変えただけでなく、社会全体の組織化の仕方をもがらりと変えました。最初の電子コミュニケーション形態となった、一九世紀中頃におこなわれたモールス符号の発明は、さらにまたまったく新しい重大なことがらを注入しました。モールス符号が発明される前まで、人は、ある地点から他の地点まで情報を運ぶために、つねにどこかに出かけていかなければならなかったからです――モールス符号の発明は、電子時代のはじまりであったのです。

――いずれにしても電子コミュニケーションは、今日、強化、増大されていますが、電子コミュニケーションの台頭は、何か特別な種類の社会発達を指し示しているのでしょうか。

そうではありません。電子コミュニケーションの台頭は、実際には脱埋め込みの一側面にすぎないと、私は考えています。しかし、新しい社会の新たに知覚された要求が、電子コミュニケーション手段を間違いなく駆り立てていきました。時間と空間を超えた、もっと速く、もっと効果的なコミュニケーション形態の追求がなされたのです。

――時として、この過程には、むしろ技術決定論という捻った解釈が加えられていますが……

私はそうした考え方をしません。私は、コミュニケーションと、それにコミュニケーション・システムの変化を、社会の組成とその発達にとってとりわけ重要なものであると、間違いなくみなしています。電子コミュニケーションは、多くの人びとが想定する以上に重要ですし、もっと早い時期から重要でした。

――教授は、情報テクノロジーの導入が地球規模の市場経済を創出し、そうした市場経済が今度は非常に注目に値する社会的帰結をもたらしてきたと主張する人びとに、わざわざ出会う必要はなかったのですね。

この点で、私たちは技術決定論にたち戻ることになります。情報テクノロジーは、グローバル経済の仕組みと密接に結びついています。しかし、他の多くの力も、資本主義や工業主義という駆動力を含め、関係しています。

――教授の解明ではまた、モダニティの示差的特徴として、あるいは少なくとも示差的形式として、信頼とリスクという一体化した観念をかなり強調されています。

信頼とリスクという観念は、独特なかたちをとって現われました。信頼とリスクは、この場合もまた、時間と空間の問題と関係しています――これらの観念はともに、未来の時間をとり仕切るための方法なのです。リスクという観念は、近現代の初期に生まれました。リスクという観念は、過去とのつながりを断ち、開かれた未来にたち向かおうとする試みや努力の標識です。リスクという観念は、最初、二つの脈絡のなかで出現したようです。ひとつは、まだ知られていない地域に出かけていくときの探検家から、もう一つは、初期の商業資本家の活動から生まれました。いずれの場合も、探検するべき新たな、未踏の領域が——誰も足を踏み入れたことのない土地や、未来という海図のない領域が——存在したのです。

リスクは、危険や、予測できるが避けられない危難と識別してとらえる必要があります。リスクは将来の危難にたいする積極的な査定と関係しており、したがって、社会が将来においても存続し、未来を積極的に形成しようとすればするほど、それに比例して広く普及する観念となっています。リスクという概念は、保険という考え方がそうであるように、近現代という時代の出現によって一般化してきました。保険と安全は、リスクの別の面なのです。

信頼も、同じように時間と空間の接合と関係しています。なぜなら、信頼は、人や集団、システムにたいして、未来の時間を超えて身をゆだねることを意味しているからです。信頼という観念もまた、近現代の観念になりやすい傾向があります。確かに、伝統文化においても、私たちが、今日、信頼と名づけているものは、さまざまなかたちで存在しました。とはいえ、こうした伝統文化のほとんどは、信頼——ないしリスク——という観念をもってはいなかったのです。

リスクと信頼は、互いに密接に結びついています。信頼は——それが、人にたいする信頼にせよ、たとえば銀行業のようなシステムにたいする信頼にせよ——リスクに対処するための手段となり得るし、他方、リスクの承認は、信頼を生みだすための手段になる可能性があります。

——リスクと、さらにもう一つの好機という用語については、どうお考えですか。おそらく好機は近現代初期に見いだされるかなり強固な見地であり、それにたいして、リスクは、ある意味で、その後に熟成されていった感覚であると、教授はお考えですか。

そう考えています。けれども、まず先にもっと重要な論点について言わせてください。リスクには二つの側面があります。したがって、リスクについては、互いにほとんど引き合わされていませんが、二種類の文献が書かれています。まず、市場で起きていることがらの動的側面のように、投資決定やリスク覚悟の行いのもつ肯定的要素としてのリスクがあります。経済学でのリスクに関する文献群のほとんどは、当然のことながら、リスクを肯定的現象としてとらえています。リスクは、ある意味でつねに否定的なものです。なぜなら、リスクとは、人が回避したいと望む結果を指称しているからです。しかし、リスクの積極的な承認やリスク管理は、近現代の市場経済の核心を形づくっています。リスクは、決して最小限に抑えられるものだけとは限りません

——それに、もちろん、登山などのように人びとが進んで取り組むリスクを覚悟した活動によって、私たちは誰もが、こうしたリスクの肯定的、建設的要素について知ることができます。リスクをめぐるもう一つの文献群では、リスクを、安心や安全との関係でのみとらえています——こ

うした文献は、環境保全や保険等々の分野に顕著に見いだされます。リスクに関するこれら二つの視座を、ひとつに引き合わす必要があります。なぜなら、グローバル化が進む時代では、リスクのもつ影響力がすでに広く一般化しているからです。私たちは、「リスク文化」のなかで暮らしています。この「リスク文化」は、モダニティの徹底化と一般化によって説明される必要があります。さまざまな変化は、ますますリスクという観点からものごとを考えるように私たちを導いていますし、あるいはそう考えることを余儀なくしています。変化のひとつは、伝統のもつ支配力の低下です。過去におこなわれてきたことがらによって社会活動が組み立てられていけばいくほど、それに比例して、人びとは、運命という観点からものごとを考える傾向が強まります。私たちが将来の出来事にたいして積極的な意思決定をおこなえばおこなうほど、人びとは、そのリスクに気づいているか否かにかかわらず、リスクという観点からものごとを考えるようになります。ほぼ同じことが、私たちと自然現象との関係にも当てはまります。なぜなら、自然現象は、人間の介入による影響をますます被っているからです。伝統と自然現象は、過去においては、行為を組み立てていく風景のような存在でした。ものごとがますます非自然や非伝統になるにつれて、これらのものごとについて——必ずしも一番関係する人びとであるとは限りませんが、誰かが——より多くの意思決定をしなければならないのです。

人の生殖について考えてみましょう。以前は、伝統だけでなく、自然界の制約の双方によって「授かる」ものであった生殖の多くの側面は、たんに子どもが欲しいかどうかだけでなく、その子の性別も含めて、今日では、原則として意思決定が可能になっています。ひとたびこれらの事象から自然の摂理を取り去ってしまえば、リスクが注入された一連の意思決定をせざるを得ないのです。リスクが、政治的に、また個人的におこなわねばならないあらゆる種類の意思決定をとりまとめるための観念になるにつれて、私たちは、伝統や自然の摂理から徐々に絶縁しだしています。健康や保健がよい例です。過去の保健システムは、「外在的リスク」という私が名づけた——英国ではあなたが病気になると、国民健康保険があなたの世話をするという——観念に依拠する傾向がありました。しかし、情報に満ちあふれた環境のもとでは、誰もが、健康や衛生について科学やテクノロジーのもたらす知見にある程度まで接触できるため、状況は異なっています。私たちは、何かを食べたり飲んだりするたびに、この種の意思決定をおこなっているのです。一般の人びとの想定に反して、こうした状況は、すべての階級に及んでいます。世界がかつてそうであった以上にリスクに満ちているという言い方は、正しくありません。むしろ、もっと多くの積極的信頼システムが存在するゆえに、リスクという観念は、信頼の観念がそうであるように、もっと中心的位置を占めるようになったのです。

—— 前近代の人びとは、リスクと向かい合うことがなかったのでしょうか。たとえば、一四世紀の農民が、結核感染の高いリスクとおそらく向かい合う劣悪な生活環境で暮らしていたという言い方はできないでしょうか。

このことはすべて、私がさきに言及したリスクと、危険なり危難との相違と関係しています。もちろん、危険や危難は、つねに存在しました。たとえば、中世の暮らしは、危険に満ちていました。とはいえ、その時代、人びとは、リスクというかたちではなく、むしろ定めなり、造物主が授けた運や不運というかたちで、ものごとを考えていたのです。

――リスク感覚は、どの程度まで強まりだしているのでしょうか。教授が指摘されるように、私たちは、誰もがより多くの意思決定をおこなわざるを得ません。しかし、私たちがかつて予測算定できる問題と考えてきたことがらが、今日、私たちには予測算定不可能なことがらとして、しばしば出現しています。知識は、私たちの直面するリスクがどの程度であるのか判断できる（また、適切な対応ができる）という楽観的な信念を私たちがいだいていた地点から、私たちをすでに連れ去ってしまったように思えます。したがって、自分たちがいま所与のレヴェルのリスクに向かい合う見込みがどのくらいであるのかは、いかなる有効な方法を用いても実際には知ることができないという事実を、私たちは認めなければならないのです。

私は、この問題には、さきに言及した区別によって対処しています。比較的近年に至るまで、社会生活の多くの分野が、「外在的リスク」――時系列にもとづいてかなりうまく算定できるリスク――によって支配されていました。この外在的リスクの算定手段のひとつが、保険会社のおこなう計算です。保険会社は、保険数理計算にもとづいて、ライフスタイルの相対的安定性と自然現象における安定性を想定します。私がさきに言及したように、保険という観念そのものも、人間の介入を受けた、計算可能な未来という概念に付随しています。今日の世界にも、欧米社会で私たちが当然視している（医療から旅行手荷物の紛失、盗難に至るまでの）項目にたいして保険を掛けることができない国は、引きつづき存在します。もっと伝統的な文化では、人びとの身にふりかかる不幸な出来事は、定められた危難であると想定される場合が多かったのです。危難を統制でき、それゆえその危難に備えて保険を掛けることができるという発想は――人びとが巧みに画策できる安全という観念の出現は――啓蒙主義思想の最重要な要素です。私たちが今日見いだしはじめているのは、世界が、啓蒙主義思想家の想定したような存在ではまったくないというこことです。世界に関する私たちの知識の増大は、つまり、情報を生みだそうとする欲求は、先行する歴史的経験を私たちがほとんどもたない――したがって、データが存在しないため、すでに確認された時系列にもとづいて算定できない――新たなかたちのリスクを創出しています。金融市場におけるリスクもまた、問題をはらみ、複雑化しています。なぜなら、金融市場は、ますます再帰的になっているからです。コンピュータを介した地球規模の金融市場では、すべての人が他の誰もと同じ情報に接近入手できる手段をもっています――誰もが、相手が下す推測を推測しており、また相手の人たちも同じようにその人たちの相手が下す推測を推測しているのです。

私が「工場生産されたリスク」ないし工場生産された不確実性と名づけるものは、知識の限界よりも、むしろ知識の向上と密接に結びついています。経済学者の（ウェーバーの訳者でもある）フランク・ナイトは、リスクと不確実性を区別しました。リスクは算定可能な未来の蓋然性と関係しているのにたいして、不確実性は算定不可能な未来の蓋然性と関係している、とナイトは論じています。しかし、この区別では筋がとおりません。その中間に、あまりにも多くの曖昧模糊とした領域が存在するからです。リスクと不確実性のあいだに、厳密な区別は存在しません。工場生産されたリスクは、リスクはリスクですが、新たな類型のリスクです。

工場生産されたリスクは、たんに自然現象にたいする人間の介入だけでなく、高度な再帰性にもとづいた情報社会における社会変動とも、関係しています。たとえば、婚姻と家族について考えてみましょう。ほんの一世代前まで、婚姻生活は、既成の伝統によって組み立てられていた。人びとは結婚する際に、いわば自分たちが何をしようとしているのかを知っていました。今日、婚姻生活は、新たな形態のリスクをともなう、もっと開かれたシステムとなっています。結婚する人は誰もが、離婚率が高い事実や、女性が過去に比べてより大きな平等を要求している事実に気づいています。結婚しようとする意思決定そのものが、本質的に以前のものとは異なっています。離婚率が高く、再婚率の高い社会は、かってはまったく存在しませんでした。たとえば、そのことが、家族の将来にとって、あるいは子どもたちの心身の健康にどのような帰結をもたらすかを、誰も知ることはできないのです。

――新たなかたちのリスクと、「保険対象となる」の領域の増大とのあいだには、どのような相互作用が見られるのでしょうか。

二重の変動過程が存在します。一方で、今日、保険を掛けることが可能なことがらは、過去に比べて増加しています――「一〇〇万ドルの脚線美」との評判で、自分の足に保険を掛けた米国のピンナップ女優ベティ・グレイブルがおこなったことは、さらにもっと広く浸透していきました。金融派生商品の取り引き市場も、まさしくある種の保険とみなすべきかもしれません。金融派生商品の取り引き市場は、リスクを一時帰休《レイオフ》させる企てです。したがって、今日、私たちは、ほとんどどのようなことがらにも、未来の不特定な時点のために保険を掛けることができます。保険の仕組みの改変と同時に、保険の幅の拡大が見られるのです。その反面、保険会社は、自然現象のもたらす一部の危難を含めて、保険会社が以前には喜んで損害を償ってきた一部のリスクにたいする保険の引き受けから撤退しはじめています――こうした自然現象のもたらす一部の危難は、保険会社が十分に認識しているように、もはや「自然の成り行きで発生」していないからです。たとえば、保険会社は、今日、高額医療費塡補保険のことで非常に気をもんでいます。福祉国家を、あるいは少なくとも福祉国家の社会保障制度を、巨大な保険会社とみなすことができるかもしれません。同時にまた、福祉国家も、同じように変化しやすいリスク類型の影響を受けています。

――近現代の環境と前近現代の環境のあいだで、リスクに違いがあることは理解できました。しかし、たとえば、福祉国家がかかえる問題の多くは、他の原因によって、つまり、政治的支持基盤の変化や、国家のもつ法的権限の変化、人口変動によって説明できないのでしょうか。具体的にいえば、以前より福祉国家に依存してきた高齢者たちと、経済活動に従事している高齢者たちとのあいだの負担割合は、あまり好ましい状態ではなくなりだしています。

もちろん、高齢者は増えています。しかし、福祉問題に関していえば、争点になっているのは、より多くの高齢者の存在だけでなく、高年齢であることの変質です――そして、このことは、私がこれまで述べてきた社会変容の影響を強く受けているのです。高年齢であることそれ自体が、非制度化され、自然の摂理を取り除かれはじめています。齢をとることは、ますます能動的に、また再帰的になりだしているのです。かつては高年齢と一体化されて考えられてきた身体の病気や限界のなかには、主としてそれ以前の生活習慣が左右しているものもあります。高齢者を、もはや一定の年齢で「社会的に無資格と判定する」べきではないのです。それは、「年金」という考え方や、社会的に無能力であると決めつけるような例の「年金受給者」という言葉を、私が好ましく思わない理由です。私にとって、それはある種の福祉依存であるように思えるのです。

――……でも、最も広く普及しているシステムのもとでは、もはや働かないことを期待される時期が、依然として存在しています。また、それは、雇用社会の一端を形づくり、雇用社会の運営方法ともなっています……

それは変化せざるを得ないと、私は思います。

――そうですね、それは確かに変化しはじめています。しかし、私の推測では、人びとは、有給雇用に就いていた時間を超えて生存する傾向があり、またその時間はおそらくもっと長くなりはじめています。退職年齢は上昇するでしょう。しかし、平均余命の増加を上回るかたちではおそらく上昇しないでしょう。

いいえ、違います。すでに米国で生じているように、退職という考え方は、比較的短いあいだに観念として廃れるであろう、と私は確信しています。さまざまな年齢で仕事に就いたり仕事を辞めるかたちの労働力の移動が見られるようになり、人びとは、仕事とのあらゆる種類の関係をさまざまなかたちでもつことになります。高年齢であることは、リスクと信頼の問題と密接に結びついています。高年齢であることは、かつてはどちらかと言えば、地位の移行でした。今日では、それほどの地位の移行ではなくなっています。高齢者は、若い人びととほぼ同じ好機を享受し、若い人びとと同じように奮闘しなければなりません。高齢者は再婚をして、性生活を営み、「孫たちにどう打ち明ければよいのか」の問題に直面することになります。

——教授は、かっては存在しなかった、性の選択の自由と生殖の選択の自由を人びとがともに手にしている一連の領域がどのような領域であるのかを明らかにされています。人びとが意思決定を下さねばならない新たなことがらが存在します……

そうですね。それは、たんに選択の自由があるだけでなく、選択を《しなければならない》ことでもあります。いうまでもなく、この問題のすべてで、階級区分や、権力の格差という強い要素を見いだすことができます。

——信頼についてさらにおたずねします。まずはじめに、信頼はかなり古くからの観念であるように思えます。昔の社会では、信頼は、多くの場合（'In God we trust'〔我等は神を信ずる〕という表現に示されるように）、宗教的な意味を言外にともなっていました。今日、この言外の意味のどの要素が残っているのでしょうか。

もともと、信頼は、商業取り引きのなかで、リスクと一部同じ脈絡のなかから一般化してきました。信頼の宗教的起源は、それほど重要ではありません。'trust'〔信頼〕の名詞形は、銀行業について'trust'〔信託会社〕という言い方をしたり、'holding things in trust'〔品物を委託されて保管している〕等の表現をするときのように、同じく商業取り引きに起源があります。かりに信頼を、過去ではなく、未来にたいして何か有意関連することがらと考えるのであれば、そこに基本的な違いがあります。信頼の先行形態は、たとえば親族の義務のように、もっと伝統的なかたちの関与や道徳性とより根強く結びついていました。信頼は、その対象が人であれ何であれ、あなたが信頼を寄せる対象とのもっと直接的な未来志向の関係性を、必然的にともなっています。

——これまで、信頼は、予測算定された期待というよりも、むしろ根拠を必要としない信念を意味する、と一般に考えられてきました。人が誰かを信頼するのは、その相手が約束してくれたことがらを履行する見込みを合理的に算定するからではなく、その相手なりシステムが発揮できる能力にたいして、一般化できる信念をいだいているからです。信念は、いくつかの点で、むしろ意識的に非近現代的な一連の観念を呼び覚ましているのではないでしょうか。

違います。信頼は、そうした意味での信念を表わしていません。むしろ、信頼は、安心感の問題に遡及するのです。このことが、たとえば商業取り引き上の信頼のもたらすことがら——金銭出納上の安心感――なのです。ほぼ同じことが、対人関係における信頼にも当てはまります。信頼は、それが実効性をもつためには、相互的である必要があり、したがって、将来生ずるかもしれない不慮の出来事をものともしない安心感をもたらすのです。それは、私が信頼という観念を、パーソナリティにおける基本的安心感という考え方と関連づけてとらえている理由です。

――しかし、信頼は、依然として非合理的な自己投入としての信念ではないのでしょうか。

確かに、非合理的な面が――つまり、他の人たちの提供する安心感を喜んで受け容れる側面が――あります。いやしくも人生を生き抜くためには、人は信頼という一般化された観念を必要としており、したがって、本質的に、信頼は、人びとが幼少期の感情的経験から獲得していく重要な観念なのです。あなたは、かりにあなたがこの信頼という観念を身につけていなければ、極めて困った事態に陥ります。しかし、繰り返していえば、有効な信頼であることは、つねに互酬的です――信頼は、決して闇雲の信念にもとづいてはいないのです。

――でも、私たちは慣習にもとづいた、あるいは「目分量的な」査定の仕方を身につけているのが、実情ではないでしょうか。そうした査定は、信念にもとづいた行いでは決してないと思います。飛行機の利用を例に挙げましょう。私たちの大多数は、ほとんどの飛行機が、通常は目的地に到着することを知っています。パイロットが相応の能力を備えているのを知る手段のひとつは、カンタス航空がこのルートを以前から飛行しており、乗客が目的地に到着している事実をつねに知っていることです。私たちは、飛行機がどのようにして空を飛ぶのかを知る必要はありません。

その点が、信頼はリスクとさほど異ならない、と私が主張している理由なのです。明らかに、信頼は、純粋な感情的自己投入ではないのです。信頼には、何らかの種類の予測算定の根拠がつねに存在します。したがって、あなたは、相手が信頼できる存在であるという何らかの類の証拠をかりに得られなければ、その相手を信頼することはないはずです。同じことが、航空会社のような専門家システムにたいする信頼にも当てはまります。専門家システムのもたらす安心感は、結局のところ、専門家の用いる種々さまざまな手順や、その人たちのおこなう点検によって支えられています。飛行機の例でいえば、あなたも、リスク査定をおこなっている。そうではないでしょうか。

—— かりに教授の見解にしたがえば、教授は、人びとがリスク査定をしていると確信されているのですね。

そうです。人びとは、多くの場合、実践的意識のレヴェルでリスク査定をおこなっています。リスクについて論ずる人たちは、一般の人びとのもつ理性をしばしば過小評価しています。たとえば飛行機に乗るのを怖がっているのに、車を運転することがとりわけ愚かしいとは、私は思いません。リスクは、一連の価値観を想定しています。ですから、たとえば、飛行機に関してあなたを著しく狼狽させるのは、自分では飛行機で発生する事態をまったく制御できないことなのです。

――私の推測ですが、信頼がモダニティのもとでこのように重要性を増していると教授が主張される理由のひとつは、私たちに統御できない状況や、あるいは見知らぬ人たちを相手にする出会いが非常に多くなったからであるように思われます。かりに旅行を例に挙げれば、前近現代の社会では、農民が村外れのパブよりももっと遠くに出かけることは、おそらく決してなかったと想像できます。今日ではパブに出かけるために、私は、ある専門家システムが管理する電車に乗り、さらに別の専門家システムが管理する地下鉄に乗ってパブに通うことになります。近現代の社会では、信頼しなければならない脈絡が数多く存在するように思えます。

確かにおっしゃるとおりです――経験がより一層開かれた性質のものとなっているゆえに、リスクと向かい合っているのです。運命という観念は、また贖罪という観念でさえも、完全には消滅していません。すっかり世俗化された状況においてさえ、迷信は残存しています。人びとは迷信をばつの悪い思いをしながら守っていますが、迷信は、前の時代の呪い《まじな》や供犠の名残りなのです。

——専門家知識と専門家の判断、それに行為者のもつ知識や理解力について提起しておきたい論点が、さらにもう一つあります。

専門家知識の増大は、同じようにモダニティの鍵となる重要な要素です。専門家知識と、聖職者や呪い師、宗教指導者、それに類する人びとがおこなう伝統的な知識の権利要求とのあいだには、違いが存在します。なぜなら、専門家知識は、原則として誰もが習得できるし、また、習得するために特殊な、秘伝の儀式を執りおこなう必要がない、そうした知識に依拠しているからです。したがって、いまの時代、私たちは、自分たちの生活のいくつかの側面で、誰もが専門家なのです。

——そうですね、これは、私が提起したかった論点のひとつです。教授は、いくつかの箇所で、専門家知識が明らかに秘伝の儀式をともなうと述べられています。かりに専門的職業を分析する社会学の観点から専門家知識について考えていった場合、専門家の知識体系は、互いに明確に境界区分される傾向があり、特定の規律や信条、相互行為形態、独自の専門用語といった、ある意味で専門的職業に就いた人たちの業務を擁護し、その人たちの知識形態を明らかに神秘化するものを備えています。

専門家システムがかかえる具体的な問題として、原子力をめぐる争点を（教授も論究されていますが）例に挙げてみましょう。原子力発電が実際に環境に極めて有害なテクノロジーであるのか、あるいはクリーンなエネルギーを生みだす唯一の方法なのかについて、「専門家」のあいだで激しい意見の対立が起きています。今日、事情に通じた人びとのあいだでの優勢な意見は、おそらくどちらかの極に分かれて集中しているように思えます。しかし、一般の人びとにとっての問題は、自分たちには誰が正しいのかを判断する手段がないことです。また、こうした事情に通じた人びとの示す一つひとつの意見の背後に有力な権威が控えている事実は、一般の人たちが判断を下す際にそれほど価値をもっていないのです。

そのことは、私たちが専門家知識に依存している状況にまさしく特徴的であるように、私には思えます。しかし、私は、それが原子力にだけ特有であるとは思いません。もっと一般的にいえば、頼ることができる権威のなかの権威など誰一人として存在しないというのが真相であり、したがって、私たちは誰もがすべて、私たちの生活のさまざまな領域で、専門家であると同時に一般人でもあるのです。このことは、私たちを、信頼とリスクの問題にもう一度たち戻らせます。

なぜなら、ある時点で、人は実際に意思決定を下さなければならないし、あるいはひょっとしたら意思決定しないことを決心しなければならないからです。しかし、その場合、頼るべき究極的権威が誰一人いないなかで、そうしなければならないのです。このようなかたちで生きるのはまったく骨の折れることですが、それは、私たちがたどらなければならない生き方なのです。

——原子力がとりわけ暗示的な、重要な例であり、また専門家システムをめぐる争点を極めて明瞭に、具体的に説明する例であることは、確かです。

原子力の問題は、みずからが権威であることをさまざまなかたちで公言する多種多様な専門家知識から成り立っている世界のなかで生きるとはどのようなことなのか、その重要な諸様相を、具体的に示しています。この場合もまた、かりに原子力の問題がそのとおりであるとすれば、それは、伝統や自然の摂理からの私たちの解放と、密接に結びついています。また、そうした状態は、明らかに一般化しはじめています。私たちは、たんに普通の生活領域についての専門家知識だけでなく、たとえばカウンセリングのような活動についての専門家知識に関しても考察しなければなりません。個人の生活も、同じように専門家知識の侵入を受けており、まさしく同じようなディレンマを見いだすことになります。職業別電話帳で心理療法家の項目を開けば、そこに広告を出している五〇種類に及ぶさまざまな療法を誰でも見いだすことができます。どの療法家に電話するべきだなどと、誰があなたに主張できるでしょうか。また、こうした療法そのものがまったく無意味なのか、そうでないのかについて、誰があなたに助言できるでしょうか。専門家自身にしかできないのです。しかし、専門家たちの意見が一致していない状況は多いのです。そうでなければ、何よりもまず五〇種類もの療法はおそらく存在しなかったでしょう。知見なり証拠がほとんど争う余地のない状況や、専門家が声を揃えて同じ見解を述べる状況は、確かに存在します。しかし、そうではない状況が、数多く存在します。私は、この点を、暮らしの最も卑近なことがらのなかに見いだしているのです。何かを修理にくる配管工は、皆が皆、「一体、誰が、どんなつもりでパイプをこんなふうに修理したんだ。何を考えてこんなことをしたんだ」と口にします。

――しかし、このような例の場合、一般の人たちは、もっと容易に判断を下すことができます。かりに配管工がすばらしい仕事をしたと言ったとしても、蛇口から何も出てこなかったり、お湯がつねに冷たかったりすれば、その配管工がすばらしい仕事をしたとは思えない理由を、私たちは手にしているからです。ところが、原子力は、もっと違います。なぜなら、複雑さや規模の面からだけでなく、どの専門家の主張が正しいのかを、《いつ》また《どのように》知ることができるのかという疑問も生ずるからです。

確かにそうです。けれども、二つの事例のあいだには、決して明確な切れ目があるわけではありません。原子力のような事例は、他にも非常に多く存在します――これらの事例は、後期モダニティの複雑さを示しています。専門家のあいだで意見の一致が見られない場合、公的領域のなかにさまざまな知の主張が散在するという問題が、つねに生じます。たとえば、狂牛病の場合、中道左派の月並みな解説は、食品産業における規制の欠如から問題が生じており、すべてのことがらをもっと早く世の中に知らせるべきであったというものでした。しかし、狂牛病の出所は、不十分な規制よりも、むしろ私がさきに言及した自然の摂理からの離脱にあるのです。また、こうしたリスクを公に告知することは、それが確固とした指針をまったく欠いた場合、それ自体がリスクに満ちています。狂牛病と人間への影響についての声明は、経済活動や肉牛産業に、非常に重大な帰結をもたらしました。その反面、かりにこうした声明を、実際にその声明が出された時期に出さなかったとすれば、同じようにどのような結果となったのか、誰にもわかりません。このことは、一方で、いたずらに人びとの不安を煽り、世間を騒がせたかどで非難されるか、他方で、真相を隠蔽したかどで非難されるかのディレンマになります。こうしたリスク状況が、その性質上、論争の的になりやすいことを考えあわせれば、この問題に対応するための明確な戦略を、私は何も思いつきません。テクノロジーの変化が著しい世界では、何を、誰に、いつ、どのように伝えるかは、政府にとっても、企業にとっても非常に難しくなりはじめています。

――こうした議論をさらに追っていくと、後期モダニティでは、知識がさらにもっと商品化されるようになる、つまり、知識の生産と普及が、営利本位の要請や商業上の利害関心の指図をより一層受けるようになると主張しても、妥当でしょうか。

明らかに、ある程度まで妥当です。市場の非常に強い要請を見いだすことができます。しかし、科学は、すでにグローバル化を遂げ、何の制約も受けずにつねに途中修正される余地を残し、さらに本質的に統御不可能になっています。科学は、たんに商業上の利害関心という移り気だけで遂行されているわけではありませんし、また、科学やテクノロジーの革新が私たちをどこに導くのかを、誰も知ることはできないのです。

――一般の行為者が自分たちに与えられた説明や解明をどのように評価し、信頼するのかという観点から、私はこの問題を考えています。一般の行為者が注意を向けるとすれば、そのひとつは、露骨にいえば、誰がお金を払ってその男にこのようなことを言わせたり、させているのかを確かめることです。かりに、たとえば教授がフィリップモリス社に雇われていて、喫煙と肺ガンの関連性には何の確証も見いだすことはできないと意見表明したとすれば、人びとは、たとえば教授が医療審議会で働いている場合以上に、おそらく教授の意見にたいして懐疑的になるはずです。

それは、当を得た、考慮するべき問題です。しかし、専門家知識と知識にたいする権利要求の及ぼす強い影響力については、もっと全般的な争点がいくつか存在します。たとえば、企業が、科学者集団に、ある成果を生みだすために特定の任務を課したとします。しかし、科学者は、その成果がもたらすかもしれない結末をすべて検討したりしませんし、また——食品の遺伝子組み換えの場合がそうですが——検討することは不可能です。中長期的にどのような帰結が生ずるかを、誰も知ることはできない。なぜなら、そうした帰結をあらかじめ検証できないからです。狂牛病は、これらの争点の典型的な事例です。この病気の蔓延がどれほど憂慮するべき事態であるのか否かを、誰も知ることはできません。私たちがものごとの既存の秩序にたいしてこれまで何をおこなってきたのか、そしてその帰結がどのようになるのかを私たちは実際に知らない、そうした領域に私たちは取り囲まれているのです。

—— 教授は——このインタヴューでもそうですが、他のところでも——後期モダニティのもとで生きることのなかに、不安感の増大や一般化が見いだされる、と指摘されているように思えますが。

私は、そのようには考えていません。不安には、実際にさまざまな源泉が存在します。中世においては、私たちがさきに言及したように、悩まなければならないことがらが数多く存在しました。今日、不安の源泉は、造物主が世界や私たちにたいしておそらくおこなうことがらよりも、むしろ私たちが世界にたいしておこなってきたことがらと、密接に結びついているのは確かです。

――しかし、後期モダニティにおいて私たちを不安にさせることがらには、質的に異なるいくつかの側面がある、と教授は指摘されてきました――ひとつは核兵器であり、もう一つは地球全体の存続に欠かせない社会生活基盤です。したがって、私たちは、今日、先の時代に人びとの前に立ちはだかってきたことがらよりも、さらにもっと大きな激変をおそらく引き起こすことがらにたいして、少なくとも潜在的に不安をいだいているのです。同時にまた、私たちは、これらのすでに起こりはじめていることがらには、科学的に識別できるリスクが存在するという感覚をある程度までいだいています。可能性は非常にわずかであっても、後期モダニティのもとで生きる人びとにたいして祖先の人たち以上にもっと不安になるように仕向けるほど、途方もない破局が生ずるという感覚をある程度いだいています。

どちらかと言えば、私はその点に疑問を感じています。私たちがみずから創りだしてきた重大な帰結をもたらすリスクは、確かに存在します。私たちは、そうしたリスクを私たちが創りだしたことを認識しているわけですから、これらのリスクは、前の時代の造物主にたいする畏れや、あるいはまた聖霊や悪霊の所業とされる他のかたちの大変動とは違います。数多くの種類の不安が至るところに存在しており、これらの不安の多くは、前の時代の不安と異なります。しかし、私は、誰もそれ以上何かを述べることができるとは思いません。

——モダニティについて話題にしてきたなかで、これまで詳しく論じてこなかった点のひとつに、再帰性の概念があります。教授の提示されるこの再帰性の概念は、極めて重要であり、実際に教授が知識や理解力を備えた行為者や実践的意識等々について述べてこられた問題に、私たちをもう一度たち戻らすことになります。

再帰性の概念は、同時にまた私たちが話してきたことがらすべてと関係しています。再帰性には二つの意味があります。ひとつは非常に一般的な意味と、もう一つは近現代の社会生活ともっとじかに関連する意味です。すべての人間は、意識的であれ、あるいは実践的意識のレヴェルにおいてであれ、自分の行いについて考えることが、自分の行いを実際におこなう際の重要な要素になるという意味で、再帰的です。社会的再帰性とは、世界が、あらかじめ定められた行動様式よりも、むしろ情報によってますます組成されることを指称しています。社会的再帰性は、伝統や自然の摂理が退却した後に、私たちがどのように生きるのかを示しています。なぜなら、私たちは非常に多くの未来を志向した意思決定をしなければならないからです。その意味で、私たちは、前の世代がそうであった以上に、さらにもっと再帰的な仕方で生きているのです。

―― 教授が『近代とはいかなる時代か？』でおこなった主張と、ドイツの社会学者ウルリッヒ・ベックが『政治の再創造』でおこなった主張のあいだには、おそらく際立った差異があるように、私は思います。ベックは、単純な現代化と、再帰的なかたちの現代化を時代区分していいます。私たちは近現代を通じて「単純な」様式からもっと「再帰的な」様式に移行していった、と教授はお考えでしょうか。

私も、区分は明確でありませんが、そう考えています。再帰的現代化論は、後期モダニティについて、かなり重要なことがらを述べており、モダニティそのものの限界とそれがかかえる問題にたいして省察をおこなっています。再帰的現代化は、近現代の政治の最重要な課題と関係しています。なぜなら、単純な、あるいは直線的現代化は、少なくとも近年まで、最も重要なのは東南アジアですが、世界の一部の地域で、依然として優勢であったからです。欧米社会や先進工業社会では、現代化とはそもそも一体何であるのかが現代化の最重要な問題となっているにもかかわらず、再帰的現代化の条件をいくつか見いだすことができます。

―― 教授は、さらにもっと近年の時代を、時として「徹底化した」モダニティとして論じられていますね。

そうです。それは、実際には再帰的現代化と同じことです。つまり、伝統と自然の摂理にたいする侵食の増大です。モダニティの徹底化とは、もっと開かれ、もっと問題をかかえた未来と向かい合いながら、もっと再帰的な仕方で生きることを余儀なくされる状態を意味しています。

——一部の人たちは、このモダニティの変容過程が、実際に私たちを《ポスト》・モダンという何か別な段階のなかに送り出しはじめている、と結論づけています。教授はこのような判断に強く反対されているように思えますが。

そうです。強く反対しています。他の人たちがポスト・モダンと名づけることがらを、私は、私たちがこれまでモダニティについて論じた意味合いでいえば、モダニティの徹底化と考えています。モダニティのもつダイナミズムの源泉を、資本主義の拡大、科学やテクノロジーのもたらす変容効果、大衆民主制の拡大のなかに見いだすことができます。ですから、私は、ポスト・モダニティよりも、むしろ再帰的現代化という言い方のほうを選びたいのです。モダニティは、ひとつしか存在しません。私たちは、モダニティをとおして初めて、モダニティにたいして省察を加えることができます。そのことはまた、科学とテクノロジーをとおしてであることを意味しています。科学とテクノロジーをとおして以外に、科学とテクノロジーから逃れる手段は存在しないのです。

——啓蒙主義思想を描写する方法のひとつに、啓蒙主義思想の基調には「大胆にも知ろうとする」動機が働いていたという言い方があります。教授は、いくつかの箇所で、かつては科学や知識にたいする傾倒がもっと肯定的、建設的な期待につながっていたと論じられていたように思います。つまり、私たちは、知識をとおして世界を統御し、変容できるという見解です。しかし、同時にまた、こうした科学や知識にたいする傾倒の内側に、かりに実際に思い切って知ろうと努力しても、自分がさほど十分に知り得ていないのを知ることで終わるという感覚を、あるいは、自分が何らかの確信をもって知ることが可能なことがらはそれほど多くはないという感覚を見いだすことになります。教授は、これらの認識を、両者ともひとつにまとめてモダニティのなかに包み込みたいと考えているように、私には見えます。ポスト・モダンの論者たちは、本当のところ、この二つの認識の仕方のうち、最初のほう——統御にたいする期待や、知識にたいする世界の柔軟な適応——を、二つ目の、思い切って知ろうとすることの、もっと疑わしい、不確実な側面から、明確に区別できると主張しているのではないでしょうか。

私は、それが、一般に理解されているようなポスト・モダニズムの観念と密接に関係する主要な相違点であるのかどうか、確信がありません。私たちは科学やテクノロジーとの再び新しい出会いを経験しだしているという言い方のほうが、もっと正確です。科学とテクノロジーは、長いあいだ、現在そうである以上に日常生活から隔離されていました。今日、科学の知見とテクノロジーの変化は、私たちにたいして直接的なかたちで強い影響を及ぼしています——私たちは、過去と比べて、科学の知見やテクノロジーの変化とのあいだで、むしろ対話体の関係ないしは疑問形の関係を手にしています。私たちは誰もがみな、科学哲学者たちが暴露したことがらを、つまり、科学が、きちんと系統だった懐疑心に——たとえ大切にされてきた確信であっても、それを放棄する覚悟に——その基盤を置いているという事実を、また、論争と、科学の専門家どうしの相互批判にもとづくという事実を、認識しはじめているのです。

インタヴュー　5

親密性の変容から、生きることの政治へ

――教授は、モダニティないし後期モダニティは、二つの仕方で、つまり、（さきほど話題にした）グローバル化のような非常に広範囲に及ぶ様式と、同時にまた極めて集約的な、個別化された様式で作用する、と指摘されています。さらに教授は、モダニティが親密なことがらや個人的なことがらの本質を変える点についても言及されています。モダニティが自己のアイデンティティを変容する有り様について、もう少し詳しく話していただけますか。

それに応えるためには、伝統や慣習、習慣が置かれた状況の変化という問題について、さらに究明する必要があります。モダニティは、つねに伝統と対比されています。しかし、伝統は、生活の多くの領域で――とりわけ、日常生活のなかに――残存してきました。その理由は、主として家父長制家族が、民主化されずに残ってきたため、優勢であったからです。家父長制という家族形態は、この家族形態と結びついたジェンダーやセクシュアリティをめぐる規範とともに、今日、崩壊しはじめており、その結果として好機とディレンマをともに生みだしています。

ここで関係する変化は、たんに親密性の変容だけでなく、ある意味では親密性の創造でもあります。親密性という言語表現は、比較的新しく生まれました。親密性は、感情的コミュニケーションが、婚姻生活の内側と外側での関係性を維持するために決定的に重要になりだした、そうしたポスト伝統的世界を反映しています。家父長制家族は、もちろん、男性による経済的支配を反映していました。しかし、家父長制家族の感情面での不平等も同じように重要であると、私は思います。家父長制家族は、男性のセクシュアリティに中心的役割を配分し、貞淑な女性だけを婚姻生活に結びつけ、そうした貞淑な女性をさまざまな範疇の堕落した女性たち――売春婦や情婦、遊女――から区別してきたのです。このような分裂した女性観は、男性のあいだでも女性のあいだでも相変わらず残存しています。しかし、こうした分裂した見方は、対等なコミュニケーションをとおして形成される関係性と、明らかに両立できません。「親密性」は、対等なコミュニケーションが達成されている場合、関係性における平等を言外に意味しており、この（今日、具体的には愛情関係を指すために用いられる）関係性という言葉もまた、この親密性と同じ種類の一連の観念や行為のなかで使われる表現として、比較的新しく出現したのです。

この点はすべて、グローバル化が、たんに経済的変化だけでなく、日々の生活に奥深い影響を及ぼすような、もっと広い構造的変化も同時に意味するとすれば、グローバル化のもう一方の極を形づくっています。伝統的家族をめぐる論争は、このような脈絡のなかで提起される必要があるのです。一部の社会批評家は、私たちはこの伝統的な家族形態に戻る努力をするべきだ、と考えています。ただ一つの伝統的家族が存在したとすれば（私たちは存在しなかったことを知っていますが）、その限りにおいて、そうした家族は、前に述べた男女間のセクシュアリティの感情的分裂と、子どもたちがほとんど権利を得ていない権威システムにもとづいた家父長制家族なのです。これらの領域で生じてきた変化は、個人生活における——男性と女性が、初めて互いに相手を原則的に対等な存在とみなし、子どもたちが権利を獲得する——民主化の過程に欠かせない要素です。それと同時に、「伝統的家族」の暗黒面に関して、驚くべきことがらが、つまり、不愉快な、搾取的な側面が、暴露されだしています。かりにこれらの側面を、聖職者のように地域共同体のなかで最も尊敬されてきた一部の人物たちの（確かに少数の人たちですが）行状に関する証拠と並べてみれば、伝統的な家族形態は、全体としてさほど魅力的でないように思えます。私的領域の民主化の初期段階は、とりわけ離婚や父親のいない子どもの問題を中心に、その危機的局面を経験しています。しかし、これらの変化は、それ自体が地球規模で生じており、どの社会もこれらの変化を免れることはできない、と私は思います。

——それは、実際には人びとが生活体験を通じて知るかたちの変化でしょうか。それとも、露呈や知れ渡ることによって、とりわけ実践をとおして生ずる変化でしょうか。

その両方です——一方の変化が、もう一方の変化に付随していくのです。結婚しているか否かにかかわらず、愛情関係のなかにいることは、みずからを相手にさらけ出すことを意味します。関係性は、打ち明けることをとおして、信頼感を生成、維持していく。「君は妻で、僕は夫。そのことが僕たち二人の役割を定めている」と述べるだけでは、不十分なのです。親密性は、特有な矛盾と、また問題をかかえています。伝統や慣習が衰退しているところではどこでも、強迫観念の可能性が生じます――そして、このことは、関係性の領域に、同じように当てはまります。この場合、共依存という考え方は――特定の種類の関係性のもつ、相互に衝動強迫的特質は――興味を引きます。共依存とは、衝動強迫的な関係性のなかに閉じこめられ、身動きがとれなくなった人びとについて考察する方法です。共依存は、ひとつの生き方ですが、決して満足のいく生き方ではありません。共依存は、相手にたいする信頼と傾倒にもとづいた、そうした好ましい愛情関係とは正反対のものです。

これらの変化は――それに、これらの変化の問題含みな側面は――明らかにまったく異なる生活領域のなかにも、匹敵するものを見いだすことができます。経営の特質に生じている近年の変化を例に挙げてみましょう。二〇年前まで、通常、経営は、《マネージメント》という名詞形で考えられていました。今日、経営は、動名詞形であるマネージング――双方の側がおこなわなければならない積極的な努力――になっています。ネットワーキングについても、似たような経緯を見いだすことができます。なぜなら、ネットワーキングは、脱伝統遵守が進行する社会において、人びとのつながりを積極的に支える方法となっているからです。人は、ある程度まで、既に確立された役割に引きつづき依存することが可能です。しかし、ネットワーキングとは、他の人びととの関係性を積極的に、また率直な仕方で、形成することを意味します――ネットワーキングは、今日、社会生活の他の多くの活動領域においてそうであるように、私が名づけた積極的信頼を必然的にともなっています。ネットワーキングは、明らかに平等主義であり、したがって、たとえ友情とは明らかに異なるとしても、親密性という言語表現を生じさせているのです。今日、印象的なのは、たとえ数年前と比べて見ても、いかに多くの人びとがすぐにファーストネームを使うかということです。それは、親密性の「余分なものを取り除いた」解釈です。なぜなら、そうした親密性の背後には、贈り物をする場合と同じく、ある種のごまかしが隠されているのを、誰もが知っているからです。人は、他の人びとと仲良くなるけれども、同時にまた、どの人も、それには――有用なつながりが努力して築かれはじめているという――言外の意味があることを認めているのです。今日、多くのビジネスがこのようなかたちでおこなわれており、また多くの学究活動もこのようなかたちでなされています。

――人によっては、こうした関係性のマイナス面は、真の親密性なり友情が商品化の危険に晒されている点である、と主張するかもしれません。たんに一緒に働いている人たちが互いにファーストネームで話しかけるだけでなく、電話で窓枠の買い換えを「売り込む」人たちもまた、ファーストネームの使用を執拗におこなうからです。

むしろそれは、本質的に互いに平等主義の関係性であるものを喰いものにしようとする人たちの事例です。人は、通常、いずれにしても自分にとって互いに平等な存在と定義づけできる人たちと、ネットワークを形成しているにすぎないのです。このことは、必ずしも平等主義を創出しません。しかし、平等主義は、平等であるという想定に——自分がおこなったり、他の人びとに期待できることがらには限界があるという暗黙の理解に——明らかに依拠しています。私は(『親密性の変容』のなかで)親密性を究明する手段として、自助療法グループに関する書籍を利用しました。最近では、同じことを、ネットワーキングについてもおこなっています。ネットワーキングの原則のひとつは、あなたが誰を知っているかではなく、誰があなたを知っているかである、とネットワーキング関係の書物は述べています。一人ひとりがおこなおうと努力しているのは、自分に手助けをしてくれたり、自分がおそらく手助けできる人たちのネットワークのなかで、自分自身を目立つ存在にすることです。高位の権力者仲間のあいだでは、こうしたネットワーキングは、旧来のパワーエリートに似ていますが、もっと積極的な組織化がおこなわれていますーー親密性と同じように、ネットワーキングに絶えず精を出す必要があるのです。

——親密性の変容は、ジェンダーの領域におそらく最も顕著に当てはまるはずです。教授は、この一連の過程を、明確な意思をもつ政治運動がどの程度まで推進していったとお考えですか。

また、これらの変化は、どの程度までもっと大きなグローバル化という社会過程の副産物なのでしょうか。

私は、これらの変化は互いに関連している、と判断しています。たとえば、近現代の女性運動は、労働力を変質させ、より多くの女性たちを労働力に駆り立てた構造的変化や、既存の家族形態の変化等々を欠いては、おそらく不可能であったと思います。女性運動は、人目を気にしながらこれらの趨勢を確立し、またこれらの趨勢に寄与してきました。女性運動の内部でも、積極的な活動家たちは、これらの構造的変化を十分に認識しており、事実、これらの変化を実質的に分析した最初の人たちです。しかし、歴史時間で測定しても、女性の位置づけの極めて急速な変化を含め、誰もが十分に予想できなかった帰結が生じていったのです。つい先頃まで、多くの人びとは、「自分たちは何千年という歴史を相手にしている。歴史がそんなにすぐに変わるはずがない」と述べていました。しかし、男性と女性の位置づけは、比較的短期間に変化したのです。

―― 教授は、この領域では驚くほど急激な変化が見いだせると指摘されています。《現実に》どれほど変化してきたのか、おたずねしたいと思います。愛情や性、関係性は、後期近現代を通じて、どの程度までまったく違ったものになっているのでしょうか。また、旧来の悪習は、新たな様式の足許にどの程度まで潜んでいるのでしょうか。

私は、大きな変化がいくつか生じていると考えています。伝統的家族への後戻りを求めようと公言する人たちは、大きな変化が生じていることを明らかに認めています。さもなければ、その人たちは、この変化がどのような危険をはらんでいるかなどとはおそらく口にしないはずです。しかし、あなたが示唆されるように、旧来の多くの様式が新しい様式にまとわり付いています。例として、女性にたいする男性の性的暴力の問題をとり挙げてみましょう。前近現代や近現代初期に、男性たちは、女性のセクシュアリティを取り締まっていました。男性たちは、たんに女性たちを直接管理するだけでなく、暴力の行使を含め、男性が男性に加える制裁によっても、女性のセクシュアリティを規制してきました。ですから、たとえば男性たちは、「貞淑な」女性と「堕落した」女性との区別を擁護できた。男性たちは、女性たちのセクシュアリティを、もはや取り締まることはできません。男性が女性に向ける暴力の多くは、今日ではたんに旧来のシステムの残存だけでなく、新たなシステムに順応できないことや、あるいは順応するのに気が進まないことの現われでもある可能性があります。つまり、それは、伝統的な家父長制のたんなる延長だけでなく、家父長制の崩壊にたいする応答でもあるのです。

私は、目下の状況を、一部の論者よりも、もっと肯定的にとらえています。それは、ひとつには、家父長制家族のさまざまな側面が、このような警察活動に似た取り締まりも含め、今日の判断基準から見て著しく常軌を逸していたからです。同時にまた、現在進行しているのは、ある種の冒険です。私たちは、この冒険が一体どのようにして生ずるのかを知らないのです。これらの変化は、さらにまた子どもたちの役割の変化と、とりわけ「大切にされる」子どもの出現とともに生じています。欧米社会では、実利的理由から子どもをもうける人は、ほとんど誰もいません――英国では、子どもをもうける費用は、その子の子ども時代が終わるまでに五万ポンドに及んでいます。子どもたちが、なかば神話的地位をひとたび獲得しはじめると、親になることや子どもの保護等々を取り巻く一連の社会的気風は変化しだしました。今日、私たちがおそらく子どもの酷使や虐待とみなす出来事は、文化的に是認されていた嬰児殺しを含め、過去においては驚くほど日常茶飯事でした。私たちにとって、幼児の殺害は途方もない罪悪です。子どもたちが権利を獲得していること、人びとが、今日、子どもたちを大切にしていること、さらに、ほとんどの人びとがあらかじめ子どもの出生について深く考えもせずに子どもをもうけなくなることは、好ましい傾向です。たとえ他にどのような問題や心配の種を結果としてもたらすにしても、これらはすべて、民主化の諸側面なのです。

――最近非常に注目されはじめた問題として、子どもにたいする虐待があります。新たな形態なり度合の虐待が生じているのか、あるいは以前から絶えずつづいてきたことがらが仮面を外しただけなのか、本当のところはわかりません。何が新しい事態であるのか、何がますます発覚しているのか、あるいは何が新たな種類の感受性になるのかを判断することは、非常に難しくなっていないでしょうか。

子どもにたいする（私たちが、今日、そうみなしているような）虐待の事例では、それは非常に難しいですね。過去においては、こうした虐待の度合は、性的虐待を含めて、おそらく少なく見積もっても近頃と同じくらい高かったはずです。こうした習わしがどのように幾世代ものあいだ大目に見られてきたのかを確かめることは、容易です。しかし、それ以上のことは何も言えません。

――この問題に関して、終わりにもう一つ質問させてください。教授は、近現代のある種の特徴として、《純粋な関係性》について述べられています。疑い深い人なら、自分たちの関係性はどの程度まで教授の言われる意味で「純粋」であるのか質問したくなるのではないでしょうか。明らかに実質的な変化が生じていることを、おそらく多くの人びとは認めるでしょう。しかし、気がついてみれば物質的ないし経済的理由から愛情関係のなかに依然として身を置く女性も、数多く見受けられます。そうした女性の多くにとって、選択の範囲は、引きつづき著しく限定されています。

この伝統や慣習の変質という問題領域全体でそうであるように、間違いなくそこには階級要因が強く働いています。階級要因は、他のどの領域にも匹敵するくらいに、対人関係の分野に大きな影響を及ぼしています。

——それでは、純粋な関係性は、どの程度まで「純粋」なのでしょうか。

そうですね、純粋な関係性は、現実にはかなり純粋ではないですね！　私たちが手中にしているのは——男女の関係においても、同性のパートナーどうしの関係においても、さらにまた親子の関係においても——制度的に与えられたジェンダー役割よりも、むしろ感情的コミュニケーションにもとづいた関係性に向かう強い趨勢です。しかし、伝統的な家族形態や、旧来の態度の堅持が依然として見られる状況は、数多く存在します。純粋な関係性という考え方は、理念型です——現実の場には、種々雑多な状況が存在します。それでもやはり、繰り返していえば、これらは大規模な変化なのです。私たちのほとんどは、富める人たちも貧しい人たちも一様に、いまだに明確な制度的成果を手にできないまま、これらの変化と苦闘しているのです。個人生活を民主化するための明確な制度的支えや枠組みは、公的領域の場合に見られるようかたちでは、存在しません。

——教授は、この過程を、民主化なり、個人的民主制、「民主制としての親密性」というかたちで記述されていますが、この記述の仕方について質問したい点がひとつあります。教授はこの過程を、なぜ「民主化」として記述されるのですか。

なぜかと言いますと、このような記述の仕方が、公的民主制の理想を明らかにきちんと追跡できるからです。私は『親密性の変容』を執筆したときに、親密性について述べた自助療法関係の代表的な文献とともに、デイヴィッド・ヘルドの『民主制のモデル』を傍らに置いていました。ヘルドが記述するようなフォーマルな民主制の規範は、好ましい愛情関係の規範と非常に似ていることが、私にとって印象的でした。民主制とは、すべての人が平等であることの承認を、つまり、一人ひとりが一票の採決権をもち、誰かの一票が他のどの人の一票以上の価値を決してもっていないことの承認を、意味しています。民主制のもとでは、政治活動は、暴力なり強制力——あるいは伝統——よりも、むしろ対話にもとづいています。つまり、問題点を、いずれにせよ原則として公に論議して、合意に達するための努力をおこなうことです。

好ましい愛情関係もまた、当事者が互いに対等で、自立しており、問題点を潜在化させるのではなく、一緒に論じ合う、したがって暴力の懸念がない関係性です。意思の疎通は、公的民主制においても、愛情関係においても、枢要な役割を演じています。かりに実際に当事者が互いに話し合うことのできる空間が関係性のなかに存在しないなら、その愛情関係は、強迫的になりやすかったり、あるいは徐々にある種の習癖的構造に陥っていきます。意思の疎通とは、自分を開示する力量をもち、必要な場合に話し合いができることを意味します。民主制の場合も、好ましい愛情関係の場合も、私たちはつねにお喋りしているべきであるという言い方は、ばかげています。なぜなら、そのようなことは、私たちを発狂させかねないからです！　しかし、民主制においても、好ましい愛情関係においても、力を利用せずに、あるいは伝統という権力を援用せずに、他の人びとの行動に影響を及ぼす可能性を見いだすことができるのです。

——好ましい民主的実践と好ましい対人関係が、デイヴィット・ヘルドの名づけた「自立性の原則」を共有にしていることは、実際には事実ではないように思えますが、どうでしょうか。民主制について考察する政治学者は、ものごとを、おそらく法や明白な手続き等々による支配のように考えています。正当な手続きや法に類似した関係性は、教授が好ましい親密な関係のなかに見いだしたいと期待されることがらではありません。好ましい対人関係は、通常、どんなに煎じ詰めても一票の採決権には帰着しません！

そうですね、好ましい民主制も、一票の採決権には帰着しません！　総じて言えることですが、かりに政治システムがうまく作動していれば、人びとは、政治指導者たちを信頼して、マックス・ウェーバーが述べたように、政治指導者たちにしたいようにさせます。しかし、人びとは、そうしたいと思えば、指導者たちを厄介払いできます。ですから、たとえば民主的な対人関係の中核となる原則は、離婚なり離別の実現可能性です。伝統的家族では、女性たちは、法律上、夫たちの家財――つまり、所有物――でした。したがって、実際に女性たちは、経済的な理由からも、婚姻を解消する可能性をほとんど手にしていなかったのです。法律についていえば、公的民主制と私的民主制は、両者ともに法的な権利義務が中心的位置を占めるため、互いに緊密に結びついています。

私は、この点がすべてもっと幸せな生活を、簡単に、また不可避的に導くとみなしているわけではありません。ことがらはもっと複雑です。公的領域における民主制は、問題点と弱点をかかえています――あらゆる社会的難題の万能薬ではないのです。ほぼ同じことが、個人生活の民主制にも当てはまります。たんにジェンダーやセクシュアリティにたいする既成の態度が残存しているだけでなく、純粋な関係性もまた、特有な矛盾をかかえています。たとえば、かりにあなたが誰かに傾倒していて、その相手に腹蔵なく何でも話すことができるとすれば、そのことは同時にまた、かりにその相手が自分にたいするあなたの傾倒を自分の利益のために利用するよう選択した場合、その相手に、あなたにたいする支配力を与える可能性があります。純粋な関係性と類似するどのようなことがらにおいても、人は、ある意味でつねに危険に晒されているのです。

――そうですね、人は、毎朝起きるたびに、自分たちの愛情関係を繰り返し問題視したくありませんからね！

もちろん、そんなことは誰もしたくありません。それこそ、信頼が、なぜ幸せな愛情関係において非常に重要になるのかの理由です――しかし、今日、信頼は、制度化された役割にたいする依存というよりも、むしろ積極的な信頼でなければならないのです。

――このことは、とくにここで取り上げた事例では、モダニティや後期モダニティにたいする教授の議論の仕方に関して、何かもっと一般化できる重要な論点を提起しています。教授が識別されたいくつかの過程は、モダニティを、伝統的社会とは明らかに異なるものとして示しているように思えます。けれども、別のところで、教授は、実際に後期モダニティが、近現代のどこか他の場所で、また近現代のもっと早い段階で進展したことがらの反転現象である、と指摘されていたような気がします。決定的な分岐点は後期モダニティの到来である、と教授はお考えですか。それとも、伝統的社会と近現代社会の分離である、とお考えですか。

最も根本的な分離は、間違いなくもっと早い段階の分離です。しかし、もっともな理由があって、現在生じていることがらに心を奪われているのです。私の考えでは、新しい種類の資本主義、新しい種類の経済活動、新しい種類の地球規模の秩序、新しい種類の個人生活が出現しはじめており、これらはすべて、社会発達のもっと早い段階での局面と異なっています。

——伝統とモダニティの問題についてもう少し質問をつづけさせてください。その後で、この伝統とモダニティの問題を、もう一度また私たち自身のライフスタイルと関連づけて、教授に説明していただければと思います。教授は、伝統に影響を及ぼした変動について、おおいに論じられています。そこで、伝統とは何か定義づけていただけますか。

伝統の問題は、再度また、私たちを時間の問題にたち戻らせます。伝統は、過去が現在のなかに生きつづけ、それによって未来を形成していくための手段です。伝統は、次の三つの特質をともなっています。(1)伝統は、儀式に依拠しており、儀式は、必ずしもつねにではないとはいえ、多くの場合、集合的儀式のかたちをとります。(2)伝統は、反復性を、それゆえ、ある種の尚古主義をともなっています。(3)伝統は、「儀式的真理」という観念を当然のこととして含んでいます。伝統のもつ真理は、その伝統が神聖なものとして大切にする習わしという掟によって与えられます。このことは、ものごとの伝統的な仕方と、合理的ないし科学的探究にもとづいた仕方のあいだに見いだす相違の、最も重要な点です。もちろん、特定の種類の行動なり制度は、この二つの要素をそれぞれともなう可能性があります。たとえば、科学の営みは、伝統的な特徴を帯びる可能性があります。(4)伝統は、つねに集合的です。一人ひとりが、時として自分みずからの儀式をもつ場合もあります。しかし、伝統は、それ自体が集団属性です。(5)伝統が集団属性であるのは、フランスの社会学者モーリス・アルヴァクスが指摘したように、伝統が集合的記憶の一形態となるからです。伝統は、儀式をとおして体験を伝えていくのです。

私たちは、伝統という観念を取り巻く一部の誤った概念構成を避ける必要があります。伝統が変化しないという想定は、事実無根です。エドワード・シルズが著した最良の伝統論は、伝統が固定化されていないことを明確に指摘しています。変化は、儀式と反復性が最も重要であるため、通常、進化的、漸進的です。ある行動類型が伝統的であるためには、その行動類型が非常に長い期間を通じて——何百年にわたって——きっと存在してきたと想定することも、同じように間違いです。この種の伝統的な信念や習わしは、確かに存在します——世界の主要な宗教は、何千年間も、元のままの状態で存続してきました。とはいえ、伝統は、真理にたいする儀式化された権利要求と、そのことと結びつく儀式的要素に依存しています。伝統を創造し、また非常に短時間のうちに安定化させることは可能です。

歴史学者のエリック・ホブズボームは、一九世紀にエリート集団が権力にたいするみずからの権利要求の一端として意図的に助長した儀式形態を指称するために、「伝統の再創造」という表現法を考えだしました。たとえば英国で、私たちがおそらく何世紀も前に遡ると想定する王位を象徴する装飾のなかには、一九世紀以後に初めて確立されたものもあります。この事実は、これらの装飾が真の意味の伝統ではないことを暗に示しています。なぜなら、これらの装飾は、比較的新しい伝統であり、また意図的に作りだされていたからです。伝統は、目論見の度合に差があるにしても、歴史の至るところで創造され、再創造されてきたのです。伝統は、権力と緊密に結びついています。たとえば、キリスト教の伝統は、女性が公の領域でほとんど何の役割ももたないことを、もっぱら当然視してきました。

終わりに、伝統がこれまでまったく一元的ではなかったことを、私たちは認識するべきです。伝統は、異なる解釈を受けやすいのです。関係するどの伝統も、同じ由緒ある原典に忠実であると主張するかもしれないし、また実際に多くの伝統が、おそらくどの伝統も、それぞれこうした原典の唯一真正な解釈者であると主張するとはいえ、伝統は、異なる解釈を受けやすいのです。

――教授は、今日の社会における「伝統の終焉」について論じています。しかし、この「伝統の終焉」とは実のところ何を意味するのでしょうか。私は、教授の描写されるような伝統がいったいどのようにして消滅する可能性があるのか、理解できません。なぜなら、伝統は、社会生活に極めて広く浸透した特徴であるように思えるからです。

ちょうど「自然の終焉」と同じように、「伝統の終焉」とは、伝統によって特徴描写できる世界が消滅することを意味するのではなく、むしろ、私たちの生活のなかで伝統の果たす役割が一変されだしたことを意味しています。伝統文化や、ものごとをおこなう伝統的な仕方は、欧米社会の内部を含め、いまでも世界中で存続しています。伝統の創造と再創造の過程は進行しています。しかし、同時に、主にグローバル化と再帰性の高まりの結果として、私たちの広範な生活領域で、伝統（それに、伝統のそれほど儀式化されていない、いわば「いとこ」に当たる慣習）は改変されたり、あるいは駆逐されています。伝統は溶解して、観光客が空港の売店で購入する下手物や土産品、安価な装身具になっていく。さもなければ、伝統は、継承されるべき文化遺産産業となっていく。観光業そのものも、この文化遺産産業のなかに含めて考えるべきです。文化遺産は、伝統ではありません。なぜなら、文化遺産は、儀式や反復性との集合的かかわりという伝統の中核となる要素を欠いているからです。文化遺産は、見せ物に帰した伝統です。終わりに、今日の世界で、伝統は、さらにもっと危険な現象――原理主義――と境を接しています。私の見解では、原理主義は、後期近現代の世界において伝統がたどる末路の一端なのです。

――ですが、原理主義とは実のところ何なのかを、もう少し明確にしていただけますか。多くの場合、原理主義という言葉は、その人がたまたま好まない集団のいだく信念を指称するためにたんに用いられているように思えます。ある人にとっての原理主義者は、別の人にとっては献身的な信者となるのです。むしろ、他の人びとから「原理主義者」と呼ばれる人のほとんどは、自分たち自身に向けられたレッテルとして、この「原理主義者」というレッテルを認めていないように思えます。たとえば、急進的イスラム教に加わる人たちは、このレッテルをまったく容認していません。

原理主義は近年の現象であると、私は確信しています。この言葉は、一九七〇年代以降に一般に使われるようになった新語にすぎないのです。私にとって、原理主義とは、理性を求める、コスモポリタン的、再帰的世界にたいして苛酷な闘いを挑んでいる伝統です。原理主義は、さまざまな範疇の忠実な信者間に見いだす分裂だけではない現象なのです。原理主義は、米国の哲学者リチャード・ローティが言及する「人類のコスモポリタン的会話」から故意に手を引くことです。対話の拒否は——たったひとつの世界観しかあり得ず、自分がその世界観をすでに手に入れていることの強調は——明らかにますます対話に依拠する世界において、特有な、また可能性として破壊的な意味をもっています。原理主義とは、後期モダニティを、つまり、近現代の諸制度の一般化と徹底化を背景幕にして初めて意味が理解できる概念です。

原理主義は、前の時代における狂信的思想と同じ感情によって煽りたてられる恐れがあります。しかし、原理主義は、私たちにとってそうした狂信的思想とは違う意味をもち、その中身も同じではありません。原理主義は、モダニティにたいして、自意識過剰に強く反抗していますが、同時にまた近現代的特質を帯び、かなり頻繁に近現代のテクノロジーを活用する、そうした伝統です。米国の宗教的原理主義者たちは、みずからの教義を売り込む手段として、テレヴィの活用に積極的になった最初の人たちなのです。

イデオロギーと同じく、原理主義は、ある特定の信念や実践を指称しているわけではありません。原理主義とは、対話を積極的に否定するために、儀式的真理を利用することです。したがって、原理主義は、宗教の分野だけにとどまりません。原理主義的なかたちのエスニシティや、ナショナリズム、政治が出現する可能性はありますし、また現に出現しています。その集団が原理主義という用語を受け容れるか否かということは、直接的には何の意味ももちません。社会学のすべての用語について同じことが言えるように、原理主義という用語は、この用語が特性描写する闘争そのものの重要な要素になっています。

――教授は原理主義を敵とみなされているように、私には思えます。原理主義に肯定的、建設的な側面は何もないのでしょうか。

私は、原理主義との闘いが最重要な政治目標になるべきであると、確かに考えています。原理主義は、それが暴力の可能性につねに縁どられているために、危険です。個人生活からグローバル・システムに至るまで、対話は、暴力を意思の疎通に置き換えることができる可能性をもたらします。今日、私たちの文明は、本質的にコスモポリタン的です。原理主義は、私たちの文明の核心そのものを脅かしているのです。

私がさきに示した理由のとおり、原理主義を、伝統の衝突どころではない、何かもっと重要な現象とみなす必要があります。原理主義は、モダニティにたいするたんなる抵抗と同一ではありません。また、明らかに西欧化にたいする批判と同一でもありません。たとえば、欧米の研究者は、イスラム教のさまざまな運動や集団を区別せずに、しばしば一括して原理主義者とみなしています。いずれの世界宗教と同じように、イスラム教も、もちろんキリスト教信仰と共通する深い結びつきだけでなく、多くの異なる解釈や見地を含んでいます。

原理主義には、確かに肯定的、建設的な側面があります。もっとも、私の見るところでは、かりに私たちが原理主義そのものの発達をくい止めない限り、そうした肯定的、建設的側面を取り戻すことはできないと思います。科学とテクノロジーはモダニティの文化面での推進力ですが、この科学とテクノロジーは、「神聖なことがらなど何も存在しない」との想定に依拠しています。すべての信念や実践は、新たな知識に照らして原則的に修正が可能であって、修正される余地を残しています。原理主義者は、その原則に異議を唱えており、またそうするのは当然です。なぜなら、神聖なことがらなど何も存在しないという考え方は、その考え方をとことん押しすすめていった場合、ともに生活していくことが不可能になるからです――つまり、私たちの生活のなかに、おそらく何の道徳的秩序も残されなくなるからです。私たちにとっての――コスモポリタン的世界を真っ当な世界とみなしたい人びとにとっての――問題は、傾倒と懐疑心を両立させることです。このことは、もはや抽象的な問題ではありません。私たちは、私たちの毎日の生活のなかで、すでに両立させる努力をおこなっているからです。そして、こうした新たな順応適合は、対人関係や親密性の領域に生じていることがらの特徴を多少とも説明する一助となります。

——伝統の擁護が妥当性をもつ状況は、何かありますか。

数多く存在します。私たちがするべきでないのは、伝統的な仕方での伝統の正統化です。伝統的な仕方での伝統の正統化こそ、原理主義がおこなおうとしていることなのです。かりに伝統が、さきに私の言及したような他の形態に退歩、変質しないのであれば、伝統を正統化する必要があります。しかしながら、ある意味で、伝統に関して最も重要な点は、伝統が、儀式的真理にたいする権利要求をとおしてみずからの正統化をかち取ることです。いくつかの状況では、伝統の擁護は意味をもつかもしれません。たとえば、この英国では、議会関係の一部の儀式を何とか維持するべきだと主張される可能性があります。しかし、それは、これらの儀式が連続性をもたらし、また政治的正統性の維持に寄与するからです。伝統にどのようなかたちで目を向けるにしても、伝統は、言説と理由の提示に基盤を置く世界において、決して同じであることはできないのです。

——教授は、近現代の社会で伝統の占める地位の変化を、衝動強迫や嗜癖の増加と結びつけてとらえています。それは、どのような理由からですか。

強迫観念の問題と嗜癖という概念の普及は、私にとって非常に興味深い現象です。フロイトは、強迫観念を、強迫神経症——たとえば、自分の手が清潔になったと確信できるまでに四〇回も手を洗わなければならない人のように、強迫的な側面をもつ毎日の習慣——という観点から分析しました。強迫神経症は、依然として見いだすことができます。しかし、今日、強迫観念は、重大な意味をもつかたちで、すでにますます蔓延しはじめています。嗜癖の由来について考えてみましょう。「嗜癖」という観念は、一九世紀にはまだ知られていませんでした。最初、「嗜癖」という言葉は、アルコール嗜癖や、今日では「薬物嗜癖」と呼ばれるようになったことがらを指称するために使われました。これらの語法は、二〇世紀に入るまで生じませんでした。関係当局は、長いあいだ、アルコール性飲料を、もっぱら酒浸りや騒動との関連で、困った問題とみなしていました。「アルコール依存症」という考え方は、嗜癖という医療対象化された術語を必然的にともなうため、その時点までは存在しませんでした——「酔っぱらい」は、まったく違う種類の人間とみなされていたのです。

——私がとくに興味を引くのは、嗜癖という観念が、アルコール性飲料や薬物といった当初の範囲をこえて普及している点です。今日、人は、仕事や、エクササイズ、食事にはじまり、関係性やセクシュアリティ、さらには愛情に至るまで、どんなことがらにたいしても嗜癖化するという言い方ができます。このことは、この嗜癖という概念の普及を指すだけなのでしょうか、それとも私たちの社会は、むしろ嗜癖社会になりはじめているのでしょうか。

私は、いずれの指摘も正しいと思います。両方とも、私たちがここで論じてきた変化との関連で説明することが可能です。たとえば、性的嗜癖を取り挙げてみましょう。一見したところ、この性的嗜癖という観念は、かなりばかげているように思えます。なぜなら、セックスは、どんな場合にも、人間生活の推進力であるという言い方ができるのではないのか――この場合、嗜癖という考え方に、一体どのような利点があるのか――ということになるからです。かりに嗜癖について語ることが強迫観念について語ることであるのを認めれば、そうかもしれませんし、また実際にそうなります。一日に何度となく電話してコールガールを呼び出し、そのたびごとに自分自身に愛想をつかしても、それでも電話を止められない男性は、明らかに一連の性的強迫衝動にとりつかれています。すべての嗜癖は、同じような特徴を示しています。嗜癖は、首尾よくいった仕事にせよ、朝のランニングにせよ、食べ物やセックスにせよ、誰かが喜びや楽しみを得られる源泉からはじまるのです。こうした喜びや楽しみは、それが渇望の対象となったときに、嗜癖サイクルの重要な要素となります――喜びや楽しみの源泉が恍惚状態をもたらすようになると、実際にはその恍惚状態から喜びや楽しみの要素が徐々に後退していきます。多くの嗜癖サイクルは、悪化していく。その人は、渇望対象の定期的充足を欠いては生きていけなくなり、その定期的充足の間隔はますます短くなり、不安と切望の度合がますます高まることになります。

強迫観念は、私たちにとって、望ましい生活を送る上での最大の敵のひとつです。私は、強迫観念を、伝統の退却の裏側にあるものと解釈しています。強迫観念は、伝統が退却したいずれの生活状況をも侵略する可能性があります。こうした状況ではいずれも、一方で増大する自立性と、他方で強迫観念とのあいだに緊張関係を見いだすことができます。伝統と同じように、嗜癖は、過去が現在にたいして及ぼす支配力と深く結びついています。伝統の場合、その支配力は儀式的、道徳的、集合的であるのにたいして、嗜癖の場合、その支配力は、むしろ個人的であり、心配や不安感がその支配力を駆り立てているのです。

伝統と同じように、嗜癖は、儀式と反復性によって特徴づけられています。おそらく、嗜癖は、「過去を理解しない人びとは、過去を繰り返さざるを得ない」という格言の、個人的な、また感情面での具体的表われであると述べることができるでしょう。嗜癖から逃げ出せず、嗜癖の虜になっている人は誰もが、自分の個人生活をもはや自分で統御できず、脱伝統遵守が獲得した主要な利益のひとつである自立性の増大という特質を、まさに犠牲にしているのです。今日、私たちすべてにとっての課題は、ライフスタイルの面で、比較的安定した、けれども過度に強迫観念に陥ることのない習慣を確立することです。なぜなら、誰も再帰性を過度に手中に収めることができないからです——毎日の生活は、習慣なり慣習の一貫性を軸に、それゆえ反復性を軸に、構築されているのです。今日、ほとんどの人は、それが仕事の分野であれ、他の分野であれ、自分の生活に関して何らかの衝動強迫的要素を身につけています。

―― でも、この点は、社会全体に、あるいは文化全体に、どの程度まで一般化できるのでしょうか。

私たちは、今日、強迫観念の傷跡が残る社会のなかで明らかに暮らしている、と私は確信しています。毎日の生活のなかで一人ひとりの自立性と自尊心を促進させることが、公の領域における法的自由等々の獲得とまったく同じように、政治の重要な任務であることに留意するべきです。この一人ひとりの自立性と自尊心は、こうした自由を獲得するための多少とも条件となるからです。

―― 私たちがここで議論してきた他のいくつかの話題についてもそう言えるのですが、教授が、この問題を、これまでつねに存在してきた社会的なことがらと個人的なことがらをめぐる問題の新しい要素として論じられているのかどうかを、私は知りたいのです。教授は、親密性が、歴史上近年に入って案出された表現であると述べられています。おそらく、かりに親密性が緊密な意思の疎通と信頼を意味するのであれば、親密性は、一人ひとりが婚姻生活や他の分野で緊密な関係性を形成してきた場合に、つねに見いだすことができたのではないでしょうか。

いいえ、今日の状況は、もちろん連続性も存在するとはいえ、いくつかの点で、過去の状況と異なっていますし、たとえ比較的近い過去の状況とも異なります。

まず、関係性は、前の時代はもちろん、この三、四〇年間にそうであった以上に、もっと積極的につくり上げ、維持されていく必要があります。このことは、この場合もまた、伝統の変質や、社会的再帰性の高まりと関係しています。たとえば、友情について考えてみましょう。過去の友人関係は、多くの場合、同志の交わりのかたちを事実上とってきました。つまり、人びとは、同じ生活体験を共有するために、感情面でお互いに緊密に理解し合っていました。男性どうしの多くの友人関係は、このような関係であったし、現在においてもそうです。同じ学校に通っていたり、軍隊で一緒だった等々の共通体験に由来しています。自己の開示というよりも、むしろ体験の共同性が、こうした友人関係の基盤になっていったのです。

二つ目に、婚姻関係や家族生活の領域では、私たちは、今日、たんに男性と女性だけでなく、男性と女性と子どもたちが初めて法の前で平等となった——さらに、以前に比べて実質的な面においても、より一層平等になった——社会に生きています。対等なものどうしの関係は、私がさきにネットワーキングの事例で言及したように、交渉によって取り決められなければなりません。対等なものどうしの関係は、積極的な信頼に依拠しているのです。

三つ目に、今日の多くの愛情関係は、主として対話を通じて形成されます。対話以外に愛情関係を固定する装置をもっていないのです。婚姻を例にすれば、婚姻は、何世代ものあいだ、何よりもまず経済的関心事であり、またほとんど当然な状態のようにみなされてきた。人は、結婚しているか、結婚していないかのいずれかでした。人が配偶者とどのくらい仲良くやっているかは、確かにその婚姻生活が幸せかどうかにとって重要でしたが、婚姻生活そのものの基盤ではなかった。今日では、このことは、どの点から見ても、婚姻生活そのものの基盤となっています。(この点に、多くの、かなり保守的な評論家たちは心穏やかざるものを認めているのです。)

四つ目に、ロマンチック・ラヴという価値観の出現と、今日この価値観の及ぼすほぼ普遍的な影響力があります。性愛はつねに存在しました。しかし、「ロマンス」という観念だけでなく、この観念と婚姻との結びつきは、一世紀ほど前にしか遡ることができない展開です。ロマンチック・ラヴとは、まさしく感情面での意思の疎通と、相手の特別な存在性です。ロマンチック・ラヴは、親密性という観念をともないます。なぜなら、人は、具体的にいえば、相手のもつ諸々の資質に恋をするからです。この場合の恋愛感情は、もちろん恋愛感情にもとづいて責任感なり義務感が形づくられる可能性があるとはいえ、こうした責任なり義務という意味をまったく言外にともなってはいません。ロマンスはまた、私人化された語りを、つまり、恋におちた人が自分自身と相手について展開させる物語の筋を、必然的にともないます。事実、ロマンチック・ラヴは、親密性と二重の関係にあります。ロマンチック・ラヴは、かりにそれが直観的な、稲妻のように不意に心をとらえるものである限り、明らかに投映であり、フロイトがいうように幼年期の特質を顕著に示す投映です。ロマンチック・ラヴという理想は、相手の好ましい資質と感心しない資質にたいする十分な理解にもとづく親密性と、相反する関係にあります。

――一部の人びとは、ロマンチック・ラヴが明らかに西欧に特有な理想像であるとする考え方を疑問視し、同じような観念や価値を、他の文化だけでなく、ヨーロッパ史の先行する時代においても見いだすことができる、と主張しています。ロマンチック・ラヴの本質とは何でしょうか。またロマンチック・ラヴは、教授が主張されるように、近現代と明らかに緊密に結びついているのでしょうか。

私は愛情の比較人類学に精通していませんし、この質問にたいして豊かな学識にもとづいて答えられる人は、おそらく誰もいないと思います。私たちが確実に知っているのは、詳細な研究がなされてわかってきたからですが、ロマンチック・ラヴという理想を知らない数多くの文化や歴史的時代が存在することです。ロマンチック・ラヴは、私がさきほど言及したように、性愛や、かつて中世において《熱情的な愛》と称されたものと同じではありません。相手への愛着や愛慕と結合した性的愛欲という意味での愛情は、どの社会にも見いだす普通の特徴です。もちろん、この種の感情を、婚姻生活の最重要な基盤にしたことはほとんどありません。あらゆる文化で、婚姻生活は、近年まで、経済生活や相続、さらに親族連合の形成の問題でした。《熱情的な愛》は、ほとんどつねに不安定なものとみなされていたし、また実際に不安定です。なぜなら、性的魅力は簡単に薄らいだり、他の人に乗り換わる可能性があるし、また感情面での一体化も、同じようにあっという間に方向を変える可能性があるからです。

ロマンチック・ラヴは、同じような感情をもたらしますが、こうした感情をまったく違ったものにしています。《熱情的な愛》は、通例、物語のなかでは、従来正しいとされてきた慣習を嘲笑うものとして、とりわけ破壊的な力をもつものとして、描写されてきました――したがって、伝統的色合いがかなり強い文化では、《熱情的な愛》についてのほとんどの物語は、愛する人たちが身の破滅を運命づけられているために、悲劇で終わっています。同じモチーフは、ロマンチック・ラヴに関する初期の説明においても姿を現わしています。そして、このことは、ロマンチック・ラヴの主要な解説者のひとりであるデニス・デ・ルージュモンが、ロマンチック・ラヴを死への専心没頭と結びつけて考えている理由です。私は、デ・ルージュモンの解説が正しいとは思いません。デ・ルージュモンは、もっぱら中世の貴婦人崇拝に注目しています。しかし、貴婦人崇拝は、ロマンチック・ラヴのいくつかの要素が貴婦人崇拝にも現われているとはいえ、現実にはロマンチック・ラヴという観念の真の起源ではなかったのです。ロマンチック・ラヴという考え方は、現実には一八世紀後半に入って初めて発達し、小説の台頭にも示されるような、叙述形式にたいするより広い関心を反映しています。ロマンチック・ラヴとは、物語であり、語りに依存しています。しかし、この語りは、将来を見通す、前向きの語りです。個人生活のレヴェルで、ロマンチック・ラヴは、「空白の」未来をコロニー化するというモダニティに特有な志向性と、ぴったり嚙み合っています。

本来、ロマンチック・ラヴは、伝記を、たんに一人のためだけでなく、二人のためにも創りだしています。その伝記は《カップル》を創りだす一助となる精神的、感情的複合体であって、このような《カップル》は、私たちがいまの時代に移行したときに、事実上、婚姻にとって代わっていったのです。あるいは、婚姻関係が変化した姿なのです。伝統的な婚姻形態のほとんどは、カップルではなく、夫と妻が他の親族と形づくる結びつきに、とりわけ子どもたちとの結びつきに、その基盤を置いていました。このことは、どう見ても明白な性的分業に付随して生じたのです。私たちにとって、カップルは、たとえ子どもたちにたいしてさえ最優先する結びつきであり、もちろん、経済的単位というよりも、むしろ性的、感情的コミュニケーションのシステムです。私たちは、カップルが形づくる二人だけの生活世界を当然視していますが、そうした二人だけの生活世界の出現は、途方もない現象であったのです。カップルであることは、個人化され、もっと広い世界との結びつきをおそらくほとんどもたない、そうしたカップルだけの歴史を創りだす関係性のなかに身を置くことです。カップルが形づくる二人だけの生活世界は、多くの人びとが、少なくとも相当の期間ひとり暮らしをするとはいえ、いつの時点においても再びカップルを組むことができる社会に付随しているのです。

ロマンチック・ラヴのもつ影響力にたいして、多くの人びとが、とりわけフェミニズムの観点から批判を加えてきました。多くのフェミニストは、このような愛情の観念を、女性たちの頭を空虚な夢で一杯にさせ、男性たちにたいする感情的、経済的依存を生みだすことで、もっと充足感が得られる自立した生活から女性たちの関心をそらそうとする、そうした女性たちを陥れるための罠とみなしてきました。私は、『親密性の変容』で論証しようと試みたように、こうした批判が的を射ているとは思いません。ロマンチック・ラヴという理想は、男性たちよりも、むしろ女性たちによって提唱されました。また、私にとって、ロマンチック・ラヴは、関係性のなかで、感情的コミュニケーションと平等な地位を権利として求めていく動因の重要な要素なのです。ロマンチック・ラヴの物語では、性的征服よりも、感情的征服のほうが幅をきかせています。愛情は、セクシュアリティそのものではなく、相手の資質にたいする賞賛や尊敬にもとづいています。ロマンチック・ラヴは、夢であり、また投映であり、それゆえ、通俗小説や恋愛小説のなかでも明示されているように、あらゆる種類の残酷な行いや搾取に加担していきます。性的誘惑と放縦という心的態度を、男性たちだけでなく、男女ともある程度まで支持していたとはいえ、この心的態度は、親密性や貞節さという理想と衝突します。とはいえ、このような心的態度どうしの衝突は、現実の生活の重要な構成要素なのです——実際上、このような心的態度の衝突のなかに、私たちはいま身を置いているのです。

——しかし、「恋におちること」は、エンパワーメントとは正反対にあるとみなされる恐れはないのでしょうか。一人ひとりは、自分では制御できない力に駆り立てられています。愛情について私たちが目下受け容れている考え方は、たとえば「あなたがいなければ、私は生きていけない」「あなたは私にとってかけがえのない存在です」「あなたがいなければ私など存在する意味が何もない」等々の表現に見られるように、多くの場合、自立よりも、むしろ依存を強調しているように思えます。ポピュラーソングは、この種の心情表現で満ちあふれています。

確かにそうです。最近の療法の専門用語で表現すれば、今日の愛情関係では、自立と共依存が張り合っているのです。男性と女性にたいするステレオタイプ的見方も、同じです。たとえば、男性の主人公は（少なくとも、はじめは）冷淡で、情け容赦もないのにたいして、女性は（この場合も、はじめは）従順で、ことによれば残虐な扱いをされるかもしれません。けれども、ロマンチック・ラヴのお話の根底にあるのは、人倫の教化と平等の増進という論法です。いろいろな研究が明らかにしてきたように、ポピュラー文化では、ほとんどの物語は、相互尊重と相互理解が達成され、次にその相互尊重と相互理解が、再び勢いを取り戻して深まりを増した愛情の基盤となる状況のなかで、幸せな結末を迎えていきます。もちろん、これは、理想化されたイメージです。それにもかかわらず、これらの物語のなかに、より望ましい感情の民主制を目指して生じている発達のたどる錯綜した現実の趨勢が、屈折したかたちで示されているのを、私たちは目にすることができます。

―― 反論をもう少し言わせてください。ロマンチック・ラヴは、好ましい、長続きする関係性の形成を妨げているように思えます。恋におちることはとりわけ理性的でないし、また判然としないのは、恋におちることが、少なくともほとんどの人にとって長期に及ぶ関係性の基盤となり得るという点です。恋におちることを、人びとの仲をとりもつ点火プラグとみなすのは、可能かもしれません。しかし、ほとんどの婚姻で、また、異性愛にせよ非異性愛にせよ、ほとんどの愛情関係で、毎日の遠慮のない言動が、この最初に感じた魅力を一面に薄く覆うようになります。そうなると、長続きする愛情関係は、おそらく変遷していきます。こうした愛情関係は、もはやロマンチックなものにたいする憧れではなく、他の人と来る日も来る日も生活を共にするためにおこなわなければならない実際に役立つ妥協に、基盤を置くようになります。

確かに、そうした反論は、多少当たっています。ロマンチック・ラヴは、いずれにしても幾分か矛盾する感情と観念の複合体を意味しており、私は、ロマンチック・ラヴが、構築された関係性という新たな世界にともかく機能的に適合しているとする主張には与していません。ロマンチック・ラヴは、かりにそうした言い方ができるとすれば、感情面での平等という前途への期待をもたらしたが、ロマンチック・ラヴを駆り立てたのは、それとは正反対の感情面での不平等という現実であったのです。ロマンチック・ラヴは、個人化がより一層進みはじめているとはいえ、依然として家父長制支配に晒されている社会で、女性たちのいだく熱望を反映しているのです。私はその度合をどのように測定できるか必ずしも承知しているわけではありませんが、今日、ロマンチック・ラヴがおそらく衰退状態にあると推測しています。女性たちは、以前に比べ、経済的に、また感情面で、はるかに大きな真の平等を獲得しており、まったく違う前提条件にもとづいた語りを支え、それを維持する気持ちがますます薄れています。ロマンチック・ラヴは、終生に及ぶ恒常的な傾倒という観念をともなってきました。しかし、離婚率が高く、再婚率も高い社会では、誰もがこうした観念に懐疑的になっています。私たちは、今日、そうした社会を迎えているのです。私は、もっと別な愛情の理想が生まれはじめていると考えており、そうした理想を、自助療法や心理療法関係の文献のなかに確かに見いだすことができます。私は、これらの文献を、私たちが自分の毎日の生活と再帰的にかかわり合っていることの、一種の現場からの報告とみなしています。こうしたもっと別な観念のひとつは、私が「ひとつに融け合う愛情」と名づけるもの、つまり、関係性のなかでの学習過程に基盤を置く愛情です。この愛情は、ロマンチック・ラヴという観念複合の場合がそうであるように、もっぱら現実に束縛されないため、依然として一連の理想なのです。

——セクシュアリティ自体はどうなったのでしょうか。セクシュアリティで生じているのは、どのような変化ですか。

家父長制権力の基本的様相には、つねに感情と性が関係していました。比較的近年に至るまで、私がさきに言及したような、貞淑な女性とそうでない女性との区別がセクシュアリティを支配しており、この区別は、男性支配の不可欠な支持基盤でした。この区別はまた、相続や財産譲渡の筋道を跡づけることの重要性を考えあわせば、すべての伝統的家族類型の中核を形成していました。性の面で解放された女性たちの事例を、歴史上数多く見いだすことができます。しかし、これらの女性は、ほとんどつねに社会の最上層にいたか最下層にいたかのどちらかです——それは、こうした一群の女性たちが、対照的な理由から支配的規範から自由になることができたからです。総じて、女性のセクシュアリティは、たんに貞節さや相応しい行動という観念の形成によってだけでなく、子どもの出産という定められた任務や問題によっても、徹底的に制約されていました。女性たちにとって、セクシュアリティと死は、デ・ルージュモンが指摘するのとはまったく違うかたちで結びついていた——すべての伝統文化で、女性の分娩時死亡率は、今日の水準と比べて高かったからです。要するに、セクシュアリティが生殖と連動していたというよりも、生殖がある種の性の管理体制を強化していたのです。今日、男性にとっても女性にとっても、セクシュアリティと生殖は、完全に切り離されています——これは、計り知れないほど重要な変化なのです。避妊技術の向上がある程度までこうした変遷の条件であったことは確かですが、このような変化の由来は、避妊技術の向上と直接結びついていたわけではありません。むしろ、避妊技術の向上は、婚姻のもつ経済的根拠の払拭や人口学的推移にともなう一連の変容全体の結果として生じているのです。今日、セクシュアリティは、「自由に塑型できる」ようになり、あるいは脱伝統遵守を遂げています。自由に塑型できるセクシュアリティは、新しく創りだされ、またその対象にたいして愛着をいだかねばならないセクシュアリティです。それは、女性にたいする分裂したイメージから、また同時に異性愛という刷り込みからも脱出したセクシュアリティなのです。

――近年、セクシュアリティを含めて、人間の行動を、生物学的に、ないしは遺伝学的に説明する試みが、強力に再浮上しています。遺伝子のプログラミングが主としてセクシュアリティを組み立てていると主張する人びとにたいして、教授はどのように応酬されますか。たとえば、乱交に向かう男性の性癖と、選り好みをする女性たちの見地は進化論によって説明できる、と主張されています。私たち人間の進化論的過去の痕跡は、今日の性行動に作用する変化にたいして、どの程度まで強い影響を及ぼしているのでしょうか。

私は、ここで論点をそれぞれ分けて考えてみたいのです。まず、私が学究生活をはじめたときから、確かに《時代の思潮》に変化が生じてきました。その当時、人間の活動については生物学理論よりも文化理論のほうが優勢であり、文化的相対主義は、つねに論争の的になっていたとはいえ、一般に普及していました。しかし、今日、たんに知的流行が変化しただけでなく、もっと広い社会の雰囲気も間違いなく関係して、こうした状況は、すべて逆転してしまいました。マルクス主義と社会主義の崩壊によって、歴史は、非常に融通性に富むとはもはや見られていません。

そして、自由市場哲学の台頭は、一部のダーウィン進化論が今日ふたたび享受している傑出した地位のなかにある程度まで表われています。こうした雰囲気は、ある時点でふたたび一変するでしょうし、またそれにともなって知的潮流も変わっていくでしょう。将来のある時点で、目下流行しているような生物学還元論にたいする反動が生ずるであろうと、私は確信しています。

二つ目に、ダーウィン流の進化論ないし進化論的心理学と、遺伝学で現在生じている進捗とを、私たちは区別するべきです。遺伝学をめぐってどのような幅広い幻想が育まれているにせよ、遺伝学は、猛烈な勢いで発達を遂げている科学の一領域です。遺伝学は、とりわけバイオテクノロジーと密接に関連する分野として、明らかに革命的影響力をもちはじめています。ヒト遺伝子の解析プロジェクトは、そのプロジェクトの一部の唱道者たちが主張するような、私たちがヒトとしてどのような存在であるかの詳細な青写真を提供しようとしているわけでは間違いなくありません——遺伝学的に継承した要素は、生活経験や環境とつねに相互作用しているからです。しかしながら、遺伝学における進歩は、一目瞭然であり、具体的です。私は、同じことが進化論的心理学についても言えるとは思いません。進化論的心理学は、もっと思弁的です。進化論的心理学は、進化論的に想定された過去にたいする推断に依拠しており、そうした推断を、現時点で目にできる行動を解釈するために、当てはめているのです。かりに男性たちが女性たちよりも乱交であるとすれば、それは、男性たちにとって女性にたいする自分たちの心遣いを可能な限り拡げることに種の進化の上で利点があるからです。一方、逆のことが女性たちに言えます。しかし、これは、私がさきに言及した機能的「説明」が「説明」でないのと同じく、「説明」ではありません。本来妥当性をもつ唯一の説明とは、現実に不特定多数を相手にする男性の性行動の遺伝学的根拠を確実に暴露できる説明であるはずです。しかし、目下のところ、誰もそのような説明を示すことはできません。

人間には明らかに進化論的背景があり、また一人ひとりには遺伝学的に継承してきた要素があります。これらの事実が人の身体構造だけでなく、人の行動の仕方と有意関連していないと想定することは、まったく意味をなしません。しかし、いまのところ、興味深い推測以上のものを誰も示すことはできないのです。いずれにしても、社会や政治の改革をめぐる今日の論争にとって、これらの推測がもつ意義を、私は残念ながら理解できません。かりに男女間の性行動に遺伝学的に伝わった基盤が存在するのを、私たちが証明できたと仮定してみましょう。このことからは、私たちがいま私たちの周辺で目にするようなセクシュアリティに影響する変化がもたらす帰結や、その変化のもつ意味に関して、ほとんど何の理解も生まれません。私たちは、文化的生きものとして、生物学的な動因や要求を、たとえそれらが非常に強い動因や要求であったとしても、克服することが可能です――人間は、おそらく自己保存の強い動因を身につけていますが、自殺することさえできるのです。同じことは、別の方向から見ても当てはまります。かりに女性たちが男性たちと同じく乱交になったことを、私たちが発見したらどうなるでしょう。米国と英国でおこなわれた最近の性行動の調査では、婚外交渉をもった経験があると認める既婚女性の割合は、同じような経験を認める既婚男性の割合に急速に追いつきはじめています。このことは、進化論の主張が否認されたことを意味するのでしょうか。否認されたことを意味しませんし、また、さきの場合と同じ理由から、人間行動の生物学的基盤がおそらく覆されることを意味してもいません。

―― 教授はこれまでもっぱら異性愛について話してこられたように思えます。同性愛者や両性愛者が身を置く状況は、教授の主張とどのように合致するのでしょうか。

同性愛と、これまで述べてきた変動との関係は、非常に込み入っています。しかし、同性愛者の「自分が同性愛であることを公にする」文化は、自由に塑型できるセクシュアリティの発生と、根深く関係しています。歴史学者のジョン・ボズウェルが指摘するように、西欧の教会は、同性愛にたいして、どっちつかずの、その場しのぎの態度をとっていました。ボズウェルの研究そのものは、過去の出来事についての典拠資料が明らかに不完全であったために、批判されてきました。明白な点は、同性愛を禁止した文化よりも、それ以上に多くの文化で同性愛を大目に見てきた――ほとんどの場合に、積極的に是認してきた――ことです。私たちは、ここでは男性の同性愛について、一定の年齢の男性どうしや、特定の状況に置かれた男性どうしの同性愛について話しています。たとえば、同性愛活動は、結婚に先立つ思春期の若者たちのあいだや、若者たちと、その若者たちに性的技巧を教え込むはずのかなり年長の「オジ」とのあいだでは、ほとんどの場合に大目に見られていました。古代ギリシアでそうであったように、若い男性たちのあいだの愛情を最高の理想として尊重することは、歴史的にも、また比較文化的にも稀であったようです。それでもやはり、「同性愛者」というカテゴリーは、フーコーが述べているように、一九世紀の産物であったように思えます。ほとんどの文化は、儀式化された同性愛や両性愛の場合を除けば、「同性愛者」を表わす言葉をもっていなかったようです。儀式化された同性愛や両性愛の場合、こうした人びとを記述する言葉は、通常、はっきりした通俗的意味をもつことはなかったのです。

私は、同性愛の展開に、主として後期近現代における性行動に影響を及ぼすもっと大きな趨勢との関連で関心を寄せています。自然の摂理の終焉と伝統の終焉は、今日の社会における同性愛の、あるいはこうした言葉を使うのが嫌でなければ、ゲイの文化の隆盛を容認してきた過程なのです。私は、ゲイの権利のために、また同性愛を嫌悪する態度に抵抗しておこなわれてきた闘争のもつ意義を、過小評価するつもりはありません。しかし、セクシュアリティが、自然の摂理から、また、伝統的なかたちの男性のセクシュアリティを含め、伝統による支配から脱却したことではじめて、同性愛は、「倒錯」とみなされることがなくなったのです。倒錯とみなされていた状況では、他の場合もしばしばそうでしたが、自然の摂理と伝統は、イデオロギー的に結合していました。つまり、同性愛は、他のさまざまな性的活動とともに、とりわけ「自然の摂理に反する」とみなされていました。興味深い意外な再帰的展開は、ひとたびこれらの変化が生じてしまうと、もっと自信に満ちたゲイの文化が、ゲイの文化のまさに正当性の重要な要素として、同性愛をめぐる遺伝学的解釈にとって代わって優勢になる可能性があるということです。

私は、ゲイを、とりわけ関係性の領域では、先駆者とみなしています。ゲイの文化は、とりわけ男性のゲイの文化は、私たちが話してきた例の男性の乱交に関する極端な解釈と、しばしば結びつけて考えられてきました。しかし、男女ともにゲイの人びとの大多数は、異性愛者と同じように、その時点その時点で見れば、つねに二人一組の関係です。ごく最近まで――今日においても、例外は一、二の国だけですが――ゲイどうしの結婚は不可能でした。したがって、ゲイの人びとは、もっと率直な、互いに取り決めた関係性を切り拓くことを余儀なくされ、そうした関係性が、その後、異性愛の人びとのあいだに浸透してきました。ゲイの人びとは、少なくとも私がさきに定義づけたようなセクシュアリティと親密性についても、モダニティの感情面での先駆者となったのです。もちろん、同性愛者のカップルは、異性愛者の社会がとる態度を、多くの場合に模倣しています――時には意図的に風刺して模倣しています。異性愛者の婚姻生活に見いだすのと類似した支配と服従の関係が、同性愛者の関係性の内部でも構築されています。男女ともにゲイの人びとの関係では、異性愛者の世界に見いだすのと同じくらい暴力が生じているように思えます。しかしながら、同性愛者の関係は、制度化されていない枠組みとして、伝統から距離を置いているため、制度化された権力様式を取り込んでいません。無条件の平等、積極的な信頼、それに意思の疎通は、長続きするゲイの関係の、ほぼ必然的に基本となる構成要素なのです。この三つの要素は、同時にまた、脱伝統遵守を遂げた関係性に内在する課題や、不安、不安定さと衝突することになります。

――身体という研究テーマについては、どのようにお考えですか。教授は、自己のアイデンティティに関する著述のなかで、このテーマについておおいに言及されていますし、また、総じて、その後の著述で取り上げるテーマのひとつになっているように思えます。主として身体に焦点を当ててきた他の研究者――たとえば、身体と身体的快楽についてフーコーがおこなった記述や、全体統制型収容施設等々に関する著述でゴッフマンがおこなった身体論――との関連で、教授はご自分の著作をどのように位置づけておられますか。

ここで、本題から少し離れて、哲学の話になるのを大目に見てください。この身体の問題について考える際に、私は、まずはじめ――一九七〇年代中頃にまで遡りますが――ともに哲学者であった二人の人物から影響を受けました――メルロ＝ポンティとウィットゲンシュタインです。メルロ＝ポンティは、現象学と深く結びついていますが、先哲たちがむしろ重視した認識論から非常にうまく距離を置いてきました。メルロ＝ポンティは、時間と空間の問題におおいに関心を寄せ、人間行動の議論では、行為体のもつ状況規定された特徴を強調しました。行為体は抽象的な「主体」ではなく、身体を与えられた存在であり、したがって、身体は、意識の作用をともなう生理学的機械装置にとどまらない存在です。

メルロ＝ポンティにとって、意識の流れは、行為体だけでなく、その行為体と日常的に相互行為していく他の人びとも実行する、そうした身体反応の絶え間ないモニタリングを欠いては不可能です。事実、フーコーは、たとえメルロ＝ポンティの主要な見解を部分的に軽視していたとしても、メルロ＝ポンティの影響を受けてきたように思えます。

ウィットゲンシュタインは、言語と意識が本質的に状況規定されていることを盛んに強調していました。私は、前期のウィットゲンシュタインと後期のウィットゲンシュタインのつながりを、次のように解釈しています。ウィットゲンシュタインは、『論理哲学論考』で、言語のなかで言語について語ることには限界があると、よく知られているように結論づけました。後期のウィットゲンシュタインは、「言語のなかで言い表わせないことがら」とは、おこなわれなければならないことがらであると、指摘しています。言語のもつ固定性にしても、際限のない創造性にしても、それらは、言語が、日常の行為や、相応な言語能力をもつ行為者と密接にかかわっていることに依拠します。言葉のもつ意味は、その言葉が状況規定された活動の流れのなかでどのように用いられているかということのなかに存在します。ウィットゲンシュタインが伝統と直接結びつけてものごとを考えることはほとんどなかったように見えますが、私にとって、ウィットゲンシュタインは、相対主義者というよりも、むしろ現象学者であったように思えます。現実が存在しており、したがってその現実への共通な接近は、私たちがおこなう相互理解の条件なのです。現実への私たちの接近は、私たちの日常のありふれた経験をとおしてであって、そうした経験は、たんに現実への接近を想定するだけでなく、現実への接近によって想定されてもいます。だから、たとえば「テーブル」という言葉の意味と、テーブルと「椅子」との違いが何かを知るためには、人びとがテーブルと椅子で何をおこなうかを熟知する必要があります。ウィットゲンシュタインは、意識と行為を別個なものとして論ずるよりも、行為能力の所在する場と理解した身体をとおして、むしろ両者を結びつけてとらえています。この場合、身体と自己は、たとえば論理実証主義のような、ウィットゲンシュタインが否認しようとした哲学形態においてそうであった以上に、ひとつに統合されています。

ゴッフマンは、哲学者ではありません。確かにゴッフマンは研究生活の晩年にウィットゲンシュタインを読んでいましたが、ゴッフマンの考え方は、むしろG・H・ミードと象徴的相互作用論に深く根ざしています。しかし、私から見れば、ウィットゲンシュタインとゴッフマンのあいだには、研究手法に——ウィットゲンシュタインは執拗なほど一心不乱であるのにたいし、ゴッフマンは、いかにもゴッフマンらしく気まぐれで、遊び心にあふれているという——明らかな相違があるとはいえ、非常に類似した面があります。

今日の社会科学に「身体」そのものを研究テーマとして導入したのは、誰にもましてフーコーです。逆説的なことに、フーコーは、身体を、作用する存在よりも、むしろ作用を受ける存在とみなしていたからこそ——もっと正確にいえば、身体をそのように見ることを選択したからこそ——注意力が独自のかたちで所在する場として、身体だけを選び出すことができたのです。多くの人びとは、この点がフーコーの側の哲学的ナイーヴさであると指摘していますが、私はそうは思いません。フーコーにとって最も縁遠いのは、哲学的ナイーヴさでした。フーコーが「従順な身体」に寄せた関心は、研究の上で戦略的に重要な決断でした。フーコーは、受動的存在に還元された身体を、道徳的服従と組織的権力という一対の影響力によって分析しようとしたのです。『性の歴史』以降のフーコーの著述は、身体はもとより権力をめぐるフーコーの初期の概念構成との断絶を特徴づけている、としばしば指摘されてきました。しかし、私は、この点を、むしろ概念装置のギアを入れ換えようとした企てであると、解釈しています。フーコーは、一貫していないように思われることなど気にしていなかったのです。

このような戦略を用いることで、フーコーは、確かに反直観的な理念をいくつか展開させることができたのです。フーコーは、一人ひとりの自由の拡大という啓蒙主義のイデオロギーが、規律的権力のもつ「別の側面」を、つまり、厳しい拘束性を創りだしたことの証明に、関心を向けていきました。他方、フーコーはまた、道徳面で明らかに厳格なヴィクトリア朝に見いだすセクシュアリティの管理体制が、性的関心を開花させる素地になったことも明示できたのです。

私は、決してフーコーにそのまま追随しているわけではありません。私は、フーコーの、たとえば身体の医療化といった研究テーマをいくつか掘り下げていますが、これらのテーマにたいしてまったく違った取り組み方をしています。私は、身体論を——再帰性との関連だけでなく——行為や意識の流れに関するもっと幅広い理論のなかに位置づけるために、さきに言及した他の研究者たちの著作も活用しています。

――ここで取り上げてきたことがらから生ずる質問が、終わりにもう一つあります。私たちがここで話題にした著述のなかで、私は残念ながらそう思うのですが、教授は、倫理や人間存在の問題が近現代の政治的討議から「締め出され」てきたことを示唆されています。教授は、これらの問題がたち戻りはじめているとお考えですか。また、これらの問題はどのように制度的に順応適合できるのでしょうか。

これらの問題は、私が《生きることの政治》と名づけたことがらの重要な要素です。生きることの政治は、これらのあらゆる変化の結果として出現しています。さまざまな生活領域で倫理論争が再来しています。身体の政治や遺伝学をめぐる争点にはじまり、生態環境に関する広範囲に及ぶ問題に至るまで、そうです。これらの争点は、すでにかなり明白になっています。一例が家族の価値をめぐる論争であり、もう一つの例が中絶をめぐる論争です。

――道徳なり倫理の問題のなかには、たとえば遺伝子工学をめぐる論争のように、テクノロジーがかつては不可能であったことがらを可能にしはじめているために、生じた問題もあります……

確かにそうです。しかし、これらの問題は、私がさきに述べてきた二つの過程によって、つまり、自然の摂理の退却と伝統の退却によって、提起されています。伝統は、実利的な行為だけでなく、道徳的行為にたいしても枠組みを定めてきました。また、自然の摂理は、ものごとから、いわば自在な動きの余地を奪っていました。生きることの政治は、伝統と自然の摂理が終焉した後の私たちの生き方と関係しています――将来、ますます政治的決定が、生きることの政治の領域に属するようになるのです。

―― そうですね。この種の争点は、確かに顕著になっています。しかし、以前においても倫理問題は存在しました。一世代前に、私たちは不平等をめぐる倫理に関心を寄せていました。今日、この不平等をめぐる倫理は、協議事項から、完全にはずれていないにしても、その順位が下落しているように思えます。分配の不平等の問題は、確かに幾分かは倫理面での政治問題です――しかしながら、この分配の不平等の問題は、今日、共鳴を失ってしまったように思えます。

不平等の問題は、間違いなく政治的協議事項からはずれたわけではないですし、解放の政治の他の争点も、同じように政治的協議事項からはずれたわけではありません。とはいえ、不平等

――つまり、経済的不平等――に関していえば、自由主義は、社会主義よりも、確かにもっとラディカルなかたちの社会主義よりも、忍耐強いことが判明しています。協議事項からはずれたのは、どのような類のものにせよ強制された平等主義です。そのための対価があまりにも大きいことが判明したし、また、結果としておそらく生まれる単調な均等性は、あまりにも抑圧的であることがわかりました。政治理論は、ひとつにはこうした状況にたいする応答として、結果の平等よりも、機会の平等に目を向けてきました――あるいは、どちらかと言えば、機会の平等にたち戻っていったのです。私は、このような取り組み方でことが足りるとは思っていません。たとえ何か能力主義社会に類似した社会に到達したとしても、そうした社会は、重大な問題と限界をおそらくかかえるでしょう。たとえば、社会の底辺に置かれていて、自分が社会の底辺にいてしかるべきであることを知るというのは一体どのような事態なのか、能力主義の社会で生ずる大量の下降移動にたいして社会はどのように対処できるのか、等々の問題です。平等主義の主張は、弱まったかもしれません。しかし、結果の平等は、引きつづき協議事項にとどまる必要があります。とはいえ、不平等について論ずる際には、経済の不平等が不平等の唯一の類型ではないことを、また、いくつかの項目で――最も顕著なのは、ジェンダー関係においてですが――不平等が、増大しているよりも、むしろ減少していることを、記憶に留めるべきでしょう。

インタヴュー 6

左派右派を超えた政治

――政治にもっと直接かかわる争点を話題にしましょう。教授の研究では、これまで政治がそれとなく研究テーマになってきた場合が少なくないですし、また『国民国家と暴力』のように、ときにはもっと明確にテーマとして取り上げられたこともあります。しかし、ここ三、四年、教授は、政治の問題に、それどころか政党政治の問題に、強い関心を寄せられています。教授の政治を見る目に、なぜこのような変化が生じたのでしょうか。

私は、以前よりも、日々の政治により深くかかわるようになりました。かつてそうであった以上に、労働党や英国政治について考える時間が多くなっています。同時にまた、他の誰もと同じように、社会主義がもはや未来への架け橋の役割を演じていない世界で、将来の政治がどのようになるのかについて、いろいろ考えてきました。

――一九九四年に発表された『左派右派を超えて』は、今日、もっとラディカルな政治が何を意味するのかをめぐる「青写真」として、広く議論の対象となっています。そこで、まず、教授は、どのような理由で私たちが左派や右派を超えていると判断されるのかについて質問することから、話をはじめたいと思います。

左派と右派の区分は、消滅していません――この区分は、たんに政党政治の脈絡だけでなく、もっと幅広い政治思想や政治的意見においても、引きつづく意味をもっています。左派の人びとは、平等の促進を信条にし、この目標が政府の処置によって、たとえ統治水準が問題であるにしても、推進できると主張しています。左派の人びとは、市場型社会には市場型社会の限界があると確信しており、さまざまな生活領域における民主制の拡大に、つまり、たんに公的領域だけでなく、私がこれまで論じてきた民主制を今日必要としている他の分野における民主制の拡大にも積極的に打ち込んでいます。右派の人びとは、左派ほど不平等状態にたいして抵抗感がなく、政府が不平等状態を制限できるのか、あるいは制限するべきなのかについて懐疑的です。右派の人びとは、不平等を、もともと与えられた状態として、あるいは別の言い方をすれば、伝統のなかで正当に育まれてきたものと、おそらくみなしています。

もはや極左はそれほど多く存在しませんが、極右は、明らかに存在しています。今日、極右は、グローバル化にたいして独自の意見をもち、またグローバル化にたいして反発しています――それは、本質的にグローバル市場に対抗する保護貿易主義であり、伝統的な家族形態や権威形態、国家形態を擁護する考え方と結びついています。極右は、たとえば米国の一部の民兵組織のような一風変わった過激分子をかかえていますが、こうした見解には確かに多少とも首尾一貫性が見られます。ネオ・リベラルの保守主義は、一方で開かれたグローバル市場を支持するけれども、他方で伝統的な文化価値を支持するという逆説的態度をとりますが、極右は、そうした逆説的態度をとっていません。極右は、不穏な、危険な存在です。なぜなら、孤立主義と保護主義は、たとえ外国人嫌いと結びついていない場合でも、過去において際限なく戦争や分裂を引き起こしてきたものと同じ種類の対立を、結果的に導くからです。社会主義が衰退し、また正統的な保守主義が矛盾をかかえているために、左派も右派も、私たちの直面する最も基本となるいくつかの政治的争点をしっかり把握する力を、もはや提供できないのです。たとえば、エコロジーの問題は、左派右派の区分にまたがるかたちで生じているのです。

――こうした教授の見解にたいして「旧来の政治」の側が出した反論を紹介したいと思います。教授は、他のところで社会主義と資本主義について述べられていますが、『左派右派を超えて』のなかでは、（左派と右派を定義づける際に）社会主義と資本主義について何も言及されていません。教授は、社会主義を、経済管理システムという観点から熱心に定義づけされています。教授は、社会主義を、単純なモダニティには適合するが、私たちがいま暮らしているような種類の生活の仕方には適合しない、そうした経済運営形態として特徴描写されています。

この意味での社会主義は、かりに社会主義と結びつくすべての考え方がそうではないにしても、死滅した、と教授は指摘されています。

経済管理システムとしての社会主義は、確かに死滅しました。

――しかし、社会主義の理念を引きつづき重要とみなすことのできる意味合いが、他に二つあります。ひとつは、社会主義が、所有権の、つまり、所有財産の不平等なあり方に関心を寄せているという主張と、もう一つは、社会主義が、実際には、最も簡単にいえば資本主義の「解毒剤」になる、あるいは「向こう側」にあるという主張です。教授を批判する人たちは、教授が、社会主義をもっぱら経済計画だけの問題とみなすことで、社会主義のこうした二つの重要な側面を、巧みに回避している、と論じています。

この二つの主張は同じものです、そうでしょう。所有財産は、間違いなくつねに資本を意味してきました。

――最初の立場には、社会主義はもっぱら私有財産の差だけにおそらく由来しない経済的成果の不平等に関心を寄せているという言い方で、注釈を加えることができるかもしれません。

しかしまた、社会主義が資本主義の解毒剤であるという主張にも、もっと包括的な意味合いを見いだすことができます。ある意味で、教授は、資本主義について論じたくないために、社会主義について論じたくないのであるという言い方が、おそらく可能かと思います。

社会主義は、もはや資本主義の代案ではありません。私は、いまのところそれしか考えられません。それは、グローバルな市場経済がいかなる種類の問題も引き起こさないと主張しているのでは決してありません。なぜなら、現実に引き起こしているからです。しかし、すぐそこに待ち構えているような、整合性のある代替可能な社会は、もはや存在しません。そうでないと言うのであれば、あなたは、市場経済型社会主義そのものを解決策として推奨したいのですか。

―― そうは考えていません。私は、『共産主義以後の社会主義』のなかで、市場経済型社会主義を検討し、市場経済型社会主義が現実に妥当性のあるモデルではないと結論づけました。しかし、それは、市場経済型社会主義が倫理面で人を引きつける特徴を備えていないからではありません。また、資本主義制度批判をはじめるためには、社会主義と称される（あるいは別の名称でもよいのですが）代替可能な社会形態の十分に推敲された青写真を、私たちは必要としているのではないでしょうか。

そうではありません。しかし、批判は、かりにその批判がものごとをおこなうのにもっと良い方法を結果的に導くことができれば、はじめて有効になります。多くの人がさまざまな指摘をしています。インゲルハートがポスト唯物論的価値について提唱したテーマのなかには、無視できないものがあります。ポスト唯物論的価値は、一定水準の経済発展を達成できたときにはじめて、影響力を発揮します――このポスト唯物論的価値は、私が生きることの政治の争点と名づけるものと関係しています。グローバルな金融市場をめぐる論争にも、無視できないものがあります――ソロス*をはじめとする人びとは、もっと大幅な規制を要求しています。私たちがいま生き抜いている非常に重要な転換期は、大規模戦争の消滅の可能性と関係しています。国民国家の役割と性質が変化しはじめているという考え方には、明らかに無視できないものがあります。これらの指摘はすべて、課題だけでなく、可能性をもたらしています。私にとって、到達するべき目標は、エコロジーの面で一応容認できる原理にもとづき、その原理のもとで富の生成と不平等の抑制を両立させることができる、そうしたコスモポリタン的な地球社会を発達させることです。私は、こうした社会が、まったくのユートピアであるとは思いません。私は、たとえ依然として社会主義思想に倫理面での鋭い批判力を見いだせるとしても、このような社会をはたして社会主

* ジョージ・ソロス　著名な国際的投資家で、（近頃では）社会批評家。三三九〜三五二頁のインタヴューを参照されたい。

義と呼ぶことができるのかどうか、確信がありません。

――しかし、かりに世界秩序のなかに資本主義的不平等が存在するとしても、用意できる解決策など何もないと判断できるというだけの理由で、こうした不平等について私たちは何も発言するべきではないと、教授が主張されているわけでは確かにないはずです。批判は容易であるが、かりにその批判が提示できる何らかの代案をもっていないとすれば、何の役にも立たないし、また、かりにその代案が、簡単に変更できるようなかたちで世界をたんに記述しているのであれば、必ずしも魅力的な提案にはならない、それが教授の主張されてきたことであったように私は理解しています。教授のおこなっていることに批判的な人は、教授が、モダニティについて論ずる際に、資本主義的な経済運営形態の論理を認めようとしなかった社会学の初期の表現方法に後退しはじめている、と指摘していたように思います。

私は、その指摘がどういう意味なのかまったく理解できません。今日、資本主義は、より一層グローバル化を遂げ、情報経済に基盤を置いていますが、引きつづき世界を形成する主要な勢力のひとつです。

――でも、私は、この問題にたいしてある種の単一原因論的な代案を提示したいのではありりません。しかし、私の推測では、教授が後期モダニティにおけるこうした変動や、親密性についておこなってきた主張に注目する人たちのなかに、教授が、解明の過程で、ここ二〇年間に生じた変動の最も重要な局面を、つまり、地球規模での経済的不平等の増大を徹底的に《軽視》していると、おそらく主張する人もいるはずです。最も重要な変動局面は、たんなる経済活動のグローバル化ではなく、第二次世界大戦以降の二五年間に生じたものとはまったく異なる、資本主義に特有な論理のもとで生じた経済活動のグローバル化です。ですから、かりに民主化の過程や不平等の拡大といったことがらに教授が現に関心を寄せているのであれば、これらの経済過程に、教授は実際にもっと注目されるべきです。

私は、そうした見解に同意できません。私たちは、今日の資本主義と、その資本主義がどのような類の代案なり、おおまかな有効性を備えているのかについて、厳しい見方をする必要があります。しかし、私は、社会主義的な代案を考えてはいません。

――教授は、モダニティの四つの領域と、この四つの領域にそれぞれ結びつく互いに異なる種類の「好ましくない状態」、さらにこうした「好ましくない状態」にたいする代替策について、論じています。資本主義と経済領域における諸問題について論ずる際に、教授は、「ポスト稀少性社会」という考え方を導入して、ふたたびエコロジー問題をテーマに取り上げています。まず、このポスト稀少性経済はどのような経済として想定されているのか、二つ目に、私たちはこのポスト稀少性経済に、どのような理由で、またどのような経緯で到達するのでしょうか。

ポスト稀少性経済とは、富裕な状態がさらにもっと富裕な状態によっても対処できない問題を生みだす経済です。ポスト稀少性経済は、もはや稀少な財がまったく存在しない社会ではありません。ポスト稀少性経済は、社会全体ではなく、むしろその社会内部のある側面ないし領域を指しています。

――グローバル資本主義にともなう問題とは、富裕な状態に関係するだけでなく、配分や、十分なものを得ていない一部の人びとに関する問題なのでしょうか。

そうです。しかし、私たちが直面するさまざまな問題の原因のほとんどを、経済的不平等なり階級に跡づけることができると考えるのは、正しくありません、

――確かにそうかもしれません。教授が、ポスト稀少性社会は資本主義の「向こう側」に存在すると論じられているので、私はぜひ知りたいのです……

ポスト稀少性社会は、再帰的現代化と密接に結びついています——ポスト稀少性社会は、再帰的現代化に似つかわしい社会なのです。繰り返していえば、私たちは、少なくとも社会の一部の分野で、あるいは世界の一部の地域で、ものによってはあまりにも多量の所有をしています。今日では、そのなかに、情報さえも含まれています。情報は、欠乏しているよりも、むしろあまりにも満ちあふれはじめており、「情報スモッグ」という問題を生みだしています。

——この問題で私にわからないのは、将来予想される変化の作用要因です。たとえ——情報の面においても、他の面においても——どれほどスモッグを生みだすとしても、経済形態の維持というより、むしろ経済形態の現行のあり方の維持に非常に強大な既得権益を保有している人たちも、一部に存在します。ポスト稀少性社会に私たちが向かう際には、誰が変化の主体となるのでしょうか。

私たちのいま暮らしている世界では、変化はつねに存在します。安心感と連続性は、変化をさらに生みだすことと同じくらい重要です。さらに、変化の動因は、これまで長いあいだにわたって変化の動因であったものと同じです。つまり、国家や、国家の集合体、営利企業、国際的組織、それに一般の人びとが毎日の暮らしでおこなう活動です。もちろん、下からの開発や、小規模信用貸し付け等々のように、新たな戦略も出現しており、これらの戦略は、明らかに重要であり、グローバル・システムが生みだす現実の可能性と合致しています。営利企業そのものも、変化しはじめています。最大規模の企業においても——とりわけ最大規模の企業では、と言ったほうがいいかもしれませんが——権限の分散とネットワークの構築は、すでに規範となっています。大企業よりも、むしろ中小規模の企業のなかに、高成長の産業部門を見いだすことができます。規模の大きな会社は、多くの人びとが懸念したほど繁茂しているわけではありません。私たちは、マルクス主義という歴史の魔術をもはや手にしていないときに、政策を動かすレヴァーがどこにあるのかを調べる必要があります。すべてが悪い結果となる恐れもあります。しかし、それは、おそらく私たちがリスク社会に生きているということなのです。なぜなら、リスク社会では、歴史は何の保証ももたらさないからです。

——しかし、「歴史の保証」が存在するという目的論的な見解をいだくことと、特定の政治的行為者には有効な作用要因となる潜在的可能性があると認めるような政治的提案をおこなうことのあいだには、明らかな違いがあるのでしょうか。教授は、左派の伝統的な政治活動と、また、マルクス主義的意味合いにせよ、改良社会民主主義的意味合いにせよ、労働者階級に基盤を置いた歴史の主体的な力という考え方を重要視されていません。おそらく教授のおっしゃるとおりだと思います。しかし、かりに教授の主張がすべて正しいとしても、ポスト稀少性社会に向かうことに何の関心をもたない人びとが権力を握っていると教授は論じられるにもかかわらず、私たちがいま経験しているグローバルな市場経済からポスト稀少性経済におそらく移行すると、なぜ私たちは考えなければならないのでしょうか。

多くの理由からです。世界は有限な存在であり、私たちは、遅かれ早かれポスト稀少性社会の決定的な特徴のひとつである成長の限界に突き当たります。私たちがいまだ入手できていないのは、これこそ世界を将来きちんと正常な状態にする手段であると主張できるような、そうした方式です。地球規模の貧困を例として挙げてみましょう。貧困意識は、減少していません——貧困意識にたいする異議の申し立てに深く関与する人びとのなかには、国民国家、非政府組織、さらに営利企業が含まれます。なかには、ポーズだけの関与もありますが、ほとんどの場合、それは、まったく偽りのない気持ちによって推進されています。今日見られるような下からの開発やコミュニティ再生等々の強調が好結果につながることに、私たちは確信があるわけではありません。けれども、それらは、間違いなく試みる価値があります。アジアの資本主義は、いま現在、深刻な窮地に陥っているとはいえ、当事国における根本的な貧困の克服に寄与してきました。アジアの新興経済国による「急激な成長」は、現実にこれらの国々を——エコロジー問題の最前線においても、また他の分野においても——すでにポスト稀少性の問題に直面させています。

他方でまた、地球規模の破局の恐れは、現実の問題です。世界の金融市場は崩壊するかもしれません。私たちは、地球の生態系にたいして――誰も知ることはできませんが――すでに取り返しのつかない損傷を与えている可能性があります。これらすべてのことがらについて、たとえばデマを飛ばして世間を騒がせる人があまりにも多いなどと主張することで、楽天的になるのは簡単です。私は、このインタヴューでこうしたディレンマをすでに指摘してきました。私たちは、「歴史」に救いを求めることはできません。しかし、リスクを認識して行動することは可能です。再帰的現代化とは、世の中のほとんどのことがらが、たんに定められたというよりも、むしろ、いまや人間によって創りだされたものであることにたいする自覚なのです。私たちは、現在そこにあるものと協調していかなければならないのです。

――私は、変動にたいして目的論的見方をしていませんし、また、社会主義を、簡単に導入でき、あらゆることがらを改変できる一種の万能薬であると考えているわけでもありません。私が述べたいのは、どこに断層線が存在し、現在のグローバルな秩序のなかのどこに制度的問題が実際に見いだされるのかについての懸念です。

モダニティの四つの区分は、これらの問題の所在について私なりにおこなった指摘です。つまり、富める人たちと貧しい人たちのあいだで増大する対立と、それに加えて、生きることの商品化（グローバル資本主義経済のかかえる問題）、人権の抑圧（民主制のかかえる問題）、エコロジーをめぐる争点（科学とテクノロジーの強大な影響力がかかえる問題）、それに戦争を最小限に抑えること（軍事力のかかえる問題）です。

――ここでの問題の核心は、教授が、これらの問題の解明で、資本主義的経済運営形態に特徴的な逆機能にも実際に十分目を向けられているかどうかです。教授を批判する人たちは、グローバル化した世界資本主義が経済的成果の地球規模での不平等状態の増大を生みだしていく有様に教授が十分に目を向けていないことと、豊かさとポスト稀少性の問題に焦点を当てれば、ある意味でこれらの問題から人びとの注意を逸らさせてしまうことを、指摘するかもしれません。

状況は、もっと複雑です。先進資本主義経済は、どの社会主義経済と比べても、確かに成果を挙げてきました。自由市場は不平等を生みだしています。しかし、資本主義の一部の類型は、こうした不平等状態を和らげることが可能です。それに、通常、他の要因も密接に関係しています。たとえば、アフリカがかかえる困難な状況は、とりわけ過去に植民地であったことを明らかに反映しています。人は、非常に決定論的な資本主義観をいだいたときにのみ、「資本主義は万能薬である」と、無邪気に主張できるのです。

――ソヴィエト型経済があまりにも有効でなかったり、あるいはポスト資本主義の経済運営形態には非常に魅力的な既存のモデルが何も見いだせないという事実は、たとえどんな問題でも経済運営のあり方をもとになされる説明の範囲を軽視してかまわないことを意味するなどと、私は決して確信しているわけではありません。私たちが資本主義に代わるもっと魅力的なシステムを手にしていない以上、資本主義が重要でないとは、誰も主張できません。

しかし、かりに社会主義がともかく依然として存続しているか、あるいは社会主義を地球規模で復活させることが可能であるとでも主張しつづけない限り、私たちはどのような代案を提示できるのでしょうか。かりに自由市場型資本主義が不平等を生みだし、こうした不平等状態がより一層悪化していると主張するのであれば、その主張はおそらく正しいでしょう。しかし、自由市場型資本主義は、相補的メカニズムを何ももたらしていません。

私は――過去においては、左派の人びとが、また、今日では、私の推測ですが、右派の一部のもっと無責任な資本主義の主唱者たちが、しばしばおこなっているように――資本主義という観念にあまりにも多くの説明任務を課そうとする考え方に、つねに反対してきました。

――「社会主義が解決策である」といった類の幼稚な主張を、確かに私も擁護したいとは思いません。今日もっと優れた分析がなされているさまざまな政治制度の類型や種類をはっきりと区別せずに、資本主義を等質的なかたちで論ずることには、何の価値もありません。私が強く主張したかったのは、私の考えでは、教授が資本主義について論ずるよりも、むしろモダニティについて論ずることを選択されている点です。それは、ひとつには、教授が示唆されるように、経済運営形態の変更というかたちでは発生しなかったモダニティの変質によって、おそらく有望な解決策を見いだすことができるからです。この経済運営形態が、基本的には現在あるもののすべてである、つまり、目下の所有関係にもとづくグローバル市場であると、教授は指摘されているように思えますが。

モダニティは、私が述べてきたようなこうした制度的複雑さを確かに示しています。今日、たとえモダニティに何が生じているにせよ、たとえば、国民国家は、行為体として、また作用を受ける存在として、近現代の幅広い変動と密接に結びついています。私は、国民国家を資本主義の所産とどの程度みなすことができるのかどうかわかりません。国民国家は、資本主義経済を形成する一助となってきました。たとえば、グローバル市場という今日の時代について考えてみましょう。政府は、規制の緩和と民営化によって、積極的に、また意識的に、グローバル市場に寄与してきました。グローバルな金融市場の主たる構成要素のひとつは、国債です。政府は、かつては政府が国民国家の内部で租税収入から得ていたものの一部を、民間が地球規模で共同管理する資本から借り入れはじめています。このことは、グローバルな市場が政府にたいして思いのままに影響力を発揮するようになった場合に、冷酷な状況を生みだします。金融市場の中身の相当部分は、他の資産項目と比較した国債の売り買いから成り立っています。国債は、国際資本から借金をする手段のひとつにすぎません。イデオロギーや方式、制度からなる一種の複合体が、この過程を動かしているのです。

――そうですね、もちろん私は、粗雑な認識で議論を提示しているわけではありません！　また、国家が、資本主義の発達のこうした局面に――あるいは、他のどの局面にも――深く関与していないと主張しているのでもありません。資本主義に関する妥当な特性描写はいずれも、もっぱら民間の経済行為体だけに限定することはおそらくできないでしょう。国家は、資本主義がたとえ発生論的に何を意味すると想定されているにしても、資本主義のつねに重要な構成要素でした。国家は、市場の形成と設立にかかわってきました。国家は、資本家と労働者の関係を管理することにもかかわってきました。この種のことがらはすべて、つねに国家によっておこなわれてきたのです。ですから、私は、国家を欠いてはどんな資本主義も存在できないと考えています。

それでは、国家と資本主義市場が、グローバルな秩序にたいして部分的に独立した作用をする二つの影響力であることを、なぜ認識しないのですか。国民国家システムは、資本主義経済と互いに影響を及ぼしあいますが、一方を他方に還元することはできないのです。なぜ、そのことを認めないのですか。そのことは、資本主義の起動的役割を認識することと、決して矛盾しません。

――私は、世界資本主義が推進するという一元的論理のもとに、すべてのことがらを昇華させようとしているわけではありません。しかし、私は、一方で、グローバル化が国家を無力な存在にしてきたという見解を、容認することは明らかにできませんが、他方で、国家の統治能力が、教授がグローバル化と名づけられた種類の変動によって変質してきたと、もちろん確信しています。国家が実行したいと望む一部のことがらは、今日、以前よりももっと実行が困難になっています。

しかし、かりにこれらの変化ではすべて資本主義が推進力であると主張していないのであれば、同じ起動力が推進するのではないもっと別の力が、おそらくそこには働いているのです。市場の力は、自動的に作用するわけではありません。政府は、社会主義の失敗とケインズ学説の終焉に反応して、規制緩和と民営化を決定したのです。政府は、規制を緩和したために、自分たちには統制が難しいことに気づくようになる、まさにそうした市場形態を創りだしたのです。だからといって、こうした市場形態が、いわば最上位の原因となるわけではありません。ですから、人は、モダニティという多元的な観念に、つねに押し戻されることになります。軍事力の再編成にせよ、ならず者国家の行為にせよ、サダム・フセインの危険な企てを含め、たんに資本主義だけが生みだしたのではありません。軍事力は軍事力であり、軍事力に特有な強い影響力をもっています。同じことは、私たちが科学やテクノロジーを通じて自然界とおこなう相互作用にも当てはまります。今日、発見をおこない、理論構築をするのに忙しい科学者たちが形成する世界規模の共同体が存在します。市場の強い要請が、こうした発見や理論構築の過程をある程度まで駆り立てているのは、部分的にすぎません。むしろ、知識の生産と連動した、地球社会における科学者たちの地位や威信の追求が、これらの過程を煽りたてているのです。

── 次に、福祉国家についての教授の見解に話題を移してもよろしいでしょうか。教授は、福祉国家と、福祉国家が目下かかえる困難についてどのようにお考えですか。

福祉国家を、たんに富める人たちと貧しい人たちのあいだの再分配の方法としてだけでなく、リスク管理システムとしても──あるいは、貧しい人びとを統制する方法として──みなすことができます。結局のところ、福祉国家が生まれた最初期の由来は、こうした貧しい人びとの統制にあります。福祉国家は、本質的に、社会的ないし集合的な保険システムです。福祉国家をめぐる問題は、たんに誰が金を払い、誰が得をし、誰が損をするのかということだけでなく、安心感とリスクのバランスを──リスクの本質が変わりはじめている世界のなかで──どのように保つべきかということでもあるのです。

――そこで、時代区分と因果関係をめぐって、いくつかうかがいたいことがあります。リスク認識が高まった理由のひとつは、人びとが以前に頼ってきた社会保険の一部の機構が廃止される危機に瀕していることと関連する、と教授は述べられています。しかし、このようなかたちの安全策は、実際にはかなり近年に入って生まれました――間違いなく、近現代の時代特性よりも、もっと新しいのです。教授が言われるように、福祉国家という社会保険の時代は、五〇年もつづいていません。さらに、かりにこの分野で事態が変わりはじめていることを説明したいのであれば、リスク状況の変化よりも、むしろ――政治的勢力や国家のもつ能力を変えていく――他の一連の変化全体に目を向ける必要があるのではないでしょうか。

福祉国家は確かに戦後期だけに限定されるわけではありませんが、それ自体は、比較的近年のものです。しかし、福祉国家等の社会保険システムは、一部の人が想像するほどには、決して可能性に富む、普遍的な、あるいは保護的な制度ではなかったのです。それは、私たちがあたかも完全に安心できる世界から、不安な世界に徐々に向かいはじめているということではありません。福祉国家は、つねに偶発的な出来事に対処して、一人ひとりをリスクから護るための手段でした。それゆえ、福祉国家は、保険の原理と密接に結びついていたのです。とはいえ、福祉国家は、私がさきに名づけた外在的リスクという想定にもとづいて、構築されていました。国家は、かりに事態が悪化すれば、あなたを護るために介入することになります——市民は、事態の悪化に深く関係しているとは思われていないのです。今日、私たちは、人びとが自分の未来や身体、社会的、経済的な充足感とさまざまなかかわりをもつようになる、そうしたもっと能動的、再帰的なリスク環境にすでに移行しているのです。私は、こうした状況が、福祉国家を不要なものにすることを意味しているとは思いません。しかし、こうした状況は、明らかに抜本的な改革の必要性を示唆しています。多くの人は福祉システムの最盛期を追想しますが、その最盛期は、その人たちが私たちに信じてほしいと思う以上に、もっと複合した経験であったのです。左派の人びとがいだく、幾分かは虚構にもとづく福祉国家にたいする郷愁も見いだすことができます。失業手当を受け取るために長蛇の列をつくってきた人たちや、お役所仕事的な福祉事業と必死に闘ってきた人たちであれば、福祉国家が長いあいだにわたってマイナスの面をかかえてきたことを、おそらく誰もが認めるはずです。福祉依存、それに福祉システムが最適な成果を得られない状況——これらは、現実の問題です。私は、ネオ・リベラリズムの人たちが福祉に加える猛攻撃を支持しているのではありません。私たちは、人びとがリスクにたいしてもっと積極的な態度をとることを可能にするけれども、同時にまた人びとにたいして保護を提供できる、そうした福祉制度の建設的な再編成を必要としているのです。それは、福祉受給とそれほど密接に結びつかないかたちの保険メカニズムを探究することを意味しています。できる限り私たちは、人びとにたいして、モノよりも、むしろ将来の可能性や責任能力を与えるべきなのです。

――福祉国家は、決して純粋な保険メカニズムではなかった。国家は、同時にそれ以外の目標を達成したり、かなえる努力をつねにしてきました。

……人口の社会的抑制策を実行したり、人びとに身のほどをわきまえさせたり……

――しかし、国家はまた、想定される民間の保険市場がその当時にもたらすことのできなかった、いわば最低水準の給付を保証する努力もしてきました。教授がさきほど述べられたように、私たちは、確かに福祉国家の台頭について多元的な解明を必要としています。福祉国家の台頭は、一面では、間違いなく社会崩壊にたいする警察活動であったり、社会崩壊の阻止であったのですが、同時にまた、一面では、最低限の生活基盤に加えられた圧力にたいする応答でもあったのです。これらの応答は、こうした社会崩壊の原因の背後で社会のさまざまな集団が発揮できる潜在能力を反映していました。教授は、福祉国家を、明らかに社会統制の媒介手段とみなす見解に同意されていないわけではないのですね。

同意しています。福祉国家は、明らかに社会統制の一要素でした。

——私はまた、教授が個人の責任能力という要素をどの程度まで誇張して指摘したいとお考えなのか知りたいのです。

それは、たんに個人の責任能力だけではありません。それはまた、リスクを覚悟することとの関連で、私たちがどのように保険の原理を応用するのか、その際に政府はどのような役割を努めるべきかということとも関係しています。私たちは、これらの疑問について創意に富むかたちで考える努力をおこなうべきです。これまでどの政府も試みていませんが、政府が社会的リスクにたいして償還可能な債券を発行することは、原理的におそらく可能です。しかし、たとえば災害リスクを補償する金融派生商品は、すでに存在します。負担責任も、同じように興味をそそる概念です。うまくいかない可能性のあることがらのどの側面を、誰が補償するべきなのか、また、人はどの側面にたいしてその人自身責任を負うべきなのでしょうか。

——しかし、多少「時代遅れ」の指摘をもう一つすることになりますが、このような変動のもたらす帰結は、機を見るに敏で、裕福な、情報に十分通じた人びとや、一般に保険を掛けることがあまり負担にならず、また自分自身にうまく保険を掛けることのできる人びとのほうが、最初からこうした点で恵まれない立場にいる人びとよりも、最後に得をするという事態になりはしないでしょうか。

……一種の二重の階層分化が……

――そうです。事実、内々のルートにあずかることで、もっと大きな分散が生じています。対立は、たんに公私のあいだだけでなく、どのようにリスクに立ち向かい、責任能力を高めるかという点にも生じています。このことは、なぜ教育が、かつてそうであった以上に、経済面でのもっと大きな断層線を押し拡げはじめているように思える理由の、重要な要素です。教育を受けた人は、能動的、再帰的な世界では、そうでない人よりも、うまく生き残り、成功することが可能です。

――スウェーデンは、福祉国家の制度によって、かなりの水準の社会的平等化を、ある程度まで達成したのではないでしょうか。

北欧の福祉国家は、西ヨーロッパの他のほとんどの国々よりも不平等の度合が低いことを示しています。しかし、それが福祉国家のもたらした成果であるのかどうか、あるいは福祉国家が北欧社会の他の側面を反映しているのかどうかについては、大きな疑問があります。理由は何であれ、平等と集合体全体の責任という長期にわたって続いてきた文化が、確かに存在するように思えます。

――そうですね、そのとおりかもしれません。しかし、実際に福祉国家という制度が、平等化を定着させる方法のひとつになり得るという主張にとって、たとえ教授が、直接の原因はスウェーデン人がある意味でイタリア人と違って平等を求めていたからであると主張したいとしても、スウェーデンの事例は、明らかに格好な《一応の根拠》となっています。

確かにそうです。とはいえ、このことは、北欧の国々では、所得の再分配よりも、むしろ労働の再分配をとおして達成されました。福祉国家は、他の社会では半端な仕事に押しやられるか、あるいは労働力市場から完全に押し出されている人びとに（ほとんどの場合、女性たちですが）職を提供しています。

――しかし、福祉国家はまた、協調組合主義とも関係していました……

スウェーデンの福祉国家が、所得なり富の直接的な再分配を生みだした証拠を見いだすことができるとは、私は思いません。なぜなら、富の度合でいえば、スウェーデンは、現実には極めて不平等であって、裕福な家族を数多くかかえた資本主義社会であるからです。

―― このような特徴を示す福祉国家は、現実には再分配ではなく、一次的分配というかたちによって問題に取り組んでいる、とエスピン＝アンデルセンのような人なら主張するかもしれません。つまり、一連のすべての制度構造は、職を必要としている人びとには誰でも、社会が、賃金と労働条件についての中央交渉によって、妥当な賃金で職を提供することを意味しています。ですから、福祉国家という装置は、この種の作業をおこなうためであれば、必要でなくなります。

いいえ、必要としています。なぜなら、規模の大きな福祉国家を欠いては、おそらく職を見いだすことができないからです。

―― しかし、そのことはまた、ジェンダーという非常に重要な要素を、間違いなくともなっています……

確かにそうです。しかし、この場合もまた、北欧の国々では、福祉国家が完全に創りだしたのではない男女平等という精神文化が、すでに存在していたように思えます。北欧の国々は、非婚の母親やひとり親の母親が、福祉国家の職務に就いて働いています。ですから、このことは、所得の再分配というよりも、労働の再分配であるように思えるのです。

―― 再訓練のための莫大な経費と、それほどではないにしても失業状態にたいする支出をつねに必要としていることを除外すれば、そうです。しかし、こうした状況のもとでは、給付金の水準は依然として高く、また働く女性の産休の権利は、英国の場合よりももっと高くつきます。

しかし、こうしたシステムを将来のモデルとみなすことは、難しいですね。こうしたシステムを他の特定の外部資源なしに維持してきたように思える北欧の社会は、ノルウェーのシステムもそれに似ていますが、唯一デンマークだけです。スウェーデンのシステムは、厳しい重圧を受けているように見えます。フィンランドは、失業率が高い。デンマークとオランダの二カ国は、対外経済との関係で十分な競争力を確保しながら、成果を挙げている健全な福祉国家であるように思えます。両国とも、国の規模が小さい。そのことが何か関係しているのかもしれません。

―― 終わりにもういくつか質問があります。肯定的、建設的な福祉の可能性について論ずる際に、教授は、富める人たちと貧しい人たちのあいだでの社会「協約」という考え方を提起されています。このような協約は、どのように確立され、また運営できるとお考えですか。

たとえば、ロンドンの地下鉄の改装は、さまざまな税率等級の人びとからの幅広い支援をおそらく得ることができると思います。ひとたび交通事情や公害が著しく悪化すれば、ロンドン市民は誰もが、「ともに嫌な目に遭う」ことになります。他の争点をめぐる新たな提携や同盟関係が、若年齢層と高年齢層のあいだでおそらく生まれてくるかもしれません——若年齢層と高年齢層の多くは、明らかに国家に依存しているからです。もう一つ別の例を挙げるために、単一通貨ユーロがおそらくもたらす事態について考えてみましょう。単一通貨は、誰もがいまだかつて想像もしなかったヨーロッパを横断する同盟集団を、たぶん年金受給者のヨーロッパ中に拡がる結合体を創りだすと思います。

——そのことについては、私は確信がありません。教授が話されているのは、どうも何らかの種類の公共財であるかのように思われます。誰もが、富める人も貧しい人も同じように、もっと望ましい地下鉄システムを手にすることから利益を得られる立場にいます。たとえ、その結果、格好のいい車で街に出かけたときに、街の通りが人びとでふさがれていないとしても、そうです。この場合でいえば、直接の利益を得るのは、富める人たちです。とはいえ、何らかのかたちで再分配をおこなうことを富める人びとがなぜ実際に求めるのかという理由は、明らかになっていません。このことは、いずれにしても福祉国家による再分配をおこなうための理論的根拠の、つねに重要な要素でした。富める人たちは、自分の所有しているものの大部分を安全に守るための次善の策として、ほんの少しのものを無償で提供するのかもしれませんね。

それなら、なぜそのことに問題点を見いださないのですか。それは、こうした争点の新たな解決策を求めるための方法のひとつなのです。

――終わりの質問になりますが……。教授には、トニー・ブレアお気に入りの社会科学者というレッテルが貼られており、また、たとえば肯定的、建設的福祉や再帰的現代化についての教授の考え方は、新生労働党の考え方の多くと、ある種の「互いに引き付けあうもの」があるとみなされています。労働党の再生「プロジェクト」についてどのように評価されているのか、おたずねしたいと思います。

人によっては、新生労働党を、たんに方針を右旋回させ、冷淡にサッチャー風の綱領を数多く積み込んで船出するだけの政党とみなすかもしれません。私は、そうした姿が真の姿であるとは思っていません。新生労働党は、私たちがここで論じてきたすべての変動と関係する課題を、いま先駆者的に切り拓こうとしているのだと、私は考えたいのです。このことを、あまりにも狭い視野でとらえるべきではないと思います――かつてのすべての社会主義政党は、それに別の政治的立場にある政党も同じですが、これらの問題といま格闘しているのです。ですから、この本のなかで私たちが思いをめぐらせてきた社会発達のもたらす政治的帰結は、たとえある国のある政党にどのようなことが生じたとしても、それによってその帰結の命運が決まるわけでは確かにありません。

インタヴュー 7
世界政治

――前にも政治について話題にしましたが、ここではこの問題をもう少し深く掘り下げ、同時に教授の考え方が、国際舞台で生じている出来事や変化とどのように結びつくのかおたずねしたいと思います。まず、今日、政府の役割を教授がどのように考えられているのかという質問からはじめてはどうでしょうか。多くの人たちが、政治の終焉や政府の終焉を話題にしています。

終焉というテーマ全般について多少お話することからはじめてもかまいませんか。文芸評論家のフランク・カーモードはいまから三〇年以上前に『終焉の意識』という本を書きましたが、この終焉というテーマは、その当時そうであった以上に、今日、さらに注目されています。社会主義の終焉、マルクス主義の終焉、歴史の終焉、労働の終焉、家族の終焉、国民国家の終焉、さらには科学の終焉――他にもまだありますが、これらはすべて最近出版された本のタイトルです。終焉にたいするこのような熱中は、いったい何を意味するのでしょうか。知識人たちは、将来いつか終焉について論ずることに終わりを宣言して、始まりについてもう一度また論じだすことはあるのでしょうか。

簡単に答えるとすれば、これはすべて、私たちが千年期の終わり近くを生きていることの結果であると言えるかもしれません。おそらく、新しい世紀がはじまれば、文化的感覚に変化が生じて、私たちは誰もが、終焉よりも、始まりについて口にしだすでしょう。この仮説は、そのために私たちはあと数年待たなければなりませんが、少なくとも検証される価値があります。私も、たとえば「ポスト伝統社会」や、自然の終焉、伝統の終焉等々の概念を導入することで、こうした終焉をめぐる議論全体にほんの少しばかりかかわり、その一因になってきました。

とはいえ、私たちは終焉論という思考様式から身を振りほどいて逃れるべきである、と私は思います。現実に——私たちがさきの数章で論じた地球規模のコスモポリタン的社会の形成という——始まりの兆しが見えはじめているからです。それは、マルクスが考えたような仕方で古いものごとから出現する新たな時代ではありません。モダニティは、依然としてモダニティです。しかし、それは、今日、地球規模の情報革命やその他の変動を介して、もっと普遍化され、徹底化したモダニティです。終焉をめぐる論議は、私にとって、モダニティの限界や複雑さ、逆説性をあるがままに受け容れることができないことを意味しています。私たちは、私たちがみずからの歴史を形成しようと努めるべきだという考え方を放棄することなしに、過去のいくつかの夢からみずからを解き放つべきです。ある意味で、私たちには、歴史に影響を及ぼす努力を引きつづきおこなう以外に、他にとりうる途はないのです。なぜなら、私たちの暮らしは、私たちが解放してきた歴史の影響力によって、根本的に形成されているからです。たとえば、私たちのいだく未来観について考えてみましょう。テクノロジー信奉者のなかでも最も無邪気な人たちしか、もはや未来を、広々と開かれた、容易に入手できる領土とみなすことができません。私たちにとって、未来は存在するのをすでに止めたとさえ、ほとんど主張できるかもしれません。私たちによる未来の先取りそのものが、さまざまな未来のシナリオを創出しています——自分たちの未来について考えることは、そのすべてがすでにシナリオ思考となっており、このシナリオ思考では、どのようなシナリオであっても、そのシナリオが想像することがらの形成に影響を及ぼすことが原理的に可能です。これは、私たちには未来を知ることができないという主張の見本では決してありません。もちろんこの主張そのものは論理的に正しいのですが、決してそうした主張の見本ではありません。未来はどうなるのかについて私たちのとる思考様式が、未来を変えてきたのです。この点は、もっと広く社会全体にかかわる争点だけでなく、私たち一人ひとりの暮らしにも当てはまるのです。

あなたの質問が、政治や政府についてであったのを失念していたわけではありません！　しかし、「進歩主義」の政府という考え方は、私たちがみずからの歴史を自由に操れる存在になるという考え方と、強く結びついていました。進歩主義は、社会主義をはるかに凌駕する観念です——また、保守主義がつねに抵抗してきた観念なのです。保守的な人たちは、私たち人間がものごとを完全になし得る能力を備えていないことや、知識が本質的に断片的であること、それに、未来を統制できる私たちの能力が限られていることを強調してきました。今日、私たちは、誰もが保守主義者であると言えるかもしれません――私たちは、変化を促進させるのと同じくらい頻繁に、変化にブレーキをかける必要があるのです。さらにまた、私たちが統制できることを完全に望めない力にたいして、防御的な態度を、つまり、用心深い態度をとる必要があります。政府や政治についての私たちの考え方は、こうした新たな理解をおそらく反映しています。

政府の終焉や政治の終焉について口にする人びとは、通常、現実の趨勢について述べるだけでなく、同時に特定の価値判断をも唱道しています。たとえば、ネオ・リベラルの人たちは、政府を、最小限必要な規模に縮小するよう求めています。すべてのことがらを市場にまかせ、私たちが「政治的」と名づけることがらのほとんどを、もとのように市民社会に戻すことを求めています。かりに市民社会を放任して自由にまかせれば、市民社会は、ともかく自動的に連帯作用を引き出すことができる、とネオ・リベラルの人たちは想定しています。市民社会では、エドマンド・バークのいう〔私たちが社会のなかで帰属し、それにたいする愛着が公共的情念の第一原理となる〕「小さな部署《リトル・プラトーンズ》」が、あたかもすべてのことがらを小規模なものに縮小できるかのごとく、しばしば強制的に任務に駆り出されることになります。こうした論者たちは、福祉国家が市民社会からその精気をすっかり吸い取り、「天与の」社会的調和状態を破壊していると、滑稽なほど非難します。こうした非難は、一部の社会民主主義者たちが福祉国家についておこなう誇張された断言にたいする、ある意味で巧みな応答なのです。

グローバル化が進展する社会では、すべてのことがらを、ローカルなレヴェルに縮小還元できると想定するのは、ばかげています。社会的連帯は、ローカルな統治システムから、今日出現しはじめているグローバルな統治システムに至るまで、すべてのレヴェルでの望ましい政府に依拠しています。政治の終焉ということはあり得ません。しかし、私たちは、古典的な国民国家のものとは異なる政府のかたちを率先して開発することが、確かに必要です。今日、世界のいろいろな場面で急増している特定利益団体や非政府組織は、それ自体として統治機構になることはできません。なぜなら、政府がまさに担う目的の重要な要素は、特定利益団体がおこなうさまざまな要求や権利主張を解決することにあるからです。デイヴィッド・ヘルドのいう「コスモポリタン的民主制」モデルは、明らかに実現可能性があります。この「コスモポリタン的民主制」モデルのなかで、ヘルドは、ローカルな政府から、改革されたグローバルな諸制度に至るまで、好ましい結果をもたらす民主的な結合形態を想い描いているのです。

――ですが、はたして世界政府の出現はあり得るのでしょうか。一九世紀末に、何らかのかたちの世界政府がいまにも誕生するという考えが流行し、少なくとも一部の人たちはその考えを確信していました。第一次世界大戦はこうした考え方をことごとく打ち砕いてしまった。今日、このような願望は極めて非現実的であるように思えます。教授ご自身は、「暴走する世界」

という言い方をされています。この「暴走する世界」とは、今日、私たちは適合しなければならないが、それどころか私たちには統御できる望みがほとんどない、そうした一連の力のなかに――とりわけ、グローバルな金融市場と密接に結びつく力のなかに――私たちが巻き込まれていることを意味すると考えてもよいのでしょうか。

私は、私たちが暴走する世界を生きていると、確かに考えています。私はこの表現を、もともと人類学者のエドモンド・リーチから拝借しました。暴走する世界という表現は、約四半世紀前にリーチがBBC初代総局長リースを記念する連続講義で用いた講義題目です。もっとも、リーチは、この言葉の語尾に、疑問符を添えていました。でも、私は、その後の展開に照らして見て、私たちが疑問符を必要とするとはもはや考えていません。しかしながら、私たちは希望を捨てるべきではないし、希望を捨てることはできないのです。私たちは、マルクスが考えたようなやり方で歴史を飼い慣らし、統御することはできない。なぜなら、マルクスが自分の理論の論拠にした歴史変動の弁証法は、存在しないからです。しかし、私たちは、個人として、また集合体として、目下そうである以上に自分たちの運命を掌握したいと望むことが引きつづき可能です――実のところ、世界社会の未来は、このような望みをいだくことに懸かっているのです。おびただしい数の終焉論を含め、過去三〇年間の文化的感覚は、ネオ・リベラリズムの理論のなかに内包されているように、市場原理主義の強い影響をかなり受けてきました。かりに規制緩和がすべてであるとすれば、もちろん、私たちは、気まぐれな社会的勢力や経済的勢力、科学技術的な力に統制力を譲渡することになります。こうした状況が、科学的革新のグローバル化といまのようなかたちで結びついて、暴走する世界を創りだしてきたのです。

こうした状況には、抽象的な側面と、もっと具体的な側面を見いだすことができます。哲学的なレヴェルで見れば、私たちは、啓蒙主義運動の限界を認める一方で、自分たちの歴史に何らかのかたちで方向性を与えるという目標を、断念するべきではありません。こうした状況のもつ複雑な再帰性は、この二つの途をともに切り拓いています。いずれの途が必然的に達成される予言となるか否かを決める予測は、たとえば見込み違いに終わる可能性があるにしても、同時にまた、私たちに将来の変化を現実に把握する手段をもたらす可能性があります。

多少もっと具体的なレヴェルで見れば、世界政府には遠く及ばないにしても、地球規模で統治の質を高め、民主化を促進するための多くの可能性が存在します。私たちは、グローバルな金融市場の果たす役割を、こうした検討対象に加えていく必要があります。もちろん、市場原理主義者たちは、金融市場が自主調整されており、たとえ短期的に見ても、つねに均衡状態に向かっていると想定します。ケインズは、ジョージ・ソロスがそうであるように、もっと現実主義者でした。ソロスは、私と同じように再帰性の概念を用いています。ソロスは、情報の再帰的充当利用がおこなわれるゆえに、金融市場は不安定になりやすい——市場はまったく予期しない方向に動いて、大混乱に陥ったり、バンドワゴン効果や付和雷同的行動、パニックによって影響を受ける可能性がある——と、論じています。私はこのソロスの見解に同意します——グローバルな金融市場は、私たちがみずからのために創出した、重大な帰結をもたらすリスクという範疇に属しています。今日、私たちが目にするような瞬時に反応する市場は以前には存在しなかったし、また、私たちは、見境なしの大規模な経済崩壊が生ずる可能性を排除することさえできないのです。

経済の大規模なメルトダウンはほとんど起こりそうもないと、私たちは願わざるを得ません。しかしながら、私たちは、金融市場の流れをもっと効果的なかたちに方向づけ、したがって、資本の国外移動やパニックの進展を最小限に抑えるための方法を、確かに探し求める必要がありまず。これらの争点をめぐっては、一九九七年とその後の東アジア経済で経験された問題を契機に、世界中で多くの議論がなされてきました。メキシコの平価切り下げ危機の後にも、同じような騒ぎが見られた。しかし、こうした騒ぎは、やがて忘れ去られ、そこからは何も生まれませんでした。私は、今回はもっと多くの方策が生まれることを期待しています。私たちは、もっと安定性のあるシステムを、地域経済——とりわけ、新しく生まれはじめている市場経済——を市場の極端な不安定さから保護するためのシステムを、探し求める必要があります。今日、世界には共同管理された巨大な流動性資金が存在し、こうした資金のほとんどは、短期の高収益を期待しており、為替レートの変動から利益を得ることに関心を寄せています。多額の資金が、ある国や地域に引き寄せられた後で、突然、ほとんど一夜のうちに流出する場合もあり得ます。もっと規模が小さい、開放された経済機構は、最も攻撃を受けやすいように思えます。しかし、このことは、経済全体がかかえる問題であるため、規模の大きな先進経済国でさえも、ひどい悪影響を被る恐れがあります。

このシステムのなかに意識的な統制をより多く導入することが、おそらく最大の目標になるでしょう。このことは、ローカルな手段とグローバルな手段の組み合わせによって達成できると思います。ローカルな「最善の策」の幅広い導入が重要です。よく引用される実例のひとつは、チリの強制預託金システムです。中央銀行に一年間無利子の預け入れをおこなったときにはじめて、チリでは投資ができるようになりました。この目的は、投資を抑制せずに、短期の金融投機を思いとどまらせることにあり、その方策はうまく働いているように思えます。

国際通貨基金（ＩＭＦ）の変革は、かりにこの制度を現在のかたちで維持することをつねに想定しているのであれば、たんに望ましいだけでなく、必要であるように思えます。米国による支配が薄まれば薄まるほど、より大きな透明性等々の改変をかなり容易に達成できるはずです。市場の規制を、これまで達成されてきた以上に、もっと効果的なかたちで民主制と結びつけることがおそらく可能です。ソロスが提案する国際的な信用保険会社は、真剣に受け止められていませんが、これに類した仕組みを検討することには価値があります。この考え方は、国際的な借り入れを、その国の信用状態の査定と結びついたかたちで、信用貸しの最高限度まで保証することです。この限度水準を超えると、貸したいと思う民間の金融機関は自己責任でおこなうことになります。くわえて、私の見解では、例の（国際金融取り引きに強制割り当て金を課するという）トービン・タックスを議題に載せるべきです。トービン・タックスは、しばしば指摘されているほど、その可能性が非現実的ではありません。この課税は、かなり乱暴な金融投機を思いとどまらせ、政府が再度充当利用できる歳入を生みだすという、二重の効果をおそらくもたらします。結局のところ、世界の金融市場における取り引きの相当部分は、国債と関係しています。政府は、十分に発達した福祉制度を支えるために必要な高い税金を自国民が支払うのに気が進まないことにたいする対応として、債券を発行してきました。このようなシステムの確立は、おそらく容易でないと思います。しかし、このシステムがもたらす利益は、無視できないでしょう。

――はたして欧州連合は、その構成国を金融市場の衝撃から守るための有効な手段となり得るのでしょうか。教授は、出現しだしている他の通商圏が、金融市場の示す無秩序な趨勢に対抗できる力をもたらすとお考えですか。

欧州連合がこの問題に単独で立ち向かう方法は、まったく存在しません。まして他の通商圏は、十分に組織化されていないため、単独で立ち向かうことはできません。もっと地球規模のレヴェルで方策を講ずる必要があります。その方策は、グローバル化した資本市場が、先進経済国だけでなく、新興経済国にたいしても供与できる現実の経済的利益を危うくすることなしに講じられる必要があります。単一通貨ユーロの運命は、ヨーロッパではなく、厳密にいえば、グローバルな市場の反応によって決められるのです。

——単一通貨について、教授ご自身はどのような見方をされていますか。単一通貨にたいして、経済学的観点に対抗できる社会学的観点を、何か見いだすことができますか。

抽象的な理解として、私は、欧州連合がこのユーロを生みだしてきたような方式では、単一通貨を支持しません。さきにすべきことがらがあったからです。欧州連合の民主制と説明責任の問題は、依然として深刻ですし、この問題にたいするしっかりとした取り組みが待たれています。世の中が欧州連合にたいしていだく熱意の低下傾向は、間違いなく欧州連合の諸制度の示すよそよそしい態度や官僚制的気質、それに欧州連合の協議事項が普通の人びとを最も悩ませている問題、とりわけ失業の問題に対応していないように思えるという事実と、結びついています。とはいえ、それに加えて、単一通貨は、未知の帰結をともなうため、大きなリスクとなります——単一通貨は、新たなリスクに満ちた現象が本質的に無制限のリスクをともなうことと、ぴったり符合しています。欧州連合と同じくらい規模が大きかったり、富んでいる国家どうしのどの集合体も、これまで単一通貨の制定、実施を試みたことはなかった。過去において、通貨の成立は、通常、国民国家創設の必然的結果としておこなわれてきたのです。

ヨーロッパの一部の経済機構のあいだでは、すでにかなりの収束を見いだすことができます。

したがって、ユーロにたいする市場の反応は、この場合も本当のところは誰も確信をもっていないとはいえ、短期的には生じないかもしれません。中長期的には、世界経済の情勢と、ヨーロッパのさまざまな経済機構のその後の発達に左右されますが、もっと大きな困難を生みだす可能性があります。単一通貨は、純然たる経済的プロジェクトというよりも、むしろ政治的プロジェクトである、と多くの人びとが述べています。したがって、単一通貨が経済的にうまくいかないとすれば、そのことはすべて政治的に重大な帰結をもたらします。単一通貨が強いる融通性を欠いた状態について多くの経済学者が表明してきた危惧は、私の考えでは、現実の問題です。ヨーロッパは、米国に見いだすような高い水準の労働力移動を経験していませんし、おそらく将来も必要としないでしょう。

あなたがそれとなく言及するように、社会学者は、これまでおこなってきた以上に、通貨統合についてもっと注目するべきです。かりに通貨統合のもたらす経済的帰結が――その支持者も反対者も異なるかたちで表明するように――本当に根本的なものであるとすれば、社会的含意もまた、おそらく同じように奥深いと思います。たとえば、前にも言及したように、単一通貨は、自分たちの共通の利害関心をこれまで以上にもっと明確に理解できる、そうしたさまざまな国を母体とする集団を結果的に生みだすかもしれません。南イタリアの小規模農場主は、自分たちがスコットランドの小作農とかなり多くのことがらを共有していることに気づくかもしれません。ある国の年金受給者は、ヨーロッパ中の年金受給者と互いに積極的に手を結ぶかもしれません。単一通貨ユーロは、欧州連合の政治的正統性を前面に押し出すよりも、むしろ欧州連合の政治的正統性に跳ね返ってくるかもしれません。

しかしながら、別の可能性もあります。ほとんど起こる可能性はありませんが、ユーロは、不発花火になるかもしれません。経済的収束がすでに存在するという事実は、すべてが変わるとは限らないことをおそらく意味しています。

―― 教授は、欧州連合そのものについてどうお考えですか。欧州連合の前途はどうでしょうか。一部の人びとは、欧州連合の至るところで欧州統合に懐疑的な傾向が強まっていると見ています。このことは、単一通貨ユーロにもかかわらず、「ヨーロッパ・プロジェクト」が後戻りしはじめていることを意味するのでしょうか。

今日、欧州連合を、世界の他のほとんどの同じような機構と同じく、たんにグローバル化の表出だけでなく、グローバル化にたいする応答とみなす必要があります。欧州連合は、今日の状況とはまったく違う脈絡のなかで誕生しました。欧州連合は、当初は第二次世界大戦がもたらした壊滅状態にたいする、そしてその後は「ヨーロッパ」を共産主義と米国のあいだに位置づけた冷戦という現象にたいする反応でした。ヨーロッパの団結を最初に唱道した人びとのあいだでさえ、ヨーロッパが共産国と米国のあいだの「自由地帯」であるために、ヨーロッパの団結を、ロシア封じ込め政策という観点からとらえていた人もいます。

事態は、一九八九年以降、まったく違った様相を呈しています。また、ヨーロッパ・プロジェクトが一種の過去の惰性に押し流されているのは、驚くことでもありません。私は欧州統合におおいに賛成ですが、私たちは、欧州統合に懐疑的な人びとが一部でおこなう批判を無視するべきではありません。繰り返していえば、かりに欧州連合が人びとの日常の関心事に取り組むために役立ち、しかも民主化された制度の枠組みのなかでそれがおこなわれるようになってはじめて、ヨーロッパは、一般の人びとにとって「現実の存在」となることができます。とりわけ、補足的機能限定の原則を、真剣に受け止める必要があります。この補足的機能限定という用語そのものが、かなり「ブリュッセルの使う決まり文句」、つまり、ブリュッセルの官僚制組織の産物なのです。とはいえ、この原則は、グローバル化を政治的に跡づけるために不可欠です。「いろいろな地域から構成されるヨーロッパ」は、たんなるスローガンではなく、権力の地方分権という現実なのです。この現実を理解することは、欧州連合が、どちらかと言えば、中央集権された連邦国家となる必要性があるという考え方の誤りを認めることなのです。こうした考え方は、欧州統合に消極的な人びとの見る悪夢の一端です。しかし、ヨーロッパという観念は、正しく理解して展開すれば、二つの方向に進んでいきます。連邦主義に批判的な論者は、実効性のある連邦システムが地方分権されたシステムであることをはっきり認識していないように、私には思えます。地方分権されたシステムは、欧州中央政府の権力の増大が民主制の拡大に付随していく限りにおいて、中央政府の権力の増大と矛盾せずに共存できます。ヨーロッパ・レヴェルでの官僚制組織のさらなる発達は、欧州議会が握る権力の強化を意味していますが、同時にまた、ローカルな説明責任のあり方を新たな目で検討し直すことでもあります。

欧州連合は、欧州連合が当初示した緩慢な動きにもかかわらず、他の経済ブロックに後れをとるよりも、むしろそれらに先んじています。欧州連合は、グローバルな秩序にたいする先駆け的な応答です。あるいは、そういうかたちで解釈することができます。欧州連合は、他の地域が真似るモデルとして発達する可能性がありますし、また、私がさきに述べたようなコスモポリタン的なグローバル社会に寄与できる可能性をもっています。

私にとって、欧州連合の示すコスモポリタン的特質は、ヨーロッパのために何らかのかたちのすべてを網羅する文化的アイデンティティを発見することよりも、重要であるように思えます。ヨーロッパ文化を他の文明から区別するヨーロッパ文化独自の特質を見いだすために、あるいはある種の一体化された文化を育成するために、これまで非常に多くの努力が費やされてきました。しかし、私は、こうした戦略が望ましいとも、また必要であるとも思いません。ヨーロッパは、共通の文化をもった特大の国民国家になることはないし、またそうなる可能性もありません。ヨーロッパをひとつに束ねている理想は、世界中の誰もが、経済的繁栄の促進を含め、一人ひとりの自由の擁護と、恵まれない人びとにたいする共同責任、民主的権利の承認を共有できるという考えなのです。

類似した見解を、北大西洋条約機構（NATO）についてもおこなうことができます。誰もがNATOを厄介な問題とみなしていますが、NATOは、私たちが直面する地球規模でのディレンマの解決策になる可能性がいくつかあります。アメリカ人はNATOのなかで中心的地位を占めており、そのことがNATOを欧州連合そのものからはっきり区別しています。現状では、NATOは、欧州連合の軍事手段になることはおそらくありません。しかし、そのことは、かりに私たちがNATOを過去においてそうであったもの——つまり、典型的な冷戦の組織——としてではなく、将来なりうる可能性があるものとして理解すれば、決して悪いことではありません。NATOは明確な役割を何も担っていないという主張が、しばしばなされています。しかし、このような見解を示す人びとは、軍事力を、伝統的な地政学や国民国家間の衝突との関連で考える傾向が依然として強いのです。NATOは、もっと正確には「誰も敵がいない」世界に——つまり、クラウゼヴィッツの『戦争論』の提示する原理によって推進された地政学がもはや当てはまらない世界に——属しているのです。NATOの存在は、伝統的なかたちの戦争が時代遅れになったことを明らかに示しており、NATOのまさに無定型な構造は、伝統的な戦争が時代遅れになった状況におそらく寄与しています。このような見方をすれば、今日すでにそうなっているわけですが、たんに東ヨーロッパだけでなく、ロシアをも含めるため、結果的にNATOが東方向に拡大することには、何の支障も存在しません。

NATOの目的は、このようなシナリオとの関連で明確にされる必要がありますし、またNA

TOの戦力ももっと明確に規定されるだけでなく、制限される必要があります。このことは、国際連合と協力しあいながら、米国とヨーロッパが提携することによって、最も望ましいかたちでおそらく達成できるはずです。私は、このような可能性を、ユートピア的現実主義の認識範囲のなかにはっきり入るものとしてとらえています。これらの可能性は、簡単には達成できませんが、決して非現実的ではない切望なのです。

――でも、欧州連合の経済状態についてはどのようにお考えですか。「欧州硬化症」という用語がごく頻繁に使われているのは、まさにこの点です。私たちが話してきたように、米国の経済は好調であるように見えます。一部の人びとが述べているように、安定した景気循環をともなう「新たなパラダイム」を見いだすことができるかもしれないし、できないかもしれません。しかし、米国は、低い失業率、低いインフレ率、適度な成長率が結合しているように思えます。一方、ヨーロッパは、将来かなり減少できる見通しがほとんど立たない高い失業率に陥っているように思えます。ヨーロッパの主要国では、多くの国有事業が競争力を失っているように見えます。「ヨーロッパ・モデル」は、徹底的に再考される必要があるのでしょうか。

私は、このような安易な比較にいずれも抵抗したいのです。経済学者のスティーヴン・ニッケルは、ヨーロッパ全体の失業率に大きな変異が見られることを証明しています。一九八三年から一九九六年まで、経済協力開発機構（OECD）に加盟するヨーロッパの人口の三割は、平均失業率が米国よりも低い国々で暮らしていました。さらに、たとえばオーストリアやポーランド、ノルウェーのように失業率が最も低い国々の一部は、その国の労働力市場が柔軟性をもつことで有名になっているわけではありません。かりに成長率を少なくとも通常の測定方法で調べれば、ヨーロッパの一部の国々は、この期間を通じて米国よりも高い成長率を示してきました。したがって、状況は、多くの人びとが想定するほど明確な輪郭を示していません。くわえて、ヨーロッパと米国を比較した場合、ヨーロッパの福祉国家擁護論者たちが、通常、強く指摘する点があります。米国は西ヨーロッパのほとんどの国々よりも失業率が低いものの、それは、貧しく働いている人びとの割合が逆に高いという犠牲の上に立っている、との指摘です。米国の下から四分の一の層の賃金は、この四半世紀のあいだ、あるいはごく最近まで、ほとんど上昇していません。このことは、西ヨーロッパの主要な経済国には当てはまらない。米国の国民一人当たりの刑務所収監者数は、ヨーロッパよりも高くなっています。この点について私が目にした最も徹底した研究は——かりに刑務所に収監されている男性だけでなく、刑務所業務で働いている男性も含めれば——米国における男性労働力のまるまる二パーセントを占めると指摘しています。さもなければ、男性の失業率は、おそらく二パーセント上昇するはずです。

私たちは、別の方策を探さなければならないのですが、決してそれは不可能な仕事ではありません。私たちはさきに、福祉国家の改革について、少なくとも概括的に話してきました。確かに私たちはヨーロッパの福祉国家の多様性を認識するべきですが、ヨーロッパの多くの国々で、福祉改革は、差し迫った課題であり、また不可欠です。福祉国家は、「米国流」であってはいけないと思います。いいかえれば、福祉にたいして、否定的な取り組みよりも、むしろ肯定的、建設的な取り組みをするべきです。米国では、「福祉」は、つねにマイナスの色合いをともなってきました。それにたいして、ヨーロッパでは、福祉国家は、社会移動や一人ひとりの目標達成のためのスプリングボードとして、正しく理解されてきました。私たちは、福祉国家が最初に設立されてから今日に至るまで著しく変化してきた生活環境のなかで、私がさきの章で言及したリスクと安心感とのバランスを獲得するために、福祉国家のこうした特質をさらに推しすすめる必要があるのです。

今日では、福祉改革を、グローバル経済の遂げた経済的好結果に連動させる必要があります。労働力市場をめぐる厄介な問題については、スティーヴン・ニッケルのおこなった分析が、その答えの一部を示しています。労働力市場の硬直性は、かりにそれが労働者の権利の法的保護と、厳しい雇用立法を意味するのであれば、雇用を害することはありません。失業は、たとえば無制限につづく失業手当や労働力市場の末端層の乏しい教育水準といった他の特徴と結びついています。間違いなく、この点に、構造的変革を加える必要があります。「労働力の堆積」という議論がなされていますが、私は、職の積極的な再配分をめぐってはその実現可能性が顕著にあると考えています。たとえば、「オランダ・モデル」の成功は、多量のパートタイム労働の機敏な創出に依拠しているように思えます。

失業をめぐる争点は、ジェンダーと家族の問題、あるいは労働全体の将来像というもっと包括的な課題と無関係に検討することはできません。失業率は、信憑性のある統計のように一見思えますが、ちょっと吟味しただけでも、複雑で、解釈に依存する要素が高い統計であることがわかります。失業者とは、みずから働きたいと主張している人びとです。かりにこの点を正確に測定できたとしても、失業率は、いま働いているけれども、むしろ働きたくないと思っている人たちや、やり甲斐のない仕事で働いている人たちを——あるいは、引退した人のように、失業者の範疇から除外される人たちを——考慮に入れていません。公の退職年齢をこえている多くの人びとは、働きたいと思っているかもしれないのに、この人びとは失業者に含まれていないのです。

一九六〇年代に余暇社会の出現を主張した人たちの予測に反して、労働は、かりにそれが、今日、労働力に参入した女性の比率が高くなったというだけの理由であるにしても、人びとの生き方のなかで重要性を減少させるどころか、増大させています。しかしながら、労働は、相変わらず多くの人びとにとって苛酷です。今日、労働に苛酷さを感ずる人びとのなかには、管理的職業や専門的職業に従事している人びととの一部さえもが、含まれています。今日のグローバル経済には、時間の面で、二つのかたちの苛酷さがあります。最上層にいる人びとは、つねに働いている傾向が見られます。「有閑階級」という古びた観念は、ほぼ完全に消滅しました。情報技術や新たなコミュニケーション技術の及ぼす強い影響力は、人びとが働いていない時間がまったくないという状況を意味しています。人びとは、「まったく暇がない」ことで抑圧を感じているのです。社会の底辺には、別のかたちの抑圧に苦しむ人びとがいます——失業者たちは、「あまりにも多くの時間」をもて余しているからです。一方の集団は、仕事があまりあって欲しくないと思っているのにたいして、もう一方の集団は、仕事がもっとあって欲しいと思っているのです。

残念なことに、最上層から最下層への労働の再配分は不可能です。とはいえ、この双方の範疇に属する人びとの労働状況を、より一層の柔軟性《フレックシビリティ》の導入によって改善することは、おそらく可能です。この「柔軟性」という言葉は、労働を常勤雇用から臨時雇用に転換させることを指す場合もあります。とはいえ、柔軟性は、肯定的、建設的なかたちで適用されれば、人生において労働がもつもっと充足感のある役割を見いだす手段になる可能性もあります。このような仕方で自分たちの人生を秩序づけし直すことができる人びとは、労働に人並み以上に満足していると、間違いなく公言できるはずです。ドイツの研究では、こうした人びとは「タイム・パイオニア」と呼ばれてきました——この人たちは、かつて支配的であったものとは異なる仕事歴のモデルを確立することに期待しているのです。

労働の将来像をめぐる論争は、一九八〇年代初期にドイツの緑の党が口火を切りました。緑の党が生みだした考え方のなかには、風変わりな考えとして無視された部分もあります。しかし、この考え方は、その後の議論で——たとえば、市民の所得という観念のように——たとえ実行されていないとはいえ、議論の主要な潮流の一端になってきました。当初、エコロジー思考は、経済発達や職の創設と両立しないように思われました。しかし、今日、一般に両者は、互いに手を取り合って協調していくものとみなされています。より少ないものからより多くのものを生みだすことは可能であり、情報テクノロジーは、たとえ情報テクノロジーが他にどのような問題や困難を生みだすにしても、環境保護という意味ではクリーンな技術です。

私たちは、情報テクノロジーのさらなる発達がどの程度まで職務を創出するよりも、むしろ職務を奪うのかどうかわかりません。一部の人びとは、ジェレミー・リフキンのように、新しいテクノロジーが、職務のヒエラルキーを破壊的なかたちで押し上げると考えています。情報テクノロジーは、多量の未熟練労働や半熟練労働を削除した後で、次にもっと能力や資格をもつ人びとがおこなってきた職務の多くを解任していくというのです。別の人たちは、ほとんどの正統派の経済学者が含まれますが、新しいテクノロジーの進展はいまだ誰も予知できないかたちの需要を生みだし、それによってテクノロジーの発達が消滅させたのと同じくらい数多くの職務を創出していく、と想定しています。これらの予測のあいだに見られるズレは、労働をめぐる論争が、失業の問題だけに限定されないという重要な論点を、再度強調するのに役立つだけにすぎません。

――いままでのところ、英国の欧州連合とのかかわりについて話題にしてきませんでしたね。一九五二年に発足した欧州石炭鉄鋼共同体から欧州連合に至るまで、英国は、終始、傍観していたように思えます。英国がヨーロッパの心臓部になるという世評にかかわらず、ほとんど何も変わってこなかったように思えます。英国は、島国として、つねにヨーロッパ大陸とは別個の歴史を経験してきました。また、英国は、帝国として、ヨーロッパ以外の世界のいろいろな地域と歴史的なつながりをもってきました。さらに、英語を母国語にする国として、米国と緊密な提携関係を享受しています。こうした点をすべて考えあわせると、英国がヨーロッパへもっと完全に統合するという見通しは、どうなのでしょうか。

英国は、経済的にすでにヨーロッパの一端を担っています。英国の貿易の六割は、欧州連合を相手に営まれています。ロンドンからは、空路だけでなく、列車を利用しても、パリのほうがマンチェスターよりも近いのです。私は、今日、古くからの見方がおそらくかなり急速に変化するであろうと考えています。間違いなく、英国は、大西洋を挟んだ米国とのきずなを将来も保っていくでしょう。しかし、英国は、ヨーロッパの端で米国の出先機関として存在するよりも、むしろヨーロッパと米国との持続的対話を展開させる上で、おそらく重要な役割を演ずることができますし、またその役割を演ずるべきなのです。

欧州連合への参加は、国民社会としての英国のあるべき姿をつくり直す一助となりだしています。もちろん、欧州連合に反感をいだく人たちは、欧州連合を国民社会のもつ主権を奪い去り、ナショナル・アイデンティティを稀薄にする存在とみなしています。しかし、全体から見れば、真相はまったく反対です。グローバル化は、地域ナショナリズムを含め、地方自治の要求を強める傾向にあります。こうした要求を抑制し、地方分権主義やナショナル・アイデンティティと両立させるための最良の方法は、欧州連合を介することです。独立した自治地域をかかえるスペインは、この問題のモデルとなってきました。英国も、おそらくほぼ同じ途をたどると思います。ナショナル・アイデンティティは、地方分権によって必然的に侵食されるよりも、むしろ地方分権によってナショナル・アイデンティティを守ることができるのです。

――これまで、私たちは、主として先進世界について話題にしてきました。教授の研究にしばしば加えられる批判のひとつに、教授が、先進国という世界社会のどちらかといえば小さな区域にのみ焦点を当て、残りの区域を――つまり、南側の社会を――無視しているとの指摘があります。このような批判に、教授はどのように答えられますか。

こうした批判は、地球を第一世界、第二世界、第三世界にかなり明確に区分けできた頃には、多少道理にかなっていました。今日、私たちは、こうした区分けがもはや当てはまらない状況に置かれています。かつての第三世界の国々のなかには、いまでは第一世界の一部の国々よりも裕福なところがあります。一方、ロシアや東ヨーロッパの共産主義社会はもはや存在しません。こうした状況のもとで、私の議論のほとんどは、ほぼ世界の全域に当てはまります。私がさきに強調したように、グローバル化は、基本的には、もはや欧米の文化が世界の他の地域全体に拡大、膨張していくだけの問題ではありません。「第三世界」的な特徴は、富める国々の真ん中にも見いだすことができます。ですから、私が南側の社会について詳しい研究をまったくおこなってこなかったことは確かであるとしても、私が世界の大半の地域を無視してきたという主張は的はずれであると、私は思います。

――この問題について、大陸ごとに分けて、教授のお考えを聞かせていただけますか。まず、東ヨーロッパとロシアの「過渡期の経済」が直面する主な問題についてどのような判断をされていますか。

ロシアは、東ヨーロッパの他のどの国々とも異なる状況に置かれています。東ヨーロッパでは、市場経済と自由主義民主制に首尾よく移行するために影響する要因のひとつは、支配政党のエリートたちをどの程度まで早い段階で追放できるかということです。スロヴァキアやルーマニアのような国は、好ましい状態ではありません。他方、チェコやハンガリー、ポーランドのように、欧州連合のなかにもう少しで受け容れられるほどになっている国もあります。その国の過去の歴史も、その国がかつて議会制度を確立できていたかどうかを含めて、重要な要因です。

ロシアは、単独で検討される必要があります。東ヨーロッパの国々にとって、一九八九年は、明らかに前向きな象徴となった年であることを、つまり、外国の支配から解放されるための積極的な闘いの表出であったことを、思い起こすべきです。ロシアそのものは、まったく違う変動過程を経験しました。動議提出者となったゴルバチョフ首相は、自分がその軛を解こうとしていた力がどのような力であるのかを知りませんでした。ゴルバチョフは、前向きな未来像を、つまり、結果的にわかることになるわけですが——軍備拡張競争に終止符を打つという——極めて大きな影響力をもつ構想を、心に描いていました。ゴルバチョフは、一九八〇年代の中頃までに、米国との軍備競争に固執していては、あるいは実のところ冷戦そのものをつづけていては、ロシアに未来がないことを悟りました。未来は、米ソの二極システムではなく、国際協力に懸かっている、とゴルバチョフは主張しました。そのとき、米国のレーガン大統領や他の多くの人びとは、ゴルバチョフの姿勢を、ロシア的偽善のまた新たな表明にすぎない、つまり、ロシアが経済の面でも、兵器開発の面でも米国に大きく後れをとっている現実をたんに繕う「新たな世界秩序」がおそらく生まれるという主張にすぎない、とみなしました。これらの要因は、間違いなくゴルバチョフの考え方に影響を及ぼしました。しかし、ゴルバチョフは、自分が提起した方向での変化にたいして率直であったことは明らかであるように思えます。とはいえ、ゴルバチョフが想定したのは、資本主義と共産主義体制の共存を可能にするかたちの変化でした。ゴルバチョフは、共産主義体制が打倒されることになるとは予感さえしていなかったのです。ゴルバチョフがロシアでこんなに不人気な最大の理由は、この点にあります。ゴルバチョフは、共産主義システムが崩壊した際にたち現われた問題のほとんどにたいして、責任をとらされたのです。

したがって、ロシアは、一九八九年に東ヨーロッパが経験した意味での「ブルジョア革命」を経験していません。以前の党エリートたちのほとんどは、新たな経済的、政治的任務にたんに移行しただけなのです。民主化の進展はいままでのところ比較的限られており、その一方で、経済発達がギャング資本家たちの手中に墜ちてしまったのは、意外でもありません。一部の人たちは――リチャード・レヤードのように――たとえ短期的なものであっても、ロシアの経済的、政治的見通しについて熱を込めて論じています。私は、もっと慎重に考えた方がよいと思います。ロシアが直面する問題は、人びとの気力をくじいているからです。ギャング資本主義は、一九二〇年代以降にシカゴで生じた事態とほとんど同じように、やがて正常化されていくと考える人も、一部にはいるようです。しかし、シカゴは、すでに安定した政治制度や経済制度を備えていた、そうしたもっと規模の大きな社会の一都市です。ロシアのほとんどを覆うようなギャング資本主義は、シカゴのそれとはまったく違う存在です。蓄えられた資金のほとんどは、どこか他の国の銀行口座に流れています。国家は、ひとつにはその結果として、税収を得る上で根本的な問題をかかえることになります。これらの問題は借款によって、一時的にある程度は緩和されましたが、その結末は、おそらく返済不可能な赤字財政になると思います。ロシアでの国営事業の民営化は、関連する事業規模が著しく大きいものもあるため、また農業部門の占める地位が高いため、東ヨーロッパ以上に難しい問題です。農業改革は、どうしても必要です。しかし、ひとつには変化にたいする強い抵抗と、またひとつには他のどの方策も何百万人もの失業者をさらに生みだすことになるため、徐々に実行する以外にとるべき選択肢がないのです。

ロシアは、豊富な埋蔵量の石油や天然ガスを含め、膨大な天然資源をもっています。ロシアは、潜在的可能性に富んだ国です。しかし、現時点で私が予見できるのは、一部の都市と地域、とりわけモスクワとその周辺地域は急速に発展しますが、残りのほとんどの地域はかなり停滞するであろうということです。おまけに、克服しなければならない環境問題の重要性を忘れるべきではありません。

政治的には、二つの問題があります。地方自治のより一層の要求に直面しても、なおかつ国家がどのようにして国家としてのまとまりを確保できるのか、そして、民主化が、どれだけ早く、またどの程度まで進展するのかという問題です。グローバル化との関連で、これらの問題のそれぞれに取り組む必要があります。それは、自由主義民主制への首尾よい移行をおこなうロシアの問題だけではなく、たとえ最も成熟した自由主義民主制社会にも強い影響を及ぼす要因に対処していくことでもあるのです。民主制は、良性のウイルスに似ていて、国民国家の確立度合の低いところにも高いところにも、くまなく普及しています。これらの圧力に建設的な仕方で対抗することは、控え目に見てもおそらく容易ではないでしょう。

――次に東アジアに目を向けましょう。最近まで、アジアでは、かつて第三世界の国々であったところが極めて成功した経済発達の先鞭をあたかもつけてきたかのようにみなされていました。「アジアの奇跡」という言い方があちこちでされました。アジアの急成長の経済国だけでなく、中国も含めて、太平洋の世紀の到来を口にした人も数多くいます。東アジアの危機は、こうした人びとの見方を結果的に一変させました。アジアの危機がおそらく何を欧米社会に教えるのかについて、私たちはほとんど意見を耳にしていません。今日、「アジアの奇跡」は、どのような状態にあるのでしょうか。

私は、以前、「専門家ぶった意見の危険性」という論文を書いたことがあります。この論文は、東アジアにたいする論評との関連で、とりわけ辛辣な意味をもっています。ほとんど一晩のうちに、また好ましくない軽率さでもって、アジア経済にたいする態度が変化しました。一九九七年以前には、高い借り入れ水準、外からの投資にたいする抵抗、それに政治的権威主義や精神的権威主義は、幅広く利点とみなされていました。今日、これらは、同じように幅広く弱点と解釈されています。この二つの理解の仕方には、ともに真理があります。直線的現代化の諸条件のもとで急速な発展を可能にした一連の特徴は、再帰的現代化が作動しはじめた場合には、発達を促進する上で障害になる可能性があります。

もちろん、アジアの急成長の経済国は、中国だけが特殊な事情をかかえているものの、実際には互いに様相を異にしています。事態は、間違いなく関係するそれぞれの国で違ったかたちで展開します。次の数年間の成長率は、すべての国でおそらくもっと低くなるでしょうし、ことによると一、二の事例ではマイナスにさえなるかもしれません。これらの国でより一層の首尾よい発達を遂げるためには、次のような条件が必要です。銀行部門はもとより、大企業における汚職や恩顧主義との首尾よい闘い。たんに実効性のある複数政党制だけでなく、私たちがさきに論じてきた民主制の他のさまざまな形態をも意味する、そうした民主制の拡大。国内投資の開放。それに、ジェンダーの平等の増進。これらのうち、ジェンダーの平等の増進については、東アジアの将来についての議論でこれまでほとんど言及されてきませんでした。しかし、私は、ジェンダーの平等の増進は、決定的に重要であると思います。性の民主制が、結果的に好機だけでなく、同時にまた、たとえいろいろな問題をもたらしたとしても、こうしたもっと幅広い性の民主制を媒介せずに、再帰的現代化の達成される余地はありません。

「中国方式」は、一方で共産党が厳しい支配力を維持するなかで、あの巨大な国で急激な経済発達をひきつづき生みだしていくのでしょうか。真偽のほどはわからないとしても、私はできないと思います。おそらく急激な経済発達はつづくでしょう。しかし、民主化も起こってくると思います。そのときになっていったい何が生ずるのか、誰も予測できません。中国は、高いレヴェルの社会的、地域的不平等と結びついた強力な地域主義の方向にたち戻るかもしれません。

――私たちの言及していない世界の地域が、まだ他に二つあります――ラテンアメリカとアフリカです。教授がさきに専門家ぶることの危険性について注意されている以上、私は、あらゆることがらに通じた専門家であるよう教授に期待しているわけではありません。しかし、これら二つの大陸における発達の動向が全体としてどこに進もうとしているとお考えなのか、教授の全般的な見解をお話しいただけますか。

答えるのが難しい問題を質問してくれますね！　推測をいくつかするくらいならかまいませんが、それが専門家の意見であるなどと公言することはとてもできません。

ラテンアメリカにおける最も意義のある変化のひとつは、まさしく民主化の拡大です――つまり、軍部独裁等の権威主義的支配形態からの移行です。過去のラテンアメリカの一部の国々は、軍部支配と民主制、それに軍事政府の再度の居座りのあいだを、いったり来たりしていました。今日、こうした循環は、止まったように思えます。民主化は、もっと広くグローバル化を推しすすめる力によって、包括的な過程となっています。グローバル化や他の関連する変動は、同時にまた、既存の民主的政治体制にたいしても影響を及ぼしてきました。たとえば、メキシコでは、長期に及ぶ「民主的な単一政党政権」は終わりを迎えました。

経済的なレヴェルでは、三つの最大の経済国で、つまり、ブラジルとメキシコ、アルゼンチンで何が生ずるかによって、多くのことがらが決まります。この三国は、それぞれ世界的に見ても大国です。国内総生産（GDP）で見ると、ブラジルは第八位ですし、メキシコは第一七位、アルゼンチンは第一八位です。ブラジル経済の見通しは、成長率が近年比較的低いにもかかわらず、世界経済全体で何が生ずるかに左右されますが、良好なように見えます。インフレの徹底した抑制は、大きな成果です。ブラジルは、真に経済力のある国になる潜在的可能性をもっています。しかし、多くの貧しい人びとや排除された人びとの地位の向上をいかに図るのかが、大きな課題です。ブラジルは、上位二〇に入る他の経済国と比べ、依然として著しく不平等な国です。実際に最も詳しい国際比較研究のひとつは、ラテンアメリカでは、不平等の度合が、米国やヨーロッパ、オーストラレーシアよりも高いことを示しています。私は、依存理論をずっと前に放棄したため、自分の視野のなかに明確な解決策を見いだしていません。不平等の抑制は、ヨーロッパにおけるものとまったく違う基盤から出発していますし、また、ラテンアメリカでの不平等の抑制は、明らかに難しい課題です。

メキシコの危機は、ラテンアメリカにとって重要な象徴的価値をもっていました。米国は、緊急経済援助作戦に深くかかわってきました。しかし、援助の結果は、ラテンアメリカが北側の支配から自立するのをますます強める働きをしたように、私は思います。ラテンアメリカは、世界情勢で演ずるべき重要な役割を次第に担いながら、ますます自立した地域として台頭していく、と思います。私は、ブラジルが、国際連合の有力国グループのなかで、他の国々と並んで真の世界のリーダーになってほしいと願っています。依存理論は、ラテンアメリカを孤立させる手助けをしてきました。今日、ラテンアメリカが新しく出現する世界社会のなかにもっと完全に引き入れられはじめているのは、好ましいことです。チリや他の国々における政治の刷新は、世界の他の国々にとって規範を確立してきたし、あるいは、少なくとも他の国家や地域が学ぶことのできるモデルを提示しています。

過去二〇年にわたって、それはグローバルな情報経済が確立されてきた二〇年間ですが、サハラ砂漠以南のアフリカは、相対的貧困状態のなかで成長を経験してきました。この事実は、よく知られています。マニュエル・カステルは、その著書『ミレニアムの終わり』で、このような荒廃化が、例のグローバル経済の拡大そのものと因果的に結びついているとの見解を示しましたが、私は、カステルと見解をともにしています。アフリカは、かつてのソヴィエト圏に当てはまった以上にさらにもっと完全なかたちで、地球規模の情報革命から締め出されてきました。カステルは、アフリカを「第四世界」と形容しており、他の三つの世界の解消そのものがこの第四世界を新たに生みだしたと指摘しています。アフリカの窮乏状態は、一九五〇年にアフリカが世界の輸出額の三パーセント強を生産していたのにたいして、一九九〇年代初期にはわずか一パーセント強に下落した事実に示されています。輸入の割合も、同じように低下しました。たとえ南アフリカを含めても、アフリカの輸出品は、もっぱら第一次産品に、とりわけ農産物に依然として限定されてきました。外国からの借り入れや国際援助は、アフリカ経済の中核を形づくるほとんどの国々にとって、不可欠な要素となっているのです。一部の国では、たとえばモザンビークのように、援助収入は、一九九五年には国内総生産の五〇パーセント以上を占めています。

アフリカのかかえる長期の困難は、間違いなく植民地政策の他を圧する遺産であり、くわえて冷戦は、アフリカ大陸の置かれた状況をさらに悪化させる働きをしてきました。アフリカ地域の国家がおこなう官僚制支配は、投資不足を生み、交通通信手段の未発達をもたらし、人的資本の開発に失敗しました。これらの要因は、自己強化していきます――なぜなら、外国資本は、アフリカへの投資が確かに客観的に見て非常に高いリスクを負う問題であるために、アフリカの国々への投資に嫌気を起こすからです。

南アフリカとナイジェリアにおいては、アフリカが気がついてみれば陥っている経済的拘束状態を打開することが、原理的におそらく可能です。ナイジェリアの人口は、サハラ砂漠以南アフリカの総人口の約二〇パーセントを占めています。しかしながら、目下のところ、ナイジェリアは前途有望のようには見えません。国家による経済の統制は、石油からの収益にもかかわらず、あるいは石油収入があるがために、持続した経済発達にとって深刻な障害となっています。ナイジェリアという国家は、植民地時代の明らかな残滓であって、この国が引きつづき正統性を欠如していることは、過去三五年間にもわたって、軍部が政府のなかで役割を果たしてきた原因であると同時に、またその結果でもあります。ナイジェリアは、アフリカの他の多くの以前は植民地であった国家と同じように、名ばかりの国民国家なのです。必要とされるのは、世界経済に巻込まれた状態のもとでの政府の改革よりも、むしろ国民国家の形成です。

一部の人びとは、南アフリカのなかに、アフリカ大陸の他の国々で積極的、建設的な反応をおそらく引き起こし、衰退傾向を逆転させるような、そうした触媒としての働きを期待しています。

南アフリカは、サハラ砂漠以南の他のすべての国々よりも、高度な工業化を遂げています。事実、一九九〇年代初めに、南アフリカは、サハラ砂漠以南アフリカ全体の工業生産高の半分以上を占めていました。しかしながら、南アフリカは極めて不平等な社会であり、たとえばブラジルと比較しても、はるかに不平等な社会です。一部の研究は、南アフリカを、所得配分が世界のなかで最も不平等であるとみなしています。所得と富は、人口の上位一〇パーセントの階層に圧倒的なかたちで集中しており、その人たちのほとんどは非黒人です。南アフリカ政府の切望にもかかわらず、南アフリカは、アフリカ経済そのものよりも、外の世界経済のなかに、より一層組み込まれています。いまのところ、南アフリカが「アフリカの奇跡」の発生装置になり得る見込みは、おそらくないように思えます。

――教授は、未来にたいしてどのくらい期待をいだいておられるのでしょうか。教授は、結局のところ、楽観論者ですか、それとも悲観論者ですか。

リスクの概念は、この本で私がしばしば言及してきた概念です。しかし、このリスクの概念が、私に楽観論と悲観論とを凌駕させるのです。リスクは、私たちの暮らしに活力を与えるメカニズムであると同時に、私たちが直面する新たなディレンマの核心を形づくっています。私たちの生きている世界を「地球規模のリスク社会」であると評したウルリッヒ・ベックの特徴描写に、私は、異論がありません。好機とリスクのバランスを効果的にとること、それが、二一世紀における私たちの責務なのです。

附論

アンソニー・ギデンズ

中央舞台に立った中道左派

トニー・ブレアが中道左派と称するようになった立場に、独自性はあるのであろうか。一九九七年総選挙の前哨戦で、マーティン・ジェイクスとスチュアート・ホールは、「トニー・ブレア――マーガレット・サッチャー以来の最も偉大な保守党員か？」という表題の怒りに満ちた論文を執筆した。「保守党は意見が対立し、疲弊、堕落しているとはいえ、新生労働党《ニュー・レイバー》が企て、発言する政策課題を規定しているのは、依然として保守党の主張であり、保守党の哲学であり、保守党の最優先事項にすぎない」と、二人は書いている。新生労働党はあまりにも中道寄りに転じたために、労働党は、サッチャーの政治経済政策の焼き直しにすぎなくなっている。「ブレア政権は、間違いなく面倒な事態に陥って」短命であろう、とジェイクスとホールは述べていた。

ブレアは、関係する複雑な、困難な問題を、他の人びとと同じように意識しているはずである。総選挙以降、多くの論評も、ジェイクスとホールが下した批判に雷同してきた。労働党の政策綱領は、「私たちは、労働党を現代化した。これからは英国を現代化する」と述べている。しかし、労働党は、英国にたいして十分な指針を示していない。「現代化」という言葉を労働党に当てはめた場合、労働党にとって現代化が何を意味するのかは、容易に指摘できる。しかし、工業国全体に当てはめた場合、現代化が何を意味するかの判定は、はるかに骨の折れる作業である。

賭け金は高い。第二次世界大戦後、英国は、これまで二度にわたって、政治の思想や実践に世界中で影響を及ぼす理念や政策を先導してきた。ひとつは、ケインズ流の福祉国家の創設であり、労働党は福祉国家の形成におおいに寄与してきた。もう一つは、サッチャー主義、あるいはもっと広くいえば、ネオ・リベラリズムであった。かりに新生労働党が先見の明と大胆さを備えているとすれば、新生労働党は、その重要性と影響力の面で、さきに幅を効かせてきた枠組みに匹敵する新たな政治的枠組みを生みだすための、点火プラグになる可能性がある。なぜなら、旧来の「福祉合意」はもはや存在しないし、また、ブレアが正しく指摘したように、この旧来の「福祉合意」に後戻りすることはできないからである。とはいえ、ネオ・リベラリズムは、たんに活力をすでに失っているだけでなく——保守党がその代償に気づいたように、また、労働党も、かりに労働党がこのネオ・リベラリズムをのり越えられなければ、おそらく同じ発見をすることになる——そもそもまったく不適切な、自己矛盾した政治哲学であった。

労働党は、英国政治の第三の段階を確立する方向にすでに進んでいるのであろうか、あるいは、たとえばジェイクスやホールといった批判者たちが主張するように、たんに行動原理を欠いた混乱状態に陥っているだけなのであろうか。

労働党にしても、労働党に近い助言者や知識人の一団にしても、たとえ結果はいまのところとくに興味をそそったり、説得力を得ていないかもしれないが、課題にたいしてかなりうまく取り組んできた、というのが私の感想である。中道左派のかかげる達成目標は、いまのところ次のとおりである。新生労働党は、労働力市場と産業、それに統治機構そのものについて、長期的視点に立って考えようとしている。人的資本や社会資本への投資は、国家がその投資で重要な役割を演じなければならないために、従来のかたちの資本投資を補完していく必要がある。この長期主義は、〔すべての利害関係者《ステークホルダー》のあいだの利益と損失をあらゆる側面から調整して、それぞれが満足を得られることをめざす〕ステークホルダーの文化をどのようなかたちで理解するにせよ、ステークホルダーの文化を介して、地方公共団体のなかで奨励されることになる。憲法改正は、いずれにしても現代化の望ましい特徴のひとつであるため、社会資本の発達で重要な役割を演じていく。なぜなら、社会資本の発達は、政府にたいする信頼を増大させるからである。すべてのことがらは、権利と義務の釣り合いの強調によって、道徳的に下支えされる。

少なくともこの点にかなりの迫力を見いだすことができ、こうした主張は、ネオ・リベラリズムとの断絶を明らかに計ろうとしている。この中道左派の達成目標は、人びとがどのような詳細な注釈を加えるかによるが、英国を、米国モデルから引きずりだし、何かステークホルダー型資本主義なりドイツのラインラント型資本主義の方向に進ませることを暗に意味している。私は、人的資本や社会資本に投資することの重要性に異議を差し挟むつもりはないし、ステークホルダーという考え方は、たとえその考え方の擁護者たちが主張するよりも重要性の度合がもっと限定されているとはいえ、確かに重要である。しかし、労働党は、その包括的な視座が、党の取り組む挑戦にたいして人びとの十分な理解が得られるほど説得力をもつかどうか、冷静に考える必要がある。

次に示すのは、中道左派の達成目標にさらにどのような肉付けができるかについて私がおこないたい提言である。教師然とした口調に聞こえる危険を覚悟で、検討を要する論点をいくつか提示したいが、同時にまた考えられなくもない答えも提示したい――総じて、これらは、考える材料の部類に入る論点である。なぜなら、中道左派の首尾一貫した、説得力のある政治綱領は依然として作成過程にあるからである。

中道左派とは何か？

私の理解では、中道左派とは、世界で生じている根本的な変動にたいして、つまり、左派と右派の相違がかつて獲得してきた現実への影響力をもはや失っていることを意味する根本的な変動にたいし発言していく政治的見地である。新たな政治的信義や新たなかたちの合意形成が可能になり、その多くは、輪郭のはっきりした右派的解決策なり左派的解決策がもはや存在しない諸々の問題にたいして関心を寄せている。中道左派は、ラディカリズムを排除していない。事実、中道左派は、ラディカルな中道派の理念を展開しようとしている。ラディカルな中道派という観念は、かりに政治において右派と左派が依然として価値のある理念や政策をすべて規定すると確信している場合にのみ、矛盾した語法になる。私は、ラディカルな中道派という言い方で、根本的《ラディカル》解決が必要でありながら、その解決策のために階級を横断した幅広い支持を集めることができるような、そうした政治的問題が存在することを意味している。

中道左派は、引きつづき左派の価値観に感化されているが、社会主義が、経済運営理論として、また歴史解釈として、もはや通用しないことを認めている。右派と左派を引きつづき分ける主な違いは、左派の立場の人びとが、平等や民主制の増進により多くの価値を付与し、これらの価値を推進するために国家が行動を起こすことができると確信している点である。

中道左派が対応しようとする変化とは何か？

私たちの生活を左右する最も大きな影響力はグローバル化であるが、グローバル化は、いまだ十分な理解がなされていない現象である。「グローバル化」という言葉は、(一〇年前でさえほとんど使われなかったが）あまりにも一般的になったために、グローバル化への反発がすでにはじまっており、一部の人びとは、グローバル化が多かれ少なかれネオ・リベラリズム的神話であると論じている。とはいえ、私たちは、グローバル化を、世界的な経済競争の強まりだけでなく、私たちの生活様式の変化としても理解していくべきである。私たちは誰もが、地球規模のコスモポリタン的社会にたいして、その社会がもたらす利益と変化を含め、順応することを学習しはじめている――それは、身近な制度を、つまり、婚姻と家族から、さらに国民国家とその国民国家を凌駕するものまでも混乱に陥れる、地震のような衝撃を生みだす社会である。多くの評者の発言とは裏腹に、グローバル化は、政治的意思決定を、かってそうであった以上に、もっと切迫した、もっと重大な帰結をもたらすものにしている。

ラディカルな思想や政策は、グローバル化が表面化させる問題に立ち向かい、グローバル化が最前面に押し出す好機を最大限に活用するために必要である。労働党の取り組むべき課題の一番上に位置する政策は――憲法の改変や、スコットランドとウェールズの地方分権、福祉国家の改革、欧州連合の将来像を含め――いずれもグローバル化の影響作用を現わしている。

現代化の達成目標はどうあるべきか?

世界中に影響を及ぼしている現代化には、今日、二つの形態が見いだされることを認識するのは重要であり、両者は、部分的に対立関係にある。

私が「第一段階の現代化」と名づけるものは、社会を、いわば一直線に富の増大に向かわせるとともに、繁栄と安全、生活の全般的な質の向上を同時にともなう現代化過程を指している。「第二段階の現代化」――再帰的現代化――は、これらの様態がもはや通用せず、現代化が現代化そのもののもたらす限界や矛盾、困難のいくつかと折り合いをつけていくことを意味する。

第二段階の現代化が引き起こす争点を、第一段階の現代化によって解決することはできない。

たとえば、アジアの経済発達は、これまでのところ直線的ないし第一段階の現代化であった――アジアのもっと成熟した経済国は、今日、第二段階のさまざまな重大な問題にぶち当たりはじめている。第二段階の現代化は、安定状態の、ないしはゼロ成長の経済を暗に意味するわけではない。第二段階の現代化は、低インフレ、低成長という目標と決して矛盾しない。第二段階の現代化は、繁栄の増進を生む。しかし、同時にまた第二段階の現代化は、(たとえば自動車交通のように)過少状態よりも過多状態が生ずるなかで、あるいは経済発達の有害性がすでに証明されているなかで、生活のさまざまな側面に対処することを意味している。第二段階の現代化は、広くとらえれば、生態系にたいする関心との合一を要求している。労働党の宣言は、以前の政策文書に比べ、環境保護主義に主眼を置いているが、まだ先が遠い。エコロジー的見地は、社会や経済の再生計画において生ずる多くの利害関心をひとつに結びつけるのに役立つ。営利企業と環境保護団体は、互いの利害関心を不可避的に対立するものとみなすのではなく、むしろますます互いに連携して課題に取り組むようになりはじめている。課税は、生産活動から離れて、消費活動に向かう可能性がある。都市政策や交通政策は、環境保護の脈絡で見ていけば、他の多様な政策領域と結びつきをもつようになる。

新生労働党は、包括的な経済理論をもっていない。かりにその経済理論がケインズ主義ではあり得ないし、またおそらくネオ・リベラリズムでもないとすれば、その経済理論は、どのよう

な理論になるのか?

この問いには、まだ誰も明確な答えを示せないが、労働党の経済政策の方向を形づくる上で、おそらく重要となる新たなパラダイムを見いだすことができる。それは、米国の経済学者マイケル・マンデルがハイ・リスク経済と名づけたパラダイムである。

ハイ・リスク経済とは、グローバル化された様態を反映しているために、さきにも言及したように、富の創出と安心、生活の質が互いの結びつきを解き放たれていく経済活動である。不確実性の肯定的、建設的な受容と、生活の多くの領域において好結果の得られる「投資」決定を下すことのできる能力は、地球規模の経済競争で首尾よい成果を得るための基盤に、ますますなりはじめている。マンデルが表現するように、成長は、「不確実性を減少するよりも、むしろ不確実性を強める諸々の力によって育まれていく」。ハイ・リスク経済では、失敗のない確実なことがらを丹念に追い求めることは、長い目で見れば、実効性のある戦略でなくなる可能性がある。入手利用できる情報はあまりにも多いし、参入は容易であり、競争相手は満ちあふれている。政府は、人びとが当然必要とする安心感のための手段を提供する手助けをしなければならない。私たちは、人びとをリスクから遮断するように努めることはできないし、またそうした努力をするべきではない。リスクの受容は、繁栄の条件である(同時にまた、繁栄が繁栄とともにもたらす環境問題や他の多くの問題に立ち向かうためにも必要である)。それよりもむしろ安心感は、保険手段をとおして提供される必要がある。福祉国家は、もっぱら国家が運営するリスク管理システムであるため、この点の検討は、福祉の再構築とじかに関連している。

多くの可能性が存在する。たとえば、所得の平準化を例に挙げてみたい。所得の平準化とは、税負担を、各年次の所得ではなく、過去三、四年間の平均所得にもとづいて算出することを意味する。この方式は、働く気力を弱めることがないため、失業した人びとや、(所得がかなり上昇した人びとにとってはそうではないが) 所得が著しく低下した場合におそらく利益をもたらす。

新生労働党は、ある意味で目下の最も根本的な挑戦課題となっている失業問題に、どのように取り組むべきであろうか?

労働党の答えは、積極的な労働力市場政策を完全雇用という伝統的な目標に結びつけて考えている。この答えはまた、不平等と貧困に対抗しようとする党の取り組みで基本的に重要である。党の宣言は、「貧困問題を組み伏せる最良の方法は、人びとが仕事に——真の仕事に——就く手助けをすることである」と述べている。この宣言は、最も強かった頃の労働党の宣言であるかのように聞こえる。しかし、私は、この問題に関して労働党が非力であると主張する批判者たちと同意見である。人びとを仕事に就かせることは、米国の例が示しているように、必ずしも貧困問題を組み伏せることにはならないし、また完全雇用は、それが一世代前にそうであった意味をもはやもつことはできない。労働党は、急を要する提案事項として、労働の将来について論争を提起する必要があるし、また労働組合と協力して提起するべきである。英国の一八歳以下と六五歳以上を除く労働力の三分の一だけが、安定した雇用保障——旧来の「完全雇用」の基盤となる——のある常勤の職業で働いている。同時に、(失業と対比されるものとしての)非雇用は、非常に多くの豊富な意味を獲得しはじめている。

このような所見は、人びとが想像する以上に、不平等の問題と密接に関係している。現行の福祉制度ではもはや対処できないし、また、福祉制度はいずれにせよ立て直される必要がある。所得税によって富める人たちから貧しい人たちへの所得の直接的譲渡が選択可能なことがらではない以上、そうならざるを得ない。それよりも、私たちは、雇用の再配分や、もっと一般的にいえば労働の再配分という手段を求めるべきである。政府は、いろいろな局面で、そのための行動を起こすことができるし、また起こすべきである。労働党が最近とった長期失業を減らすための政策は、そのいくつかが労働の再配分に寄与しているとはいえ、もっと大きなサクランボウをほんの一口噛み取っただけである。労働の再配分には、とりわけ次のものが含まれる。もっと広い社会的要求に合わせて従業員募集や雇用保障をおこなっている企業にたいする優遇税制。人びとの教化という役割に加えて、労働力市場への参入を延期させたり、あるいは人びとを労働力市場から連れ出すために、高等教育のより一層の拡充。すべての年齢層のために、職歴からの一時休暇や職歴への再参入を可能にする政策。「男性」の仕事と「女性」の仕事という区別の打破。男性が家族にたいして担う責任という観点から自分自身をもっと十分に定義づけるように奨励し、また子どものいる女性がもっと容易に職歴をつづけることが可能になるための対策。

労働党が提案する労働力市場の改革でも、最下層の貧困階層の形成に向かう趨勢を阻止できないであろう。しかしながら、かりに中道左派の「左派」が何かを意味するとすれば、それは、労働党がこの労働力市場の改革という政策を重要視しなければならないし、労働党が、ネオ・リベラリズムと明確に決別するべきであるという一点にかかっている。それはどのようにして可能であろうか。そのために考えておくべき多くのことがらが存在する。不平等がグローバル市場での経済的成功にとって逆機能となることを証明する確かな証拠は、存在しているように思える。総体的に見て、不平等の度合が高い社会は、不平等の度合が低い社会に比べて、あまり繁盛していない（それに、あまり健全ではない）ように思える。全般的な経済競争力を向上させるための戦略のなかに、なぜ貧困解消のための一致協力した取り組みを導入してはいけないのであろうか。もちろん、直視する必要がある根本的な問題は、持てる人びとの特権にたいしてより多くの統制を加えることなしに、持たざる人びとのために何をすることが可能かという問いである。

労働党はどのような道徳的立場をとるべきであろうか？

この点は、引きつづきもっとよく考え抜く必要がある。キリスト教精神、家族の強いきずな、犯罪にたいする厳しい処置――このような寄せ集めは、労働党の多くの支持者をこれまで落ち着かない気分にしてきた。事実、これらの争点についてサッチャーの信奉者になる必要はまったくない――別の、もっと筋のとおった態度をとることが可能である。

労働党の政治戦略を練る人びとは、道徳的争点にたいして強硬な言い方をすることが、労働党のいまの立場をもたらしたと主張する。ブレアの政権獲得は、ブレアが、労働党はもはや犯罪にたいして生温くないと一般大衆を納得させることができたときにはじまった。善悪の区別を教えることを話題にしたり、家族の強いきずなについて語ることは、人びととの受けがよい。これらのことがらは、今日、なぜ除外されているのであろうか。

これらのことがらは、権威主義的な響きを取り除くだけでなく、もっと違ったかたちでとらえることができる問題として、決して除外されるべきではない。保守党員たちは、経済的個人主義と道徳的権威主義を同時に唱道する際に、外見上は似ていても実質的にまったく異なるものどうしを一緒にしようとしている。ブレアは、こうしたカテゴリーの取り違えをつづけるべきではない。この脈絡を除いたそれ以外の脈絡のなかだけで、はたして現代化を論ずることができるのであろうか。中道左派の唯一達成可能な目標は、現実には、コスモポリタン的達成課題——文化的多様性がグローバル化のすすむ秩序に固有な要素であることの認識——である。どれかひとつの集団が押しつける、そうしたひとつだけの道徳律は存在できなくなる。道徳的争点は、公に討議され、その討議にもとづいて、国際法を含めた法を支える枠組みのなかに組み入れられる必要がある。伝統的な道徳規範への後戻りを主唱したり、伝統的家族への後戻りを提案しても、何の意味もない。個人主義と社会的責務とのあいだの新たなバランスを取り決めなければならないが、道徳的権威主義がそのための手段になることはないという主張は、まったくそのとおりである。

おそらく、小英国主義という偏見に迎合することは、この小英国主義にもとづいて大衆迎合的綱領をうち立ててきた保守党をうち負かすために必要である。労働党の、指導者として十分な働きができる人たちは、水で薄められたかたちの偏見を生みだすよりも、むしろある意味でこうした偏見を受け容れる必要がある。婚姻や家族、セクシュアリティに影響を及ぼす変化は、他の制度体で生じている変化と同じように根が深い。これらの変化は、工業化を遂げた国々の至るところで生じており、こうした変化に肯定的、建設的に対応する実効性のある政策綱領を生みださなければならない。

終わりに、労働党は、欧州連合にたいしてどのような態度をとるべきであろうか?

私の考えをごく手短に述べて、締めくくりとしたい。ブレアは、政治指導者として、ヨーロッパで名をなす格好の機会を得ている——おそらく、この問題は、次の何年かのあいだにブレアの主要な関心事のひとつになるであろう。ヨーロッパの旧世代の指導者たちはその地位を去りはじめており、ブレアは、新たに台頭しだした世代のなかで最も面白みがあり、成功している政治家である。とはいえ、ブレアは、自分の存在を周囲に強く印象づけるために、保守党の「空いた席」を再び占める以上のことをおこなう必要がある。欧州連合は、それ自体がグローバル化の所産であり、またグローバル化にたいする応答として理解される必要がある。

このような視座から見た場合、英国における地方分権と憲法改正を、スコットランドの地方自治や北アイルランド問題を含め、もっと広範囲に及ぶ情勢の一端とみなすことができよう。グローバル化は、上に向かっても、外に向かっても進展するが、同時にまた下方向の圧力も発揮する。地域ナショナリズムや、もっと一般的にいえば地方自治要求は、一国政府の枠を超えた制度体や結合体を創出する過程の、最も重要な要素である。この意味で欧州連合の「補足的機能限定の原則」は、もともと欧州連合の「政策方針」でないとはいえ、欧州連合そのものが存在するための構造的条件である。

今日、トニー・ブレアは、二重の意味合いでヨーロッパで指導力を発揮する機会を与えられている。ブレアは、ヨーロッパの中心に身を置くことが現実に非常に重要な意味をもつことをおそらく確信し、また、影響力のある新たな政策綱領を率先して示すことができる。中道左派は、かなり意欲に満ちた政治的立場に向かって努力を積み重ねることが可能である。かりにこうした政治的立場を本当に達成できれば、歴史は人びとを招き寄せるであろう。

＊初出は、*New Statesman*, May 1997, special edition.

リスク社会の政治

次の事項には、どのような共通点があるのであろうか。それは、狂牛病、ロイズ保険協会の内紛、ニック・リーソン事件、地球温暖化、健康によいとされる赤ワイン、精子の数の減少、である。これらはすべて、私たちが今日の暮らしで経験している変動の膨大な拡がりを反映し、科学とテクノロジーが私たちの毎日の活動や物質的環境に及ぼす強い影響と密接に結びついている。もちろん、近現代の世界は、科学と科学上の発見が及ぼした影響力によって、長い時間をかけて形成されてきた。とはいえ、技術革新のペースが速くなるにつれ、新たなテクノロジーは、私たちの生活の核心部分にますます浸透している。そして、私たちが感じたり、経験することがらの多くは、ますます科学のスポットライトを浴びるようになる。

状況は、世界にたいする確信なり安心感を導いてはいない——いくつかの点で、正反対の状況となっている。とりわけカール・ポパーが明らかにしたように、科学は確実な証拠を生みだしていないし、せいぜい真理に近似するものだけしか生みだすことができない。近現代科学の創始者たちは、科学が堅固な基盤の上に組み立てられた知識を生産できると確信していた。対照的に、ポパーは、科学が流砂の上に組み立てられていると考えた。科学的進歩の第一原理は、ある人が最も大切にしてきた理論や確信でさえも、つねに修正や変更を免れないことである。したがって、科学は、知識にたいする権利要求の絶え間ない修正過程をともなう、そうした本来的に懐疑心に満ちた企てである。

科学の示す懐疑的な、移り気な性質は、長期間にわたって幅広い公的領域から遮断されてきた――それは、科学とテクノロジーが日常生活に及ぼす効果が相対的に制限されていたあいだだけ存続した遮断状態である。しかし、今日、私たちは誰もが、こうした科学的革新の諸特徴と、日常的につねに接している。たとえば、赤ワインの飲用が健康に及ぼす結果を、かつては多くの研究者が基本的に有害であるとみなしていた。ところが、ごく最近の研究は、赤ワインを適度に飲むのであれば、健康にもたらす利益のほうが難点よりも重要である、と指摘している。将来の研究は、いったい何を明らかにするのであろうか。将来の研究は、もしかしたら赤ワインが結局のところ有毒であることを明らかにするのであろうか。

私たちは、その答えを知らないし、また知ることもできない――しかしながら、私たちは誰もが、消費者として、科学のおこなう主張とそれへの反対主張が形づくる、この不安定かつ複雑な枠組みにたいして、何らかのかたちで応答していかなければならない。英国で暮らしている場合、牛肉を食べてもよいのであろうか。誰が、よいと言えるのであろうか。健康にたいする危険性は、取るに足らないように思える。しかしながら、狂牛病と関連があるとされる疾病が、いまから五年後、あるいは一〇年後、二〇年後に人びとのあいだで発生する可能性は、少なくとも存在している。

私たちは、その答えを知らないし、また知ることもできない――同じことは、さまざまな新しいリスク状況にも当てはまる。たとえば、精子の数の減少を取り上げてみたい。一部の科学研究は、男性不妊症の増加について信頼できる断言をおこない、その原因を環境毒素の作用に跡づけている。とはいえ、他の科学者は、男性不妊症の原因解明のためにおこなわれた解釈のみならず、この現象の存在そのものについても疑いをさし挟んでいる。地球温暖化については、その分野の専門家の大多数が現実の問題であることを認めている。しかしながら、地球温暖化が現実に起こっていることを否定するか、あるいは地球温暖化を、温室効果ではなく、むしろ長期に及ぶ気象変動が生みだしたとみなす専門家も数多く存在する。

ロイズ保険市場は、この数年間にわたってロイズを苦しめてきた壊滅的な財政逼迫から、さしあたり立ち直ったように思える。こうした苦境は、一般には階級社会と――「ネイムズ」と呼ばれる保険引受人とその保険仲介業者たちのとる自己満足的な見方と――密接に関連する苦境として描写されてきた。事実、この苦境の原因は、基本的にはリスクの変質にあった。ロイズ保険協会は、とりわけアスベストの毒性に関する調査や、一連の――おそらく決して「天然現象」ではなく、地球規模の気象変動の影響を受けた――自然災害によって、大きな痛手を被った。世界で毎年発生する台風やハリケーン等の気象擾乱の数は、過去四〇年くらいのあいだ上昇してきた。

ロイズ保険協会は――他のもっと小さな保険機構と同じように――将来の事態にたいして広範に関与しているため、新たな科学的調査結果なり新たな技術的変化がもたらす、いままでのところまだ予知されていないマイナス方向の帰結によって、いつ何時にも財政的に身動きがとれなくなる恐れがある。

サイモン・セバーグ・モンテフィオーレは、ニック・リーソンとベアリング銀行が起こした異常な事件について、興味深い報告をおこなっている。セバーグ・モンテフィオーレは、ベアリング銀行で生じた事態について（ロイズ保険協会で起きた出来事と同じように）二つの違った解釈の仕方ができると、指摘している。一方で、階級的要素と、それに加えて堕落を見いだすことができる。この見解によれば、ベアリング銀行は、ダイナミックに動くグローバル経済秩序の要求に反目した、短気で頑なな上流階級の人たちが経営陣であったために、崩壊することになった。

セバーグ・モンテフィオーレは、こうした説明に疑問をもった。金融システムの外郭で、とりわけ――取り引きが、いまのところ生じていないし、将来決して生じないかもしれない価格変動の一撃を受ける恐れがある、そうした複雑な市場である――先物市場で働く人びとは、宇宙飛行士である、とセバーグ・モンテフィオーレは論じている。この人たちは、銀行家や金融専門家の範囲の外に踏み出してしまった――しかも、命綱をもたずに踏み出してしまった。ニック・リーソンは、しっかりとした基盤からいつの間にかあまりにも遠くに押し流されていった。しかし、他のほとんどの人たちは、宇宙飛行用カプセルとのつながりを守りつづけることができた。

セバーグ・モンテフィオーレは、この状況を、こうした非常に印象深い人目を引く表現で記述している。ニック・リーソンや、他にもリーソンと同じような職にある人たちは、「秩序づけられた世界の外郭で、現代テクノロジーの野蛮な最前線で仕事をしている」と、セバーグ・モンテフィオーレは述べている。いいかえれば、この人たちは、新たな電子決済のグローバル経済で生ずる変化の突進がいかに劇的であるかを自分自身でさえ理解していない、そうしたシステムのなかに巻き込まれているのである。私はこの指摘を正しいと思うが、この主張をさらにもっと一般化することができる。現代テクノロジーの野蛮な外郭に生きているのは、ニック・リーソンのような人びとや、新たな金融関係の起業家たちだけではない。今日、私たち《すべて》が、そうした状態に生きている——そして、私は、この点を、ウルリッヒ・ベックが名づけるリスク社会の決定的な特徴であると受け止めている。リスク社会とは、誰もが完全に理解していないし、また可能性として多種多様な未来を生みだす、そうした先端技術の最前線で私たちがますます生きることになった社会である。

リスク社会は、今日の私たちの生活に影響を及ぼす二つの根本的な変容に、その由来を跡づけることができる。それぞれの変容は、科学やテクノロジーの影響力の増大と、完全に両者によって規定されるわけではないにしても、関係している。ひとつ目の変容は自然の終焉と、二つ目の変容は伝統の終焉と、名づけることができる。

自然の終焉は、自然環境が消失した世界を意味するのではない。自然の終焉とは、人間の介入や干渉をまったく受けない物理的世界の諸側面が、今日、たとえ存在するとしても少ししか存在しないことを意味している。自然の終焉は、比較的近年の現象である。おおよそこの四〇年か五〇年のあいだに、主としてさきに言及した科学技術的変化の増大の結果として生じてきた。もちろん、正確な時期の算定はできないにしても、それでも自然の終焉がいつ生じたのかを、私たちはおおまかに示すことができる。自然の終焉は、自然にたいしてかつて人びとのいだいてきた気懸かりが、新たな一連の心配事や悩みの種に変わっていったときに生じた。人びとは、何百年ものあいだ、自然界が私たちにもたらすかもしれないことがらに——地震や洪水、伝染病、凶作等々に——不安をいだいてきた。ほぼこの五〇年くらいのあいだに、ある時点から、私たちは、自然界がもたらすかもしれないことがらにたいしてあまり不安をいだくことを止め、代わって、私たちがこれまで自然界におこなってきたことがらにたいして、むしろ不安をいだきだしている。このような変遷は、リスク社会への突入を証明する重要な事項のひとつである。それは、自然の摂理が消えたあとを生きる社会である。

とはいえ、それはまた、伝統のあとを生きる社会でもある。伝統のあとを生きることは、もはや人生を定めとして過ごすことができない世界に身を置くことである。多くの人びとにとって、生活の多種多様な側面が——このことはまた、引きつづき近現代社会における階級対立の原因であるとはいえ——定めとしての伝統によって規定されていた。子どもを産み、家族の世話をするために、人生のほとんどを家庭環境のなかに組み込まれることは、女性たちの定めであった。働きに出て、引退するまで働き、それから——ほとんどの場合に引退後すぐにであるが——死を迎えることが、男性たちの定めであった。私たちは、もはやこのようなかたちで自分たちの人生を送ることはない。このような変遷を、ウルリッヒ・ベックは、個人化と名づけている。自然の摂理が消えたあとを、伝統のあとを生きる社会は、初期の形態の——西欧文化の中核となる知的伝統の発達に基盤を置いた——工業社会とは明らかに異なる。

リスク社会とは何かを分析するために、一連の区別をしておく必要がある。まず、リスクを、危難ないし危険と区別しなければならない。リスクは、それ自体としては危難や危険と同じではない。リスク社会は、既存の社会秩序形態ほど、本来的に危険にも危難にも満ちていない。これに関して、「リスク」という言葉の語源を跡づけることは有益であろう。中世の暮らしは、危難に満ちていた。しかし、リスクという観念は存在しなかったし、事実、いずれの伝統文化においても、リスクという観念は存在しなかったように思える。その理由は、人びとが危険を所与のものとして経験していたからである。危険は、造物主に由来するか、その人が当然視している世界にたんに起因するかのいずれかであった。リスクという考え方は、支配したい野心と、とりわけ未来を支配したいという観念と密接に結びついている。

このような所見は重要である。「リスク社会」という考え方は、世界がより一層危難に満ちてきたことをおそらく示唆しているが、必ずしもそれだけではない。むしろ、リスク社会は、未来にたいして（同時にまた、安全性にたいして）ますます心を奪われる社会であり、そうした状況が、リスクという観念を生みだしている。興味深いことに、西欧の探検家は、世界を横断する旅行で不慣れな海域に立ち向かっていった際に、最初にリスクという考え方を用いた。リスクという考え方は、地理的空間の探究から、さらに時間の探究へと移っていった。リスク社会という言葉は、私たちがたんに探究するだけでなく、常態化し、統御しようと努める世界を指している。「リスク」は、望ましくない結果を回避する可能性を指しているために、元来、つねに否定的な意味を言外にともなう。しかし、「リスク」は、問題含みの未来に直面した際には果敢にイニシャティヴをとっていくという面から見れば、肯定的、建設的にとらえることも多くの場合に可能である。探検にせよ、ビジネスにせよ、登山にせよ、そうした活動であえてリスクを冒して成功できる人は、おおいに賞賛されるからである。

私たちは、リスクを危難や危険と区別しなければならないが、同時にまた二種類のリスクを区別する必要がある。工業社会が出現してからの最初の二〇〇年間は、いうなれば《外在的リスク》によって牛耳られていた。外在的リスクとは、現実的なかたちで表出されるため、一人ひとりを予期しないかたちで（いわば、外側から）襲うが、おおよそ十分予測が可能なほど、定期的に、かつ幾度となく人びとのあいだで発生し、したがって保険の対象となる、そうした出来事のもたらすリスクである。工業社会のリスクと密接に関連する二種類の保険が存在する。それは、民間の保険会社の保険と、公的保険であり、この公的保険は、福祉国家の最優先の関心となっている。

福祉国家は、一九四五年以後の時期に左派の達成目標となった――福祉国家は、とりわけ社会正義と所得の再配分を達成する手段とみなされるようになった。とはいえ、全般的に見れば、福祉国家は、もともとこのようなかたちではじまったわけではなかった。福祉国家は、安心できる国家、つまり、私的保険よりも集合的な保険が必要とされる場合に、リスクを防ぐ方法として、発達した。福祉国家は、初期のかたちの私的保険と同じように、外在的リスクという想定にもとづいて形成された。外在的リスクは、かなり容易に算定が可能である――統計記録をもとに保険料率表を作成し、その表にもとづいて人びととどのようなかたちで保険契約するかを決めることができる。福祉国家は、疾病や障害、失業を「避けがたい不慮の出来事」とみなし、これらの出来事にたいする保険を集合的におこなうべきであると考えてきた。

伝統のあとを生きる世界は、外在的リスクから、私が《工場生産されたリスク》と名づけるリスクへの移行を際立った特徴とする世界である。工場生産されたリスクは、人間社会の発達そのものが、とりわけ科学とテクノロジーの発達が創りだしたリスクである。工場生産されたリスクとは、歴史が私たちにたいして過去に経験させてこなかった、そうした新たなリスク環境を指称している。多くの場合、私たちは、確率表によってこの工場生産されたリスクを正確に算定する仕方はもとより、これらがどのようなリスクであるのかを、実際には何も知らない。

工場生産されたリスクは、人びとの生活のほとんどの次元で拡大しはじめている。工場生産されたリスクは、工業社会論の初期の論者たちが総じて予見できなかった科学やテクノロジーのもつある側面と、密接に関連している。科学とテクノロジーは、それらが一掃していったものと同じ数の不確実性を創りだしてきた――そして、科学のさらなる進歩は、これらの不確実性を、無条件に「解消」することができずにいる。工場生産された不確実性は、個人や社会の暮らしの営みのなかに、じかに侵入している――工場生産されたリスクは、もっと集合的なリスク状況だけに限定されない。人がもはや単純に伝統に頼ることができない今日の世界のなかで、人びとは、所与の一連の脈絡のなかでなすべきことがらを設定するために、みずからの関係性や関与にたいして、もっと能動的な、またリスクを注入されたかたちの方針決定や態度決定をしていかなければならない。

リスク社会の台頭は、興味深い帰結をいくつかもたらしている――これらの帰結は、英国と中央ヨーロッパにおける狂牛病をめぐる論争や、あるいは、事実、この論考の冒頭で私が言及したエピソードのどれかに関心をもつ人すべてにおそらく関係している。

工場生産されたリスクの拡大につれて――あるいは、別の言い方をすれば、私たちが、ウルリッヒ・ベックの用語でいうリスク社会のなかでますます生きるようになると――リスクにたいして新たに身をさらすというリスクに満ちた状態が出現していく。新たなテクノロジーが私たちの生活に慢性的に影響を及ぼす社会秩序のなかで、また、ものごとの当然視されてきた対処の仕方がほぼ絶え間なく修正されつづける状況のなかで、未来は、これまで以上に人びとを夢中にさせると同時に、不透明になっていく。未来にたいする一直線の進路はほとんど存在しない。多数の

「未来のシナリオ」が存在するだけである。

近ごろ、私たちは、チェルノブイリ原子力発電施設における核の惨事の一〇周年記念日を迎えた。チェルノブイリの放射性降下物によって一体どれだけ多くの人びとがいまもなお被害に冒されているのかどうかを、私たちは誰も知ることはできない。長期に及ぶ影響は、いずれの場合にもそれを図示するのはむずかしい。なぜなら、かりに長期に及ぶ影響が残ったとしても、そうした影響は、おそらく拡散していくからである。私たちは、環境を、また私たちがしたがう生活様式を、ほぼつねに改変してきた。多くの明らかに有益な習慣や新制度でさえも、反対の評価を受ける可能性がある——逆にいえば、リスクがしばしば過大評価されてしまう場合もある。たとえば、喫煙を例に挙げてみたい。医師は、三〇年くらい前まで、喫煙を息抜きの手段として奨励していた。喫煙習慣が時限爆弾の作動を開始させたことを、誰も知らなかった。狂牛病の事件は、正反対の結果になるかもしれない。もしかしたら、狂牛病は、人間に影響を及ぼさないことが判明するかもしれない。新たなリスク類型のもつ特徴は、そのリスクがはたして存在するのかどうかをめぐって一様に論争がなされることである。

リスク社会では、政治の新たな道徳的雰囲気が、つまり、一方で騒ぎを起こして人びとの不安を煽ることと、他方で真相を隠蔽することのあいだの綱引きが、明らかに見られる。今日、政治的意思決定のかなり多くの部分は、リスク管理と——政治の領域で生じたわけではないが、政治的に管理しなければならないリスクと——関係している。かりに誰かが——政府職員であれ、科学の専門家であれ、普通の素人であれ――あるリスクを真剣に受け止めたとすれば、その人は、そのリスクを告知しなければならない。つまり、そのリスクは、広く公表される必要がある。なぜなら、そのリスクが現実であることを、人びとに確信してもらわねばならないからである――そのリスクをめぐって大騒ぎを起こす必要がある。とはいえ、かりに大騒ぎが実際に引き起こされたけれども、そのリスクは極小であることが判明した場合、関係者は、騒ぎを起こして人びとの不安を煽ったとして、おそらく非難されることになる。

それにたいして、英国政府が狂牛病について当初おこなったように、かりに当局がそのリスクをそれほど大きくないと判断したならば、どうであろうか。このような場合、政府は、この国の科学者から保証を得ている、リスクはほとんど存在しない、以前と同じように振る舞うことができる、という言い方をする。しかしながら、かりに事態はそうでないことが判明すれば、もちろんその時には、政府は、真相を隠蔽したかどで非難を受けることになる。

逆説的であるが、騒ぎを起こして人びとの不安を煽ることは、私たちが立ち向かうリスクを減少させるために、必要かもしれない――しかしながら、かりにこの意味でリスクを減少させることに「成果が得られる」とすれば、その行いは、まさしく騒ぎを起こして人びとの不安を煽った行いとみなされる事態になる。エイズ問題が、一例である。かりに政府や専門家が、人びとに性行動を改めさせるために、安全でないセックスと結びついたリスクを盛んに取り上げて、強調したとしたらどうであろうか。その結果、多くの人びとが確かにみずからの性行動を改め、エイズが当初予測されたほどには蔓延しなかったとしたらどうであろうか。人びとの反応は、おそらく「あなたたちは、なぜそんなふうにみんなを怯えさせたのですか」ということになる。この種の政治的ディレンマは、リスク社会では普通のことになる。しかし、こうしたディレンマに立ち向かう安直な方法は、何も存在しない。なぜなら、さきに言及したように、そもそもリスクが存在するか否かという問題さえも、おそらく論争の的となるからである。私たちは、いま自分たちが「騒ぎを起こして人びとの不安を煽っている」のか、そうではないのかを、あらかじめ認識することはできない。

三つ目に、リスク社会の出現は、この場合もさきに挙げた理由から、もっぱら危難や危険の回避だけに関係しているわけではない。リスクには、肯定的、建設的な側面がある。リスク社会とは、それを肯定的、建設的に見ていった場合、選択肢が拡大されていく社会である。今日、いうまでもなく、選択肢は、階級や所得に応じて、格差のあるかたちで配分されている。たとえば、自然の摂理と伝統が支配力を手放すにつれて、さもなければ子を産めない女性たちのなかに、新たな生殖テクノロジーを用いて子どもを産むために代価を支払うことができる人も出てくれば、そうしたくても代価を支払えない人も出てくる。私たちは、脱伝統遵守を遂げた社会的環境のもとでは、離婚した後に貧しい暮らしを送る女性もいれば、かつてできた以上にもっと満足感の味わえる生活を獲得する女性もいることに気がつく。伝統の消滅がそうであるように、技術革新は、通例、選択の領域を拡げていく。習い性となったものごとの対処の仕方が問題をはらむようになるにつれて、人びとは、当然視されてきた規範がかつて支配した多くの分野で、選択をおこなわなければならない。食べることが、一例である。伝統的な食事は、もはや存在しない。

リスク社会の到来は、この英国においても他の国々においても、政治的協議事項の再考にとって、強いかかわりをもつ。工場生産されたリスクの出現は、新たな政治形態を想定している。なぜなら、価値観の新たな方向づけと、それらの価値観を追求するのにふさわしい戦略を想定しているからである。価値観と無関係に記述できるようなリスクは存在しない。この価値観とは、簡単にいえば、ますます複雑になっているとはいえ、人びとの生活の保護である。さまざまなかたちのリスクの衝突が見られる場合には、価値観の衝突を、直接的には一連の政治上の争点の衝突を見いだすことになる。

これらの問題はすべて、新生労働党というトニー・ブレアの達成目標と、おおいに有意関連している。ブレアは、左派の価値観や視座を打ち壊してきたため、しばしば保守主義者と評されている。それどころか、ブレアは、ローカルな生活とグローバルな秩序に奥深い影響を及ぼすさまざまな変化を受け容れ、それらと折り合いをつけようと積極的に努力してきた、数少ない政治家であるという言い方ができるように私は思う。その意味で、ブレアの求める方向性はラディカルであると、明らかに評することができるであろう。とはいえ、ブレアがみずからの中心的理念とみなしている現代化については、再考が必要である。

現代化とは、ブレアがこの言葉を用いるように、英国を時代遅れにさせないことを意味する。

トニー・ブレアは、労働党のなかでは典型的な現代化主義者であった。しかし、もっと根本的には、ブレアは、英国社会の諸制度を現代化しようとしている――現代化とは、この英国では、英国社会がさまざまな重要な点で他の工業社会に遅れをとってきたという意味を、言外にともなっている。こうした状況は、ベアリング銀行の破綻にたいしてセバーグ・モンテフィオーレがおこなった最初の解説――今日の社会にたいしてすでに有意関連性を失った、鉄面皮の旧弊な制度体――と多少似ている。このようなかたちで理解される現代化の課題に何か重要な意味があることは、英国議会の上院に一歩でも足を踏み入れた人であれば、誰もが認識できる点である。リスク社会はみずからの社会の限界状況と向かい合っている工業社会であり、この場合、限界状況は、工場生産されたリスクのかたちをとる。

この点で、単純な現代化と再帰的現代化を区別するべきであろう。単純な現代化は、旧来の、直線的現代化である。対照的に、再帰的現代化は、近現代的秩序のもつ限界や矛盾と折り合いをつけることを、暗に意味している。こうした限界や矛盾は、さまざまな種類の社会運動と密接に結びついた新たな政治領域のなかに明示されている。高速自動車道路建設にたいする反対運動や、動物の権利保護運動、さらに多くの食品騒動のなかに、明白に示されている。第二局面の――再帰的現代化としての――現代化は、第一局面の現代化とは似ていない。私の考えでは、この点で、ヨーロッパの他の多くの国々のなかで、英国には、他に先駆けて大きく変化するための政治的論争の格好の機会が生じている。再帰的現代化は、もっと一般的にはリスクと同じように、まったく否定的な見込みや期待では決してない。再帰的現代化は、政治への積極的な関与のために多くの可能性をもたらしている。

今日、科学やテクノロジーとの私たちの関係性は、初期の工業社会に特徴的であった関係性と異なっている。欧米社会では、ここ二世紀ほどのあいだ、科学は、一種の伝統のような役割を演じてきた。科学的知識は、伝統を克服するはずのものであったが、現実にはみずからの力で当然視される権威となっていった。科学的知識は、ほとんどの人が尊敬するが、その人たちの生活に外在するものであった。普通の人びとは、専門家の見解や評定に「したがって」きたからである。

科学とテクノロジーが私たちの生活のなかに侵入すればするほど、このような外部からの視座は、ますます効力をもたなくなる。私たちのほとんどは——統治当局や政治家も含めて——かってそうであった以上に科学やテクノロジーとのもっと対話体の関係性なり積極参加型の関係性をもつようになるし、またもたなければならない。かりに科学者たちが、とくに工場生産されたリスク状況ではしばしば互いに意見の食い違いを見せるというだけの理由からであるとしても、私たちは、科学者が生みだす知見を簡単に「受け容れる」ことはできない。さらに、今日、誰もが、さきに述べたような科学のもつ本質的な懐疑性を認識している。人は、何を食べるか、朝食に何を口にするか、カフェインを除いたコーヒーにするか、それとも普通のコーヒーにするかを決めるたびごとに、科学やテクノロジーのもたらす情報が矛盾したり、変更されやすいという状況のもとで、そうした決定を下すことになる。

こうした状況からの脱出方法は存在しない——私たちは、たとえ「あたかも無知であるかのように」歩を進めることを選択したとしても、誰もがこうした状況のなかに巻き込まれている。政治は、このような対話体の積極的関与にたいして何らかの制度的形式を与えなければならない。なぜなら、いまのところ、政治の関心は、もっぱら主要な政治領域の外側で奮闘するさまざまな特定利益団体に向かっているからである。目下のところ、私たちは、科学技術的変化を私たちがモニターできるような制度を所有していない。科学技術的変化とそれがもたらす不確かな帰結についての公的な対話の場をかりに私たちがすでに確立していれば、狂牛病騒動を回避できたかもしれない。イノック・パウエルは、科学技術的変化ほど私たちの生活に影響を及ぼすものは他にないと明白に述べているが、パウエルの評言は的を射ている——しかしながら、こうした変化は、民主的システムの外側で生じてきた。科学やテクノロジーに積極的に関与するもっと公的な手段は、騒ぎを起こして人びとの不安を煽るか、それとも真相を隠蔽するかという板挟みに十分対処できないかもしれないが、私たちは、このような公的な手段によって、もっと有害な、破壊的な帰結の発生を多少とも弱めることがおそらく可能になる。

これらの検討は、福祉国家の再考と有意関連している。福祉国家は、自然が引きつづき真の自然であり、伝統が引きつづき真の伝統であった社会を背景幕にして設立された。この点は、たとえば一九四五年以降の福祉国家のジェンダー関連の規定のなかに明白である。これらの規定は、紛れもなく「伝統的家族」の存続を想定していた。この点はまた、英国の国民健康保険制度の発展という面からも明白である。なぜなら、国民健康保険制度は、外在的リスクとして理解された病気にたいする応答機構というかたちで設立されたからである。

健康や身体、婚姻生活、ジェンダー、労働にたいするもっと積極的な関与が――工場生産されたリスクの時代において――求められる世界では、福祉国家は、それが一九四五年以後の取り決めで発達していったようなかたちでは、もはや存続できない。福祉国家の危機は、たんなる財政問題ではない。それは、新たな類型のリスクが牛耳る社会におけるリスク管理の危機である。

これらの所見は、階級区分と有意関連している。J・K・ガルブレイスが名づける「満足の文化」は、どちらかといえば流れ星であった――満足の文化はまったく存在しない。中流階級や専門的職業従事者の多くが公的福祉制度からの脱退を選択してきた理由のひとつは、リスク管理にたいするある種の姿勢と密接に結びついている。中流階級は、公的給付からみずからの意思で離脱しており、それは、ある意味でもっともな選択である。なぜなら、公的給付は、リスクにたいする異なった解釈やリスク状況の違いと連動していたからである。人は、みずからの生活にたいしてもっと積極的な態度をとるのであれば、同時にまたリスク管理にたいしてももっと積極的な態度をとる必要がある。したがって、リスク管理をみずからおこなう余裕のある人びとが、既存の福祉制度から脱退する傾向にあるのは、決して驚くことではない。

政治上の論争は、エコロジー論争のもつ意義を、いままで以上に考慮する必要がある。エコロジー論争は、それ自体が工場生産されたリスクの出現と根深く結びついてきた。エコロジーの問題は、自然の摂理が消えたあとを、伝統のあとを生きる世界を、まさしく反映している。初期の形態の工業社会においてはまったく前例がなかった、多くのかたちのライフスタイルの政治が展開している。かなり以前に、身体を拘束された、不自然な状態のもとでヨーロッパ大陸に輸送される食肉用子牛をめぐって、強い抗議運動が起こり、大騒ぎが生じたことがある。この大騒ぎを批判する人たちは、異議を唱えた人びとを感情的であるとみなした。しかしながら、狂牛病の経験に照らして見れば、これがたんなる感情的反応でないことは誰にでも理解できる。このような抗議は、食べ物の工業的生産が自然状態から——あるいは、かつて自然状態であったものから——隔たっていった場合に可能性として生ずることがらにたいする潜在的感覚を、反映している。動物の権利保護にたいする道義的かかわり合いは、ある意味で輪郭のはっきりした政治である。結局のところ、たとえ経済的に狭く見積っても、狂牛病問題は災害であった。推計では、六〇億ポンドか、おそらくそれ以上の損失を英国の経済にもたらしている。

リスク社会は、ポスト・モダニズムと同じ考え方ではない。ポスト・モダンの解釈では、政治を、終焉した——政治的権力が、モダニティの消滅にともなって、その意義や役割を紛れもなく失う——とみなしている。しかしながら、モダニティは、工場生産されたリスクの出現によって消滅したわけではない。むしろ、現代化は、継続しており、新たな意味と精妙さを呈している。再帰的現代化は、政治を当てにし、政治を生成していく。この政治は、議会という領域の外側で完全に開花することはできない。社会運動や特定利益団体は、議会政治が提供するもの——互いに異なる関心や利害を調和させ、同時にまた相互の関係のなかでそれぞれのリスクを比較考量するための手段——をもたらすことはできない。私が述べてきた論点は、政治の舞台にもっとじかに持ち出されることを必要としている。これらの論点を納得できるかたちで提起する能力のある政党は、今後何年かのあいだに明らかになるであろう政治的対決で、おそらく最重要な立場に就くことになる。

＊もともと 'Risk Society : the Context of British Politics' in Jane Franklin (ed) : *The Politics of Risk Society* (1997) として発表された。

カオス、ドグマ……を超えて

イングランド銀行を破綻させた人物、ジョージ・ソロスが、世界経済の調整のために地球規模の政治的組織体を生みだす必要性について、アンソニー・ギデンズと語り合った。

アンソニー・ギデンズ 「再帰性」という考え方の出所と、この観念によって私たち二人が同じことがらを意味しているのかどうか議論することから、話をはじめたらいかがでしょうか。私は、再帰性という用語で、人びとが、社会的世界について、また自分自身や自分たちの未来、自分たちの生活の諸条件についていだく考えは、自分たちと無関係なかたちで「定められた」世界にたいしていだく考えだけでないこと——人びとは自分たちが記述する世界につねに参入していくこと——を言おうとしています。人びとは、自分たちが記述する世界に参入するにつれ、その世界を——ときとして劇的に——変えていくことになります。

ジョージ・ソロス 私も、あなたの見解に異存ありません。私は、再帰性を、私たちが考えることがらと実際に世界で生起することがらとの、双方向の結びつきとしてとらえています。したがって、もちろん、自然界には、こうした双方向の結びつきは存在しません。再帰性は、私たちが自分の世界観にもとづいて行動し、私たちの行為が結果を規定し、したがって私たちの行為がその世界とは実際にどのような世界であるかを決定する、そうした社会のなかでのみ生ずるのです。

ギデンズ　人間の生活はいずれも、この意味で再帰的です。しかし、私にとって、再帰性はまた、歴史的な要素をともなっています。近現代の社会は、再帰性の増大を際立った特徴としています。その主な理由は、私たちの生活が、自然の摂理や伝統の不変性や永続性によって次第に規定されなくなっているからです。社会生活の多くの領域で、かつてはたんに「定められたもの」であった出来事について、意思決定していかなければならない——また、私たちは、こうした私たちの意思決定が他の人たちの意思決定を形成することを認識しながら、意思決定しているのです。そのことは、将来の市場が実際にどうなるのかを示しています。将来の市場は、リスクの上にリスクが折り重なり、そのリスクの上にまたリスクが折り重なる、そうしたリスクにたいするある種の絶え間のない省察となるのです。

このことは、価値観についても当てはまります。世界のますます強まる再帰的特質から隔てられた価値観を私たちが手にしているという言い方は、おそらく間違いです——価値観は、そうした再帰性のなかにじかに巻き込まれています。なぜなら、私たちは、一個人として、また集合的には民主制のもとで、どのような価値観をいだくのかを——基本的には、再帰的言説をとおして——意思決定しなければならない、そうした世界のなかに生きているからです。伝統的な文化であればあるほど、それは定められた価値観であったのです。

ソロス　しかし、このような再帰性を手にしたままで生きることが私たちに可能でしょうか。私は、知識を追究することに、たんに知識だけでなく理解を追究することに、全面的に賛成です。しかし、私が知りたいのは、はたして私たちはこのような認識を手にしたままで生きることができるのかどうかということ、つまり、誰もが共有し、したがって誰もが同意できる善悪の観念を欠いた状態で、社会は存続できるのかどうかということです。おそらく私たちは、再帰性から一歩後戻りするべきです。なぜなら、私の考えでは、再帰性は、可謬性と密接に結びついているからです。いいかえれば、私たちの世界観は、本来的に不十分であり、現実の世界に対応していません。なぜなら、私たちは、自分たちが生きる世界の構成要素のひとつであるし、また、構成要素のひとつであるために、自分たちの生きる世界が現実にどのような状態にあるのかを、ことによると理解できないからです。まさしく現実は存在します。しかし、その現実をそっくりそのままのかたちで理解することが、私たちには不可能です。私たちが知ることのできる現実の要素も存在しますが、私たちは、現実を完全に認識することはできません。なぜなら、そうした要素の一部は、私たちが頭のなかで何を考えているか次第で変わる可能性があるからです。可謬性と再帰性は、姉妹のような対概念です。なぜなら、かりに知識にもとづいて意思決定ができるのであれば、おそらく再帰性は存在しなくなるからです。

私は、可謬性の概念を二様に用いています。広義の可謬性の概念は、社会現象や人間現象について私たちのいだく見解と、現実に生ずる現象とのあいだには相違が存在するということです。もっと明確な観念は、私たちのすべての概念構成には――私たちのもつ世界認識にしても、私たちのつくる制度体にしても――誤謬があり、完全ではないということです。私たちがいだく概念は、歪んでいたり、思い違いを犯していたり、状況のすべての側面を網羅していない点で不十分です。あるいは、少なくとも当座のあいだは妥当かもしれないが、再帰的連結があるゆえに、妥当でありつづけることはできないのです――再帰性は、私たちのいだく概念を、時間の経過にともなって不適格にします。私たちのいだく概念は、時間に束縛されているのです。

このことは、結局のところ、批判的な思考様式に結びつきます。かりに可謬性を認めるのであれば、どのような言明にたいしても批判的である必要があります。その言明が正しいか、間違っているか、妥当性をもつか、妥当性をもつとすればどのような条件のもとでそうなのかを問う必要があります。不備な点を探す必要があるのです。したがって、再帰性は、金融市場においても有効に機能します。なぜなら、再帰性は人びとに不備な点を探し求めるように導き、それによって、人びとは、市場でのみずからの態度の調整が可能になるからです。

ギデンズ　人びとは、多くの情報を手にしている場合、その情報を査定し、その情報を批判的に見ることに慣れていきます。なぜなら、それ以外に他に生きる術がないからです。問題は、そうした態度をどの程度まで徹底できるかです。なぜなら、たとえば、医療情報を例にすれば——バターを食べるべきか、マーガリンを食べるべきか、この錠剤を飲むべきか、あの錠剤を飲むべきか、赤ワインを毎日二杯ずつ飲むべきか、あるいは酒類に手を出すべきではないのかといった——すべての情報にたいして継続して批判的にかかわることはできないからです。人は、何らかの類の生活様式や生活習慣を身につけざるを得ません。ほとんどの人がおこなっているのは、批判的な関与という一般化された態度を一方で維持すると同時に、他方でそうした態度を脇に置いて一時的に無視し、自分の生活をつづけることです。ですから、ある意味で、それは、私たちが社会全体でおこなっていかざるを得ないことがらです。

ソロス　実際に私たちは、完全に開かれた空白状態のなかで生きていくことはできませんね。かりにそうであったなら……

ギデンズ　……おそらくカオスに陥ってしまう。実際にそうなるのではないでしょうか。

ソロス　そうです、極端な場合にはそうなります。ですから、このカオスに陥りやすい世界のなかで人びとを導く、何らかの規律や価値観をもつ必要があるのです。カオスに陥る可能性の度合は、かりに現実が所与のものではなく、現実がその人自身の創案や創造の重要な要素であるとすれば、もっと大きくなります。また、この途方もなく開かれた世界に生きる多くの人びとは、みずからを自分自身の空間のなかに閉じ込めて、開かれた世界から著しく距離をとることになります。ですから、このことが結果的に私たちを導くのは、この開かれた世界が不安定で、不確かな形勢にあり、しかも両方の側面からその存在を脅かされている状態です。この開かれた世界は、一方ではドグマの押しつけ、原理主義によって脅かされています。

ギデンズ　……そして、他方ではカオスによって。

ソロス　そう、他方ではカオスによって脅かされています。

ギデンズ　今日、私たちの生活のすべての側面がこのような状態にある、つまり、このディレンマに挟まれた状態にあるように、私には思えます。

ソロス　確かにそうです。私がさきに述べたように、私たちはこの再帰性についての認識を手にしたままで生きることができるのか否かという疑問があります。なぜなら、人が再帰性についての認識をもち、また市場にいる他の誰もがこの認識をもっている場合、市場は本来的に不安定となり、市場を制するものは何も存在しないからです。市場は、予期しないかたちで動き、カオスに陥る可能性があります。私は、目下のところ優勢な見解が、つまり、市場メカニズムをすべての分野に拡大させようとする考え方が、社会を破壊する潜在的可能性をもつのではないだろうかと危惧しています。私たちのいだく市場という概念や、市場にたいする理解をかりに再検討しなければ、市場は崩壊します。なぜなら、私たちは、その本質について理解せずに、地球規模の市場を、地球規模の金融市場を、創りだしているからです。市場は放任して自由にまかせておけば、均衡状態に向かうという誤った理論を、私たちはいだいています。幸いなことに、この理論は、実際には信じられていません――つまり、市場が不安定であることを知っている金融当局が存在し、その人たちは、規制をおこない、安定性を維持しようと努めています。たとえば、中央銀行のあいだで、かなりの程度の協調行動がとられています。しかし、三つの主要な中央銀行がいくぶん異なるイデオロギーにもとづいて運営されていることを、私は指摘しておきたいと思います。アメリカ人は、再帰性について、不安定性について非常によく理解しています。私が信頼している人たちは――連邦準備制度理事会のアラン・グリーンスパン議長、財務副長官のローレンス・サマーズ、それに財務長官のロバート・ルービンは――当然のことながら、市場についておよそ理解しています。それにたいして、日本には、社会的、経済的目標を達成するために、自分たちで市場を操作できると考えている連中が大勢います。この人たちは、大失敗を犯しはじめています。危機的状況に立たされているのです。この連中は、小手先の操作が自分たちを危機的状況に陥れたことを知っているのに、その状況から小手先の操作で脱出しようと望んでいるのです。

対照的に、ドイツ人は、非介入という態度をとったことで間違いを犯しました。ドイツ人たちは、絶対的な価値観を、つまり、通貨の安定性という価値観をいだいています。したがって、三つの主要通貨が互いに絶えず変動して、何ら均衡状態を見いだすことができない、そうした不安定なシステムが生まれている。たとえば、一時、円は、一ドル当たり七二円から一二七円へと、五割以上の変動を経験した。これは、途方もない通貨の混乱です。それと同時に、日本の財政構造は、メルトダウン寸前まできました。このように、市場は、均衡状態からは程遠いところにきています。今日、市場は、必ずしもシステムの崩壊という完全な破綻を引き起こすことなしに、そうした状態にきているのです。このような揺れ動きは、システムの内部で生じています。システムの内部に均衡状態に向かう趨勢は何も存在しません。しかし、それでもシステムは生き残っていくのです。

ギデンズ　そうですね、いままでのところ生き残ってきました。

ソロス　もっぱら介入によって生き残ってきたのです。当局が救済してきた。不安定性は、勝者と敗者、つまり、不安定さから利益を得る人びとと不安定さによって損害を被る人びとを生みだす原因となっています。かりに揺れ動きがあまりにも大きくなれば、人びとは、システムから脱退するか、あるいは自分の義務を果たすことができなくなる。そうなれば、倒産する可能性があります。倒産や崩壊は、金融市場だけの出来事よりも、むしろ政治的事件や、場合によれば軍事的事件によって起こるのです……

ギデンズ　市場経済の政治的、経済的抑制について、もう少し話をつづけましょう。戦後の政治的、経済的システムの発展には、主要な局面が二つありました。ひとつは、一九七〇年代後半までつづいた、かなり統制のとれた国民経済に本質的にもとづく――また、私の考えでは、かなり安定したライフスタイルにもとづく――福祉国家という合意が存在しました。ケインズ主義は、福祉国家の拡大に関して最も重要な経済理論です。その後、グローバル化の強まりという局面が、サッチャー主義やネオ・リベラリズムの台頭をともないながら生じました。グローバル化は、市場を極端に重視するために、さきに言及したすべての問題の影響を受けることになります。問題は、グローバル化の向こうに何が拡がっているのかです。グローバル化が進展する社会の社会理論を、つまり、市場の影響力は非常に重要であるとはいえ、そこにおいては市場の影響力が、開かれたコスモポリタン的コミュニティのみならず、社会的凝集性やある程度の社会正義とも両立できるかたちでグローバル化が進展する社会の社会理論を、私たちはさがし求めているのです。

ソロス　これまでのところ、ネオ・リベラリズムが依然として支配的です。願わくば、ネオ・リベラリズムが実際に何らかのかたちの破綻をきたす前に、ネオ・リベラリズムの欠陥に人びとが気づいてくれればよいのですが。

ギデンズ　ネオ・リベラリズムの代わりに、私たちは何を提案できるのでしょうか。

ソロス　私も、そのことを考えています。地球規模の競争がこれまでおこなってきたのは、労働者を犠牲にして資本家に利益を与え、また固定資本投資に不利益をもたらして金融資本に利益を与えることでした。なぜなら、資本は労働力よりも流動性に富み、金融資本はすべての資本のなかで最も流動性があり、直接投資よりも流動性に富むからです。

ギデンズ　旧来の福祉国家という合意を打ち壊したのは、まさにそれです。この合意は、資本と労働力のバランスを基盤にしていたからです。

ソロス　おっしゃるとおりです。このことが、福祉国家の基盤を打ち壊してきました。なぜなら、資本には簡単に課税できないからです。税を課せば課すほど、資本は逃げ出すからです。それに、税率が高い国も、資本が逃げ出すために苦しんでいます。これがヨーロッパ大陸の直面する危機ですし、マーガレット・サッチャーは、この危機から英国を救ったのです。私はサッチャーがとった政策の熱心な支持者ではないので、こんな言い方をしたくないのですが、サッチャーは、市場を信奉し、多くの保護貿易主義的政策を、既存の社会的保護策を撤廃し、その結果、資本を英国に引き寄せました。英国の経済は、かつて英国をヨーロッパへの入り口として利用してきた日本や他の外国資本の流入によって、回復してきたのです。

ギデンズ　英国の経済が、かなりの社会的犠牲を払って回復したとお考えですか。

ソロス　確かにそうです。富の蓄積にともない、社会的分裂や対立も増大しており、私たちは誰もが、国として、また地球全体として、より一層裕福になっているとはいえ——テクノロジーの進歩などから、途方もない恩恵を得ているにもかかわらず——大多数の人びとは、地球規模の経済から恩恵を受けていないのです。私たちは、こうした好ましくない事態に対処しなければなりません。もしそうしなければ、体制からの離脱がおそらく生ずるでしょう。いまのところ、私たちは、おそらくフランスを除いては、まだ革命状態に近いところにはいません。

ギデンズ　私はそうは思いません——革命に関していえば、私たちは代案を得ています。

ソロス　そうです。でも、社会主義は代案ではなくなりました。社会主義は終わりました。したがって、ナショナリズムが代案になりだしています。経済は、この経済という仕組みは、地球規模の仕組みです。資本は、国から国へ移動します。かりに一定水準の社会的防御策を課すと、みずからにグローバル・マーケットで桁外れの高値をつけることになり、資本はやってきません。フランスの極右勢力ル・ペン派の人たちは、ひとつの代案を、ある種の原理主義を提示しています。ほとんどの人は、それが実効性のある代案ではないことを認識しています。体制からの離脱によって、その人は自分自身をより一層損ねることになるからです。また、フランスのように純粋に国民社会だけを母体にした保護主義は、不可能です。なぜなら、国民経済としてのフランスは、もはや発展が不可能になっているからです。ひょっとすると、ヨーロッパ保護主義を、要塞化したヨーロッパを、経験することになるかもしれません。しかし、私は、それが実現可能であるとは思いません。

ギデンズ　私は、ヨーロッパ保護主義でさえも生ずるとは思いません。

ソロス　私も思いません。なぜなら、英国や、英国と同じ考えをいだく他の国々は、決してそれに加担しないからです。グローバル・システムから離脱する試みは、ややもすると抑制できない破壊的な力を解き放ちやすいのです。唯一の方法は、国際協力によって不平等を是正しようと努めることです。たとえば、税制の調整です。ドイツでは、人びとは自分たちの貯蓄を自分の国で預けなければならない義務を感じていません。人びとは、源泉課税を実施していないルクセンブルクに送金しています。結局のところ、ルクセンブルクでも税を課するように、ヨーロッパ域内での税制の一致をおこなう必要があります。しかし、これは、依然として夢物語です。ヨーロッパ域内でさえ一致できないのに、どうやって世界規模で一致できるのでしょうか。けれども、絶対に必要なときには、できるはずです。

結局のところ、私たちは、市場を国際的に規制するべきです。私たちは、金融派生商品からある種の選択売買権を削除することで、得られるものがあるかもしれません。なぜなら、金融派生商品は、不安定化要因となっているからです。したがって、かりに肯定的、建設的な取り組み方を次に求めるのであれば、それには、概念的変化が必要です。つまり、再帰性を受け容れ、市場を安定化させ、ある程度の規制と監視を加えて、市場の拡大に見合う政治的拡大を——市場のグローバル化に見合う、何らかの国際的な政治的協調を——取り入れる必要性を認めざるを得ません。なぜなら、いま欠けているのは、社会が市場にたいして制限を課すことのできる能力です。問題は、不平等の是正が国民社会の規模でしかできないことにあります。経済活動は、地球規模のかたちをとっています。貿易が、経済活動を地球規模にしているのではありません。それは、資本の動きなのです。ですから、どこかで、社会保険の基盤にするために、資本の集積を提唱する必要があります。しかし、それは、セールスポイントのない骨の折れる売り込みです。

＊初出は、*New Statesman*, 31 Oct. 1997.

リスク、恐れ、悪夢

次の注意事項のリストについて考えてみたい。

飲み水には、どのような水でも中身をつねにモニターしなさい。どんな水源でも、汚染されている可能性があります。ビン詰めの水も、安全だと思い込んではいけません。とくにペットボトル入りの水の場合、安全と思い込んではいけません。ほとんどの公共水道は汚染されていますから、自宅の水も蒸留しなさい。動物性脂肪は、それがチーズであれ、バターであれ、食肉であれ、汚染物質の主要な源泉になりますから、避けてください。動物性脂肪だけでなく、魚類も、同じように汚染物質の源泉になるので、避けましょう。有機栽培の野菜や果物を買うか、自分で栽培してください。お母さんは、赤ちゃんを母乳で育てるのをやめましょう。母乳での子育ては、赤ちゃんを高レヴェルの汚染物質にさらすことになるからです。毎日、頻繁に手を洗うようにしましょう。汚染物質は気化して、室内のいろいろなものの上に沈殿、付着しています。そうしたものに触れれば、汚染物質を拾い上げることになります。住まいの周りや庭では、どのような種類の殺虫剤も使用してはいけません——殺虫剤を使っている家庭を訪れることは避けましょう。殺虫剤使用がいくら普通だからといって、店頭商品に殺虫剤が使われているかどうかをチェックしないような商店やスーパーで、農産物を買ってはいけません。ゴルフ場には近づかないようにしましょう。ゴルフ場は、農地以上に汚染が著しいからです。

これらは、核戦争直後の時期を生き延びる術についての助言であろうか。人によっては、そのようなことを考えるのは勘弁してもらいたいと思うかもしれない。しかし、このするべきこととするべきでないことの怖じ気づかせるリストは、シーア・コルボーンとその同僚が、人体に毒性化学物質の及ぼす損害を調査して書いた新著『奪われし未来』〔長尾力訳、翔泳社、一九九七年〕からの引用である。かりにコルボーンの述べていることが正しければ、何か地球規模のホロコーストが私たちを待ち構えているのかもしれない。すべての動物の個体群が、生殖作用をおこなえずに消滅するだけではない。一連の不穏な生物学的欠陥は人類のあいだでもすでに観察されており、これらの欠陥は、近い将来おそらくますます有害になるように思える。

シーア・コルボーンは、いろいろな動物種における内分泌系攪乱化学物質についての多種多様な調査報告を収集、分析してきた野生生物学者である。共著者のひとりは動物学者で、もうひとりはジャーナリストである。それは、この本が新たな種類のリスクについて一般の読者の注意を喚起する意図で書かれたからである。この本は、米国副大統領アル・ゴアの序文を掲載しており、ゴアは、その序文のなかで、この著作を、約三〇年前に出版された環境保護運動の有名な古典であるレイチェル・カーソンの『沈黙の春』になぞらえている。カーソンは、工業用化学物質の利用拡大がもたらす有害な結果を分析して、これらの化学物質が、動物や人類の身体だけでなく、土壌のなかにもいかに蓄積されはじめているのかを証明しようとした。『奪われし未来』は、カーソンが分析を終わりにした時点から、それ以降に集積された大量の科学的証拠資料を利用しながら、分析をはじめている。

この本の副題（「科学探偵物語」）が明示するように、コルボーンは、この著作を、謎に満ちた、とらえどころのない脅威について知る糸口を得るための、徹底した調査作業とみなしている。コルボーンの追跡は、鳥類、カワウソ、魚類からはじまった。野外調査の専門家たちは、近年、信じられないような調査結果を発表しつづけてきた。フロリダのハクトウワシが大量に生殖能力を失っている。カワウソが、かつてはたくさん生息していた大ブリテン島の一部地域から姿を消している。オンタリオ湖周辺に営巣するセグロカモメが、奇形の雛を孵化している。世界中から寄せられた他の野生動物の現況報告も、多くの種を取り上げながら、動物個体群の突然の消滅や、繁殖能力の悪化、生殖器官の損傷等々の不可解な身体異常を公表している。

それでは、私たち人間の場合はどうであろうか。コルボーンは、デンマークのニールス・スカッケベックがおこなった有名な研究に注目した。スカッケベックは、精巣がんの発症率と精子の数の減少との予想される関連性を調べた最初の研究者のひとりである。スカッケベックと仲間の研究者たちは、世界中でおこなわれた六〇以上に及ぶ研究からデータを収集した。精子の数の平均が一九三八年から一九九〇年のあいだにほぼ半減しているのにたいして、精巣がんの発症の度合が激増してきたことを発見した。この調査研究は、他の生殖器異常が男の子や一〇代男性のあいだでかなり増加していることも、同時に指摘した。

ここに見いだす共通する特徴は、生活環境の至るところでホルモン作用撹乱化学物質が及ぼす影響である、とコルボーンは論じている。それまで、ほとんどの注意は、DDTやPCB（ポリ塩化ビフェニール）、ダイオキシンの及ぼす毒性作用に向けられていた。けれども、コルボーンによれば、商業目的で生産される五〇種以上に及ぶ合成化学物質が、何らかの仕方で、内分泌システムを撹乱することが明らかにされた。これらの合成化学物質は、身体に蓄積されて親から子へ伝わるために、天然成分のエストロゲンとは異なる。これらは、プラスティックや合成洗剤、殺虫剤や消毒剤のスプレー、洗浄薬品のなかで、ごく普通に使用されている。

合成化学物質は、広く普及しているとはいえ、その多くが比較的近年のものである。第二次世界大戦中に開発された新しいテクノロジーは、合成化学物質の生産と利用を、結果的に急激に増加させた。市場には一〇万種以上の合成化学物質が出回っており、また、毎年、一〇〇〇種の新たな合成化学物質が導入されている。これらの合成化学物質がもたらすかもしれない結果を、商業利用に供される前にこれらの化学物質を検査する研究所でさえも、ほとんど認識していない。殺虫剤は、それが環境中に意図的に散布され、生物学的に即効性をもつように考案されているために、とりわけ大きな影響力をもっている。多くの殺虫剤は、内分泌系撹乱物質であることがすでに証明された化合物を含有している。米国だけでも、毎年、五〇〇万トンの殺虫剤が――たんに田園地帯だけでなく、学校や事業所、家庭においても――散布されている。

コルボーンが引き出した結論は、一方で終末論的意味合いを暗に帯びているとはいえ、当然、暫定的な結論である。汚染物質の及ぼす影響がいかに深刻であるかを私たちは明確に認識していないし、また、合成化学物質があまりにも広範囲に普及しているために、比較するべき対照集団は、どこにも存在しない。研究者たちは、北極圏のかなたの人里離れたイヌイット集落の人びとのなかに対照集団を探し求めた。しかし、研究者たちは、この地域においてさえ高レヴェルの汚染物質を見いだした。

動物や人間の健康を安全に守ることに関心を寄せる人びとは、決して完全ではない情報にもとづいて行動する必要がある、とコルボーンは主張する。なぜなら、合成化学物質は、種の生殖能力を破壊することで人類の生存を脅かしているかもしれないからである。そうした結果はほとんど起こらないかもしれないが、私たちは自分たちのおこなっているのが「無視界飛行」であることを認識するべきである、とコルボーンは指摘する。二〇世紀を通じて、科学とテクノロジーは、私たちの暮らしや動物の世界、物質的環境のなかに空前の度合で浸透している。「これらの変化は、結果的に――人類と地球上のすべての生命を、知らないうちに実験材料として巻き込んだ――地球規模の壮大な実験となっている。……私たちは、目もくらむほどの速度で新たなテクノロジーを開発し、そうしたテクノロジーが地球の生態系や私たち人間に及ぼすかもしれない影響力の探究に着手できるようになるはるか以前に、そのテクノロジーを世界中に空前の規模で配備している」。

コルボーンによれば、どのような対応をとるにしても、その第一歩は、ホルモン作用攪乱化学物質の段階的廃止でなければならない。殺虫剤の使用を徹底的に削減する必要がある。私たちはまた、新たな化合物の絶え間ない導入を制限する方策を講ずる必要がある。実際に、私たちは、合成化学物質の製造と販売の完全な禁止を検討するべきである。米国の科学アカデミーは、これらの脅威を査定するために専門家委員会を設置した。コルボーンや同じ関心をいだく科学者の集団は、リスク査定を向上させ、環境にたいする「化学の猛攻撃」の抑制に着手するための政策を列挙した「合意声明」を提示している。

私たちは、これらのことをすべてどのように理解するべきであろうか。コルボーンの研究は、確率は低いとはいえ重大な帰結につながるリスクに満ちた世界のなかで私たちの誰もが直面する重要なディレンマを、いくつか縮図的に示している。私たちの前に立ちはだかる最も不安に満ちた脅威は、「工場生産されたリスク」の具体例である――これらのリスクは、科学とテクノロジーの抑制できない進歩に由来している。科学は、世界をもっと予測可能にすることを期待されている。科学は、多くの場合、そうしてきた。しかし、同時にまた、科学は、過去の経験を利用しても総じて解決がつかない新たな――その多くが特徴的に地球規模に及ぶ――不確実性を創りだしている。

科学とテクノロジーの突進は、工場生産されたリスクを生みだしたが、科学にしてもテクノロジーにしても、両者は、私たちが工場生産されたリスクを分析し、それに対処するためにおこなうすべての試みにとっても必要である。私たちは、新時代主義の予言者たちの一部にその傾向が見られるとはいえ、その人たちのように単純に「科学にたいして背を向ける」ことはできない――私たちが直面する新たなリスクの多くは、科学という診断手段を欠いては目に見えず、とらえることができないからである。しかしながら、リスクの査定を、科学者の手に簡単に委ねることはできない。あらゆる種類のリスクの算定とそれへの対処戦略は、価値観と望ましい生活様式にたいする考慮を、当然のことながら必要条件にしている。同時にまた、権力システムと既得権益にたいする批判という意味も担っている。非常に大きな経済的利害が、合成化学物質の生産や流通と密接に結びついている。化学工業界は、『奪われし未来』の所見に反撃するために、明らかに数百万ポンドの資金を醸出している――化学工業界が資金提供した研究は、精子の数が減少傾向にあるという所見にたいして、すでに疑問をさし挟んでいる。

新たなリスク状況が示す特徴のひとつは、ことの真相がつねに疑わしく、また専門家のあいだで意見が食い違っていることである。この点は、ひとつには既得権益者側が抵抗するからであるが、同時にまた工場生産されたリスクがいままでにない性質を示している結果でもある。バークレイの生化学者ブルース・エイムズは、コルボーンのいだく懸念を鼻であしらう専門家のひとりである。たとえ合成化合物の痕跡のほうが天然成分のエストロゲンよりも身体にもっと長く存続するとはいえ、合成エストロゲンの影響作用は、天然成分のエストロゲンに比べて非常に小さい、とエイムズは疑惑を認めない態度で言明している。コルボーンとエイムズは、二人とも尊敬される科学者である。

工場生産されたリスクの一般化は、意思決定を下す際には、一方で騒ぎを起こして人びとの不安を煽ることにたいする非難と、他方で真相の隠蔽工作がつねにつきまとう。そうした新たな精神的風潮を生みだしている。『奪われし未来』は、格好の事例である。コルボーンが収集した科学的証拠は、コルボーン自身が力説するように、不完全であり、決定的なものではない。調査結果が明らかに不完全な段階で、人びとを怯えさせてはいけないと、コルボーンを批判する人たちは主張するであろうし、すでにそう主張している。そうした批判にたいして、私たちは人びとを怯えさせざるを得ない、なぜなら、さもなければ何の対応もとられないし、また私たちは後になって悔やむような惨めな結果を得るよりも、むしろ安心できる状態を得る必要があるからである、とコルボーンは答えている。

私が理解する限り、こうした難問から脱する簡単に入手できる出口はどこにも存在しない。環境保護論者は、戦略の基盤として、「予防警戒の原則」の必要性を指摘している。この原則は、技術革新を検討する際に、用心しすぎるくらい用心することと、立証責任を、被害者側でなく、生産者側に負わせることを意味する。とはいえ、工場生産されたリスクの多くの事例について言えば、この予防警戒の原則は、ほとんど役に立たない。なぜなら、ホルモン作用攪乱化学物質の場合がそうであるように、被害は――実際に存在するとすれば――すでに生じているからである。

くわえて、長期に及ぶ検証は現実に不可能であり、分離して単独で検証される物質は、他の物質と結合することで毒性作用を及ぼす可能性がある。

政府や規制機関、市民グループは、リスクに対応する際に、綱渡りをせざるを得ない。騒ぎを起こして人びとの不安を煽ることは、必要な場合も多いが、同時にまたみずからその効果を弱める可能性もある。その反面、不安を煽ることを渋ったり、あるいは既得権益者たちの権勢に屈従すれば、必然的に真相の隠蔽にたいする怒りの声が挙がることになる。

多くの事例で、一般の人びとは、規制団体がリスクの程度や種類について判断を下すまで、待つことはできないし、また待つつもりもない。私たちは、日常生活のレヴェルで、自分自身でリスク査定をおこなっていかなければならない。その際に、私たちは、科学的知識のもつ変転しやすい、異議を受けやすい性質にたいして、また、新たなリスクの診断に付随するマスメディアの過剰宣伝にたいして——無理な要求にたいして——対処していく必要がある。私がさきに言及した多くの注意事項を、実際に誰がとり入れるのであろうか。明らかにほとんどの人はとり入れないし、またとり入れることはできない。さらに、ホルモン作用攪乱化学物質に起因するリスクは、検討したり、重視する必要がある数多くのリスクのほんの一類型にすぎない。栄養学者は、魚類を多く食べることが心臓病関係のリスクを減らすと主張するが、コルボーンは、広範囲に及ぶ汚染ゆえに、魚類を多く食べないように忠告している。つまり、何もしないこと——ものごとを成り行きにまかせること——は、現実に不可能である。良きにつけ悪しきにつけ自然環境を徹底的に変容させてきた社会においては、私たちは、もはや誰も「自然界に決めてもらうこと」などできない。

＊初出は、*London Review of Books*, 5 Mar. 1996.

訳者あとがき

このインタヴューの主役であるアンソニー・ギデンズについて、ここで改めて付け加える必要は何もないであろう。

インタヴューをおこなったクリストファー・ピアスンは、現在、英国ノッティンガム大学の政治学教授である。ピアスンは、一九五六年にケント州で生まれ、学部と大学院の教育をともにケンブリッジ大学で受けた。ピアスンからの私信によれば、ピアスンは、一九八〇年代前半の大学院の学生時代にギデンズのもとで学んでいる。

ピアスンの著作は、次のとおりである。

Marxist Theory and Democratic Politics（Polity, 1986）

Beyond the Welfare State?（Polity, 1991; Second ed., 1998）〔田中浩・神谷直樹訳『曲がり角にきた福祉国家』未来社、一九九六年〕

Socialism After Communism: The New Market Socialism（Polity, 1995）

Modern State（Routledge, 1996）

The Marx Reader（Polity, 1996）

Developments in British Social Policy (edited with Nick Ellison ; Macmillan, 1998)
The Welfare State Reader (edited with Francis G. Castles ; Polity, 2000)
Politics at the Edge (edited with S. Tormey ; Macmillan, 2000)
Hard Choices : Social Democracy in the Twenty-First Century (Polity, 2001)

また、巻頭論文「アンソニー・ギデンズの社会学――序説」を執筆したマーティン・オブラインエンは、現在、英国ダービー大学の社会学助教授で、著作のひとつに、*Theorising Modernity : Reflexivity, Identity & Environment in Giddens' Social Theory* (edited with Sue Penna & Colin Hay ; Longman, 1999) というギデンズ研究の編著書が含まれている。

この一連のインタヴューは、ピアスンの私信によると、ポリティー・プレス側から、ギデンズの並外れた研究活動の軌跡を浮き彫りにできるような対話をおこなってほしいとの企画が、ギデンズがＬＳＥのディレクターに就任した直後に寄せられ、実現されたということである。インタヴューについて言えば、ギデンズの考え方を分析したり論評した著述はこれまでにすでに一〇冊近くも刊行されてきたが、そのなかの数冊で、ギデンズは、著者や編者によるインタヴューに積極的に応じ、インタヴュー記録の収録を認めている。それは、インタヴューの場での対話なり対論という形式そのものが、ギデンズの強調する「再帰的」な過程のひとつであるからでもあろう。

畏友、矢吹申彦氏には、ギデンズが装幀のためにわざわざ送ってくれたポートレートを用いて、訳書に趣を添えていただいた。而立書房の宮永捷氏には、この翻訳出版についても、いろいろと配慮をいただいた。記して謝意を表わしたい。

〈訳者略歴〉

松尾精文（まつお・きよぶみ）

1945年生

青山学院大学文学部教授（専攻－社会学）

ギデンズとの対話
——いまの時代を読み解く——

2001年 9月25日 第1刷発行

定価 本体2500円＋税

著者 アンソニー・ギデンズ／クリストファー・ピアスン

訳者 松尾精文

発行者 宮永捷

発行所 有限会社 而立書房
東京都千代田区猿楽町2丁目4番2号
電話 03（3291）5589／FAX 03（3292）8782
振替 00190-7-174567

印刷 有限会社 科学図書

製本 大口製本印刷株式会社

Printed in Tokyo
ISBN 4-88059-280-3 C3036

アンソニー・ギデンズ

社会学の新しい方法規準〔第二版〕
松尾精文・藤井達也・小幡正敏＝訳
四六判上製・三〇四頁／定価 本体二五〇〇円＋税

国民国家と暴力
松尾精文・小幡正敏＝訳
A5判上製・六四〇頁／定価 本体四〇〇〇円＋税

近代とはいかなる時代か？——モダニティの帰結——
松尾精文・小幡正敏＝訳
四六判上製・二五六頁／定価 本体二五〇〇円＋税

親密性の変容——近代社会におけるセクシュアリティ、愛情、エロティシズム——
松尾精文・松川昭子＝訳
四六判上製・三〇四頁／定価 本体二五〇〇円＋税

社会学（改訂第3版）
松尾精文・西岡八郎・藤井達也・小幡正敏
叶堂隆三・立松隆介・松川昭子・内田 健＝訳
A5判上製・七〇六頁／定価 本体三六〇〇円＋税

ウルリッヒ・ベック／アンソニー・ギデンズ／スコット・ラッシュ

再帰的近代化——近現代における政治、伝統、美的原理——
松尾精文・小幡正敏・叶堂隆三＝訳
四六判上製・四一六頁／定価 本体二九〇〇円＋税

装幀＝矢吹申彦

而立書房